Dʳ E. BOUTIRON
Délégué cantonal
Officier d'Académie.

J.-C. DENIS
Directeur de l'École de Fouras
Officier d'Académie.

# LEÇONS DE CHOSES

## APPROPRIÉES A LA PROFESSION

## *du Marin et du Pêcheur*

Publiées conformément aux programmes officiels
des Écoles primaires.

AVEC 149 FIGURES DANS LE TEXTE

DEUXIÈME ÉDITION REVUE

PARIS
LIBRAIRIE HACHETTE ET Cⁱᵉ
79, BOULEVARD SAINT-GERMAIN, 79

1908

1 fr. 50

# LIBRAIRIE HACHETTE & Cie, PARIS

## BIBLIOTHÈQUE
### DES ÉCOLES ET DES FAMILLES
*Illustrée de nombreuses gravures*

TROISIÈME SÉRIE (A), FORMAT IN-8 (2 ×17)
Chaque volume : broché, **2 fr.** ; Cartonnage percaline gaufrée, tranches dorées, **3 fr.**

ALBERT-LÉVY : Causeries.
ALEXANDRE (Arsène) : Les Compagnons de la Marjolaine.
ARTHEZ (Danielle d') : Le Roman de l'Armurier.
— — La Route de Damas.
—— Le Trust du Soleil.
AUERBACH : La Fille aux pieds nus.
AVEZAN (D') : Mérites obscurs.
BOMBONNEL : Le Tueur de Panthères.
BORIUS (Mlle) : Dette de cœur.
—— Notre Aînée.
—— Le Pardon du Grand-Père.
CAZIN (Mme) : La Roche maudite.
Ouvrage couronné par l'Académie française
CIM (Albert) : Le petit Leveillé.
COLOMB (Mme) : Histoires de tous les jours.
DEMAGE : A travers le Sahara.
DESCHAMPS (F.) Le Roman d'un Sot.
DESLYS (Ch.) : La Mère aux Chats.
DEX (Léo) : Du Tchad au Dahomey en ballon.
—— A travers le Transvaal.
—— Un Héros de quinze ans.
—— Vers le Tchad.
DOURLIAC (A.) : Les Ancêtres de Gavroche.
— — Ma Petite.
DUFFERIN (Lord) : Lettres écrites des régions polaires.
FABRE : Les Mystères de la maison grise.

FERRY (Gabriel) : Les Prouesses de Martin Robert.
— — Les Étapes de Rameau.
FICY (Pierre) : Le Ménétrier des Hautes-Chaumes.
— — La Destinée de Silvère.
GIRARDIN (J.) : Les Remords du docteur Ernster.
—— Fausse Route.
—— Tom Brown, Scènes de la vie de collège en Angleterre.
—— Les Certificats de François.
—— Le Capitaine Bassinoire.
GUÉNIN (E.) : Augustin de Beaulieu.
GUY (H.) : Jeunesse d'Orphelin.
HEINECKE (H.) : Musique et Musiciens.
LESCAP (S. de) : Les Secret de la Prestidigitation.
MÉLANDRI : L'Ouragan.
MENAULT (E.) : L'Intelligence des Animaux.
—— L'Amour maternel chez les Animaux.
MEYER (Henri) : Le Mousse de Portjiou.
REMACLE : L'Enfant aux fourrures.
SAVARY : La Tour de la Lanterne.
SIMON (G.) : Victor Hugo. Années d'enfance.
TISSOT (Victor) et MALDAGUE : La Prisonnière du Mahdi.
URGEL (Y. d') : Le Caillou rouge.
VIRGILE : Œuvres choisies.

# LIBRAIRIE HACHETTE & Cie, PARIS

## BIBLIOTHÈQUE
## DES ÉCOLES ET DES FAMILLES
### Illustrée de nombreuses gravures

QUATRIÈME SÉRIE, FORMAT IN-8 (23×14)

Chaque volume : broché, **1 fr. 10** ; Cart. fort, genre maroq., tranches dorées, **1 fr. 70**

---

AGON DE LA CONTRIE (Mme d') : L'Honneur de Richard.
— Le Vainqueur de Gérald.
ALBER-GRAVE : Les Petits secrets amusants.
ANNENSKAIA : Les Amis de Collège.
BERTIN : A bonne École.
BOUVET : Fleur captive.
CIM (Albert) : Contes et Souvenirs de mon pays.
CLÉMENT (F.) : Les Grands Musiciens.
COLOMB (Mme J.) : Histoires et Proverbes.
— Simples récits.
CUMMINS (Miss) : L'Allumeur de Réverbères.
DELON (Ch.) : Histoire d'un livre.
DELORME : Journal d'un Sous-Officier (1870).
DEMOULIN (Mme G.) : Les Jouets d'Enfants.
— Une École où l'on s'amuse.
DIGUET (Charles) : Nos Amis les Bêtes.
DU BOSCQ DE BEAUMONT (G.) : Une France oubliée, l'Acadie.
Ouvrage couronné par l'Académie française
— Une Fille de France, la Tunisie.
Ouvrage récompensé par l'Institut.
— L'Étendard vert.
FICY (P.) : L'Ambition d'Arnaud.
— La Protégée des quatre.
FIGUIER (L.) : Scènes et Tableaux de la Nature.
GAUTHIER-VILLARS (Henri) : Le Petit Roi de la Forêt.
GÉRARD (A.) : L'Enfant du 20e.
GIRARDIN (J.) : Bonnes Bêtes et bonnes Gens.
— Petits Contes Alsaciens.

GIRARDIN (J.) (Suite) : Les Gens de bonne volonté.
— La Nièce du Capitaine.
GUY (N.) : Contes héroïques.
— Azalaïs.
HALL (C.) : Deux ans chez les Esquimaux.
HOUDETOT (Mme de) : Lis et Chardon.
Ouvrage couronné par l'Académie française
— Cœur brisé.
KERGOMARD (Mme) : Heureuse Rencontre.
KROUGLOFF : Les petits Soldats russes.
LA FONTAINE : Choix de Fables.
LAURENT (F.) : Le Chasseur de Loutres.
LEHUGEUR : Histoire de l'Armée Française.
LIGHTONE : Mon ami Prampart.
MANUEL (G.) : Un Voyage de Vacances.
MAYNE-REID (Le Capitaine) : Les Naufragés de la Calypso.
MÉLANDRI : La Petite Cigale.
MUSSAT (Mme L.) : Autrefois et Aujourd'hui.
POIRÉ : Six semaines de vacances.
SÉVIGNÉ (Mme de) : Choix de Lettres.
SOUVIGNY (J.) : L'Avenir de Suzette.
— Sauvée !
STRAUSS (Mme P.) : Au pays basque.
TALBERT : Les Alpes.
THEURIET (A.) : Les Enchantements de la Forêt.
TISSANDIER : Causeries d'un savant.
VEZE (J. de) : La Fille du Braconnier.

LIBRAIRIE HACHETTE & Cie, PARIS

27e ANNÉE — 1907-1908

# MON JOURNAL

RECUEIL HEBDOMADAIRE ILLUSTRÉ
DE GRAVURES EN COULEURS & EN NOIR
A L'USAGE DES ENFANTS DE 8 A 12 ANS

== LE NUMÉRO : 15 CENTIMES ==

**MON JOURNAL** s'adresse aux petites filles et aux petits garçons de 8 à 12 ans. Chaque numéro est illustré de superbes gravures imprimées en **quatre couleurs** et de dessins en noir.

**MON JOURNAL** est un vrai journal dont le principal souci est d'être vivant et amusant. Mais il désire également instruire ses lecteurs en leur présentant, sous une forme attrayante, tout ce qui est à même d'intéresser les enfants avides d'acquérir de nouvelles connaissances.

**MON JOURNAL** publie des *romans*, des *anecdotes*, des *contes*, des *pantomimes* qu'on peut aisément jouer et des *histoires sans paroles*. Il contient aussi des *articles d'actualité* où il traite, en les mettant à la portée des enfants, les questions dont tout le monde parle, des *chroniques scientifiques* où les découvertes de la science, susceptibles d'être comprises par les petits lecteurs, sont expliquées et commentées.

**MON JOURNAL** procure à ses lecteurs les moyens de s'amuser à peu de frais en leur indiquant les *jeux de découpages* et de *patience* et en donnant des *modèles de robes* de poupées faciles à exécuter.

**MON JOURNAL** assure donc aux enfants, en dehors même du plaisir de la lecture, le moyen d'occuper leurs récréations d'une manière instructive, amusante et tranquille, ce que les parents ne manqueront pas d'apprécier.

A ces nombreux titres qui recommandent **MON JOURNAL** à la faveur des enfants, il faut ajouter l'attrait des *superbes gravures en couleurs* qui illustrent chaque numéro et donnent la vie aux personnages qui défilent sous les yeux du lecteur, avec leurs colorations variées, leurs uniformes éclatants ou leurs robes chatoyantes.

**MON JOURNAL** enfin ouvre chaque mois entre ses lecteurs d'attrayants concours dont les prix sont en général de beaux volumes, mais peuvent parfois réserver aux lauréats de véritables surprises.

ABONNEMENTS

France { Un an..... 8 fr. » | Union postale { Un an.. 10 fr. »
{ Six mois... 4 fr. 50 | { Six mois. 5 fr. 50

L'ANNÉE COMMENCE AU 1er OCTOBRE
(On peut s'abonner du 1er de chaque trimestre)

PRIX DES ANNÉES 1893 A 1907 DE LA DEUXIÈME SÉRIE 15 VOL. IN-8°
Chaque année, 1 volume broché.................... 8 fr.
Cartonné avec couverture en couleurs............... 10 fr.

# LEÇONS DE CHOSES

## APPROPRIÉES A LA PROFESSION

# DU MARIN ET DU PÊCHEUR

# A LA MÊME LIBRAIRIE

Toutey (E.). — **Lectures primaires.** Morceaux choisis d'auteurs français, avec des Explications, des Questions, l'Analyse des idées et des Devoirs (Élocution et rédaction). Quatre vol. in-16, avec gravures, cartonnés :

*Cours préparatoire* contenant 63 lectures. Un vol. de 128 pages, avec 63 gravures, cart. . . . . . . . . . . . . . . . . 60 c.
*Premier degré du Cours élémentaire* contenant 100 lectures. Un vol. in-16 de 192 pages avec 100 gravures, cart. . . . . 75 c.
*Cours élémentaire* contenant 120 lectures. Un vol. de 240 pages avec gravures, cart. . . . . . . . . . . . . . . . . . 90 c.
*Cours moyen.* Certificat d'Études, contenant 200 lectures. Un vol. de 416 pages avec gravures, cart. . . . . . . . . . . . 1 fr. 50
*Cours supérieur et complémentaire*, Brevet élémentaire : Morceaux choisis des classiques français, 124 lectures. Un volume in-16 de 440 pages avec gravures, cart. . . . . . . . . . . . 1 fr. 80

Jost, Humbert et Braeunig. — **Lectures pratiques.** Deux vol. avec gravures, cartonnés :

**Cours élémentaire et moyen.** Éducation et instruction, leçons sur les choses usuelles, nouvelle édition, revue, augmentée et illustrée de 73 gravures. Un vol. grand in-16, cartonné. 1 fr.
**Cours moyen et supérieur.** Instruction morale et civique, 10ᵉ édition. Un vol. in-16. 1 fr. 50
**Livret du maître.** Brochure in-16. 30 c.

Jost (G.) et Cahen. — **Lectures courantes extraites des écrivains français**, publiées avec des notes et des exercices à l'usage des Écoles primaires et des classes élémentaires de l'Enseignement secondaire. Nouvelle édition. Deux vol. in-16, avec gravures, cartonnés :

**Première série.** *Cours élémentaire et moyen.* Contes. — Fables. — Proverbes et Récits moraux. — Scènes de la vie scolaire et de la vie de famille. — La nature et les bêtes. — La patrie et l'histoire. — La comédie. Un vol. 1 fr. 50
**Deuxième série.** *Cours supérieur.* Les fables, les récits et les contes. — Scènes de la vie familière. — La nature et les bêtes. — A travers les pays, les légendes et l'histoire. — La patrie. — La comédie. Un vol. 2 fr.

Quilici et Baccus, anciens élèves de l'École normale supérieure de Saint-Cloud : **Petit livre de lecture et élocution** publié avec des maximes, des vocabulaires, des exercices oraux, des devoirs écrits. Un vol. in-16, avec 168 gravures, cartonné. 90 c.

**Livre du maître.** Un vol. in-16, cartonné. 2 fr. 50

Iselin et Cœur (Mlles), institutrices de la Ville de Paris : **Petit livre de lectures enfantines.** Contes moraux à l'usage du Cours élémentaire. Un vol. in-16, avec gravures, cartonné. 75 c.

Dr E. BOUTIRON
Délégué cantonal
Officier d'Académie.

J.-C. DENIS
Directeur de l'École de Fouras
Officier d'Académie.

# LEÇONS DE CHOSES

### APPROPRIÉES A LA PROFESSION

## du Marin
## et du Pêcheur

Publiées conformément aux programmes officiels
des Écoles primaires.

AVEC 149 FIGURES DANS LE TEXTE

DEUXIÈME ÉDITION REVUE

PARIS
LIBRAIRIE HACHETTE ET Cie
79, BOULEVARD SAINT-GERMAIN, 79

1908

## AVERTISSEMENT

Ce livre, destiné aux Écoles primaires du littoral, a particulièrement pour but de donner aux fils de nos marins-pêcheurs les notions nautiques les plus élémentaires et d'attirer leur attention sur les choses de la mer afin de les intéresser à la profession qu'ils exerceront plus tard.

Nous le présentons sous forme de questionnaire et chaque chapitre ou division de chapitre est suivi d'un résumé à apprendre par cœur.

Nous avons suivi très exactement le programme officiel du cours moyen et du cours supérieur, laissant seulement de côté quelques paragraphes qui exigent des connaissances scientifiques et astronomiques qu'on ne peut demander aux enfants de nos écoles et qu'ils ne peuvent acquérir que dans des cours ou des écoles spéciales.

---

La deuxième édition, que nous donnons de ce volume, renferme le Nouveau Code international des signaux et la réorganisation du service de l'Inscription Maritime.

# PROGRAMME OFFICIEL

DU

COURS SPÉCIAL DE LEÇONS DE CHOSES
APPROPRIÉ A LA PROFESSION DU MARIN ET DU PÊCHEUR
DANS LES ÉCOLES PRIMAIRES DU LITTORAL
(20 septembre 1898)

## I. — COURS MOYEN

### 1° La profession : les mots et les choses.

Avantages divers de la profession des pêcheurs : intérêt personnel et intérêt national (causeries familières). L'inscription maritime.

Notions sur l'hygiène des marins : alimentation, vêtements, etc., nécessité de la natation.

La pêche maritime : la grande pêche et la pêche côtière. La navigation : le long cours et le cabotage.

Description d'une barque de pêche de la localité (visite d'une barque et du canot de sauvetage). Définition et emploi des diverses parties de la barque. Des différentes espèces de navires : brick, goélette, sloop, etc.

Un port : ses différentes parties.

Termes de marine. Mots maritimes usuels de la langue anglaise.

Les pavillons étrangers.

### 2° Notions marines pratiques.

Astronomie pratique : constellations, étoile polaire. Mouvement apparent du soleil. Inégalité des jours et des nuits ; équinoxes.

La lune, ses phases.

La mer. Marée. Flot. Jusant. Annuaire des marées. Marées d'équinoxe.

Cartes marines ; leur usage. Exercices élémentaires.

Profondeurs, sondes. Phares, balises, sémaphores, bouées.

Des aimants et de leurs propriétés. Boussole. Déclinaison, variation. Lochs.

### 3° Enseignement pratique local.

Étude géographique des côtes voisines (dans la Manche, par exemple, des côtes françaises et anglaises visitées par la pêche côtière).

Lieux de pêche de la région ; promenades sur le rivage : animaux et plantes.

### 4° Exercices pratiques : travaux manuels.

Le nœud marin ; démonstration et exercices. Amarrage. Épissures.

Poulies : palans, montage et démontage d'un palan.

Filets : confection et ramendage (visites aux voileries, aux corderies, aux forges, etc.).

Démonstration des manœuvres courantes.

Principes de natation.

## II. — COURS SUPÉRIEUR

### 1° Notions de navigation.

Mouvements des astres. Équateur, parallèles, méridiens, position d'un astre.

Écliptique ; position du Soleil par rapport à l'horizon et à la verticale.

Mesure du temps.

Cartes marines ; pointer la position en vue de terre. Réduire la sonde au zéro de la carte.

Usage du compas. Route au compas, route magnétique, route vraie. Caps du navire. Dérive.

Sextant, usage. Détermination pratique du point à la mer.

Baromètres. Connaissance et prévision du temps.

Cyclones.

Code international des signaux.

### 2° Notions élémentaires de législation maritime.

Condition légale des gens de mer.

L'inscription maritime : personnel soumis à l'inscription, obligations militaires des inscrits ; avantages accordés aux inscrits maritimes. Organisation du service.

Police de la navigation et de la pêche côtière.

### 3° Notions d'hygiène.

L'hygiène du marin-pêcheur. Premiers soins à donner aux blessés et aux malades. Usage des principaux médicaments à embarquer sur les navires de pêche, procédés de conservation à bord.

———

Les candidats à l'examen du certificat d'études primaires élémentaires inscrits, dans les écoles primaires où l'enseignement des matières du programme ci-dessus établi pour le cours moyen est obligatoirement donné, subissent une épreuve sur ces matières au lieu et place de l'épreuve d'agriculture ou de dessin.

Cette épreuve écrite est assimilée aux épreuves orales. Elle compte seulement pour l'admission définitive.

Léon Bourgeois.

# CIRCULAIRE

### RELATIVE A L'ENSEIGNEMENT DES PÊCHES MARITIMES
### DANS LES ÉCOLES DU LITTORAL

#### (22 septembre 1898)

Monsieur le Recteur,

J'ai l'honneur de vous adresser ci-joint le texte d'un arrêté en date du 20 septembre 1898, que je viens de prendre, le Conseil supérieur de l'Instruction publique entendu, à l'effet d'introduire un cours spécial de leçons de choses appropriées à la profession du marin et du pêcheur, dans certaines écoles primaires du littoral.

Je crois devoir accompagner cet envoi de quelques observations, d'abord pour montrer l'importance des prescriptions arrêtées d'accord avec mon collègue, M. le Ministre de la Marine, ensuite pour préciser le caractère que ce nouvel enseignement doit avoir.

Depuis quelques années, les conditions de la pêche maritime se sont profondément modifiées. Autrefois, le bateau pêcheur pouvait, sans trop s'éloigner de la côte, rencontrer et prendre en quantité abondante le poisson qu'il recherchait. Aujourd'hui, les fonds du large, dans l'Océan et dans la Manche, sont seuls en état de fournir des rendements suffisamment réguliers et rémunérateurs. Le marin est donc forcé de perdre la côte de vue, d'aller à de plus longues distances et de parcourir la mer plus longtemps. Cet éloignement l'expose à tous les dangers de la navigation en pleine mer. Il ne peut s'y soustraire, dans la mesure du possible, que par une connaissance plus étendue des notions que doit posséder tout navigateur.

On a malheureusement constaté que l'instruction professionnelle de marin-pêcheur est, en général, demeurée aussi rudimentaire que par le passé. Elle ne s'est pas accrue avec les exigences de la navigation nouvelle. Cette ignorance des notions maritimes essentielles a des conséquences qui ne sont que trop connues. Combien de sinistres auraient pu être évités si le marin s'était mieux rendu compte de la marche de son bateau, s'il avait su fixer le point où il se trouvait et lire les cartes marines. Les pertes fréquentes de bateaux pêcheurs occasionnées par l'inexpérience du marin éloignent les capitaux d'une industrie rémunératrice qui assurerait le bien-être des populations du littoral.

Cependant, grâce à l'initiative privée et surtout aux efforts de la Société pour l'enseignement technique et professionnel des pêches maritimes, des cours spéciaux ont été créés dans certains centres, notamment à Trouville. Ces cours sont suivis avec beaucoup d'assiduité par des personnes de tout âge. A côté de jeunes élèves, on voit des marins accepter avec reconnaissance de redevenir des écoliers. Ils n'ont pas, d'ailleurs, à regretter le temps qu'ils consacrent à s'instruire. Ils en sont récompensés par la préférence marquée dont ils sont l'objet lors des embarquements.

Mais, cette évolution, malgré la faveur avec laquelle elle a été accueillie, ne s'est produite, jusqu'à ce jour, que dans un très petit nombre de localités. Il y a un intérêt majeur à la propager. L'on estime que l'instituteur peut également, dans ce domaine, faire beaucoup pour la transformation des habitudes et l'accroissement des connaissances générales. On est assurément en droit d'escompter son action et son bon vouloir qui n'ont jamais fait défaut. L'instituteur peut et doit accommoder son enseignement au milieu où il le donne. S'il est des notions qui constituent le fonds commun de l'enseignement, il en est d'autres, d'un ordre particulier, qui conviennent exclusivement à certaines populations. Pourquoi l'école ne servirait-elle pas à les répandre? Il ne s'agit pas, au surplus, de demander à l'instituteur de donner un enseignement étendu. Les longs commentaires ne sont pas à leur place à l'école primaire, mais, dans n'importe quelle branche de la science, il est un ensemble de notions premières qu'il est possible d'exposer et de faire entendre même à de jeunes intelligences. Je ne pense pas que celles qui sont contenues dans le présent programme soient ni trop nombreuses, ni trop difficiles pour un jeune auditoire. Elles répondent entièrement aux besoins manifestés.

Le programme est divisé en quatre parties qui se rapportent à la profession, aux notions marines pratiques, à l'enseignement pratique local et à des exercices pratiques. L'on voit donc qu'il n'est nullement question de donner aux jeunes élèves du cours moyen un enseignement approfondi des diverses matières contenues dans le programme. Ce que l'on demande à l'instituteur, c'est de faire des leçons de choses, de s'en tenir à des notions élémentaires pratiques, appuyées sur ce que l'enfant voit chaque jour.

Il a paru nécessaire de sanctionner ces études par l'introduction d'une épreuve spéciale à l'examen du certificat d'études primaires élémentaires. Elle remplacera l'épreuve d'agriculture et de dessin. Elle sera obligatoire pour tous les candidats inscrits dans les écoles primaires où des notions de navigation figureront au programme de l'établissement.

Le Préfet, en conseil départemental, sur la proposition de l'Inspecteur d'Académie, arrêtera la liste des écoles primaires du littoral où cet enseignement sera donné.

A la suite de ce programme figure un autre programme, plus approfondi, et destiné aux élèves du cours supérieur et aux auditeurs du cours d'adultes. Je ne me dissimule pas la difficulté que rencontrera la constitution de l'un ou l'autre cours. Les nécessités de l'embarquement qui font déserter l'école, les travaux à terre au retour des voyages en mer seront trop souvent de graves obstacles. Mais ne pas élaborer ce programme eût pu faire croire qu'il était inutile de le prévoir. Je préfère espérer qu'il trouvera parfois son application.

Je vous prie, Monsieur le Recteur, de communiquer les présentes instructions aux Inspecteurs d'académie des départements du littoral et d'assurer, en ce qui vous concerne, l'application de l'arrêté du 20 septembre 1898 à partir de la rentrée scolaire.

Vous voudrez bien, dans le courant du mois de juillet de l'année 1899, me faire connaître comment cet enseignement a été donné et quel profit les élèves en ont retiré.

Recevez, Monsieur le Recteur, l'assurance de ma considération très distinguée.

*Le Ministre de l'Instruction publique et des Beaux-Arts,*
Léon Bourgeois.

# PREMIÈRE PARTIE
## LES MOTS ET LES CHOSES

## CHAPITRE
### LA MER — LA NAVIGATION — LA PÊCHE

Sommaire. — 1. La mer. — 2. La navigation : le long cours et le cabotage. — 3. La pêche maritime : la grande pêche et la pêche côtière.

### 1. — LA MER

*1.— Qu'est-ce que la mer ?*

La *mer* est cette immense nappe d'eau qui couvre les trois quarts de la superficie du globe (fig. 1).

FIG. 1. — LA MER

*2.— Quelle est la saveur de l'eau de mer ?*

L'eau de mer a une saveur *salée*, *saumâtre*, extrêmement désagréable.

*3. — L'eau de mer peut-elle servir de boisson?*

Non. Elle est absolument impropre à servir de boisson. L'homme qui serait réduit à en faire usage périrait par le supplice atroce de la soif.

*4. — A quelle substance l'eau de mer doit-elle sa saveur salée?*

L'eau de mer doit sa saveur salée aux sels qu'elle tient en dissolution et dont le principal est le **sel marin, sel de cuisine** ou **chlorure de sodium**.

*5. — Quels sont les autres sels contenus dans l'eau de mer?*

Les autres sels contenus dans l'eau de mer sont : le **chlorure de magnésium**, le **sel ammoniac**, les **iodures** et les **bromures de sodium**, les **sulfates de soude** et de **magnésie**.

*6. — La salure des mers est-elle la même partout?*

Non. Plus intense au large que sur les côtes, plus intense vers l'Équateur que vers les régions polaires, cette salure diminue près de l'embouchure des fleuves et là où les rivières sont nombreuses. Elle varie également suivant les bassins que les mers occupent. Dans les mers fermées, qui reçoivent des masses d'eau douce, cette salure est faible.

*7. — Quelle est la couleur de l'eau de mer?*

L'eau de mer, transparente et incolore, lorsqu'on l'observe en petite quantité, présente, vue en masse, une couleur d'un bleu verdâtre, qui devient plus clair sur les côtes. Cette couleur varie suivant l'état de l'atmosphère. La mer paraît tantôt verte, tantôt bleue, tantôt claire, tantôt grise, verdâtre ou noirâtre. La nature du fond influe aussi sur la nuance des eaux de l'Océan.

*8. — Quelle est la température de la mer?*

La température de la mer est variable. En pleine mer elle est de 15 à 20 degrés; mais cette température est modifiée par les courants qui la sillonnent dans tous les sens, courants d'eau froide qui vont des pôles à l'Équateur, courants d'eau chaude qui vont de l'Équateur aux pôles (fig. 2).

9. — *Quel est le plus connu des courants d'eau chaude?*

Parmi les courants d'eau chaude, le plus connu est le **Gulf-Stream**. C'est un véritable fleuve dans la mer, qui se forme dans le golfe du Mexique et dont la principale

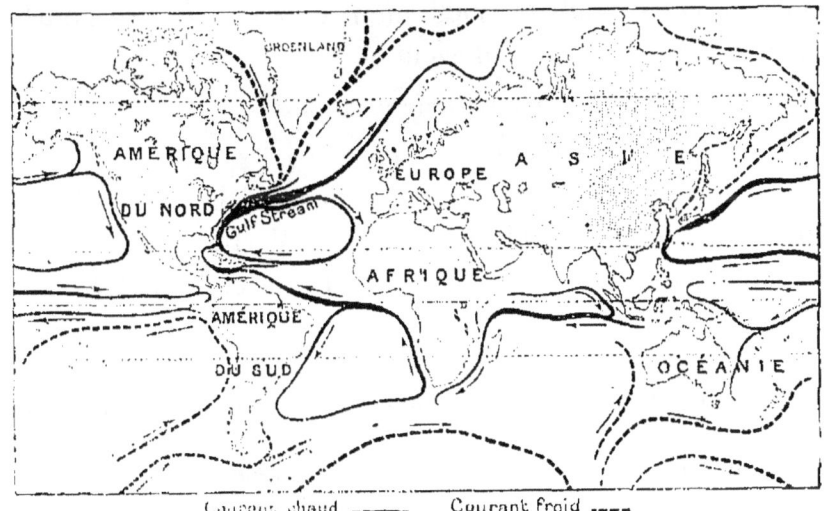

FIG. 2. — LES COURANTS MARITIMES

branche traverse l'Atlantique pour aller réchauffer l'Islande et la Norvège.

10. — *Qu'appelle-t-on phosphorescence de la mer?*

C'est une vive lumière, étincelante comme celle du phosphore, qui se dégage à la surface de la mer par les nuits sombres, lorsque l'air est sec et la température élevée. Le sillage des navires, le frottement des rames la produisent.

11. — *A quelle cause attribue-t-on ce phénomène?*

On attribue ce phénomène à l'électricité ou à la phosphorescence propres à des animalcules répandus à la surface de la mer; mais il n'y a rien encore de bien expliqué à ce sujet.

*12.— Connaît-on la profondeur de la mer?*

La profondeur extrême de la mer n'est pas connue partout; cependant on sait que l'Océan Pacifique et l'Océan Indien sont plus profonds que l'Atlantique et que la région la plus profonde de ce dernier océan est de 9000 mètres. Dans les régions polaires les grandes profondeurs varient entre 3000 et 5000 mètres. Les mers les moins creuses sont les mers intérieures.

*13.— De qui la mer est-elle le domaine?*

La mer est le domaine du marin : il exploite les poissons de toutes sortes qu'elle renferme; il la parcourt en tout sens et, sans lui, les diverses parties du monde seraient sans communications les unes avec les autres.

### RÉSUMÉ

La **mer** est cette immense nappe d'eau qui couvre les trois quarts du globe.

L'eau de mer doit sa saveur **salée, saumâtre** aux sels qu'elle contient en dissolution et dont le principal est le **sel marin, sel de cuisine** ou **chlorure de sodium**.

Elle est impropre à servir de boisson.

La **salure** des mers est plus intense au large que sur les côtes, plus intense vers l'Équateur que vers les pôles.

L'eau de la mer, vue en masse, est **bleu verdâtre**; mais cette couleur varie suivant l'état de l'atmosphère.

La **température** de la mer est aussi variable. Elle est surtout modifiée par les différents courants qui la sillonnent et dont le plus important est le **Gulf-Stream**.

La **phosphorescence** de la mer est due à l'électricité ou à la phosphorescence provenant des animalcules marins.

La **profondeur** extrême des mers n'est pas connue; on sait cependant que la région la plus profonde de l'Atlantique a 9000 mètres.

La mer est le **domaine du marin**, il exploite les poissons qu'elle renferme et la parcourt en tout sens.

## 2. — LA NAVIGATION : LE LONG COURS, LE CABOTAGE ET LE BORNAGE.

**14.** — *Qu'est-ce que la navigation?*

La **navigation** est l'art de voyager sur mer ; elle s'exerce sur les bâtiments de guerre ou de commerce comme sur les bateaux de pêche.

**15.** — *De quelle utilité est la navigation qui s'exerce sur les bâtiments de guerre?*

Elle est utile pour défendre nos ports, nos côtes, nos colonies et pour faire respecter nos droits dans les mers lointaines.

**16.** — *Combien y a-t-il de sortes de navigation?*

Il y en a trois : la **navigation au long cours**, le **cabotage** et le **bornage**.

**17.** — *Qu'entendez-vous par navigation au long cours?*

On entend par **navigation au long cours** celle qui se fait en haute mer au delà de certaines limites.

**18.** — *Où s'effectue ce genre de navigation?*

Il s'effectue sur toutes les mers du globe, dans les mers d'Amérique, dans la mer des Indes, dans l'Océan Pacifique, dans la partie de l'Océan Atlantique située au sud de Gibraltar, et dans les mers d'Europe situées au delà du Sund, détroit qui sépare la mer du Nord de la Baltique.

**19.** — *Qu'appelle-t-on cabotage?*

Le **cabotage** est la navigation qui se fait le long des côtes et en deçà des limites marquées pour la navigation au long cours.

**20.** — *Comment divise-t-on le cabotage?*

On divise le cabotage en **cabotage international** et en **cabotage français**.

**21.** — *Qu'appelle-t-on cabotage international?*

On appelle cabotage international ce genre de navigation qui s'opère en deçà des limites assignées aux voyages au long cours, s'ils ont lieu de ports français ou algériens à ports étrangers, ou de ports étrangers à ports étrangers.

**22.** — *Qu'est-ce que le cabotage français?*

C'est la navigation qui se fait entre les ports français ou algériens et les ports étrangers situés entre le Sund et Gibraltar, ou dans la Méditerranée jusqu'aux ports de la mer Noire.

**23.** — *Qu'est-ce que la navigation au bornage?*

C'est la navigation effectuée par une embarcation jaugeant 25 tonneaux ou plus, avec faculté de faire escales dans les ports situés dans un rayon de 15 lieues marines[1], à partir du port d'attache du bâtiment.

**24.** — *De quelle utilité sont pour la nation la navigation au long cours et le cabotage?*

Le long cours et le cabotage sont d'une grande utilité. C'est par eux que s'effectuent le transport des voyageurs d'un pays dans un autre et les échanges de nos produits avec ceux des contrées éloignées. Ils sont une source de richesses pour notre pays.

### RÉSUMÉ

La navigation est l'art de voyager sur mer.

Il y a trois sortes de navigation : le **long cours**, le **cabotage** et le **bornage**.

---

1. La lieue marine vaut 5555$^m$,55.

Le cabotage se divise en **cabotage international** et **cabotage français**.

La navigation au long cours et le cabotage, qui facilitent les échanges de nos produits avec ceux des pays étrangers, sont une source de richesses pour notre nation.

### 3. — LA PÊCHE MARITIME : LA GRANDE PÊCHE ET LA PÊCHE CÔTIÈRE.

*25. — Qu'entend-on par pêche maritime ?*

On entend par **pêche maritime** cette grande industrie qui s'exerce en mer, sur les côtes, à l'embouchure des fleuves et des rivières et qui consiste à prendre le poisson.

*26. — Combien distingue-t-on de sortes de pêche ?*

On distingue deux sortes de pêche : la **grande pêche** et la **pêche côtière**.

*27. — Qu'est-ce que la grande pêche ?*

La grande pêche est celle qui s'exerce au large, loin des côtes, au moyen de navires de grandes dimensions. Elle comprend la **pêche de la baleine**, la **pêche de la morue** et la **pêche** de différents **poissons voyageurs** ou de poissons habitant sur des bancs éloignés des côtes.

*28. — Où et comment pratique-t-on ces pêches ?*

La pêche de la baleine se fait au moyen de harpons dans les mers du Nord ; celle de la morue s'exerce presque exclusivement sur les bancs de Terre-Neuve, près des côtes d'Islande et dans la mer du Nord, et c'est au moyen de **lignes amorcées** que l'on prend ce poisson.

*29. — Que désigne-t-on sous le nom de pêche côtière ?*

On désigne sous le nom de pêche côtière celle qui s'exerce près des côtes à l'aide de bateaux de petit tonnage et avec des filets, lignes ou casiers. On peut y comprendre : la pêche de la **sardine**, du **thon**, du **maquereau**, du **hareng**, des **huîtres** et des **pétoncles**, des *homards* et des *langoustes*, et en général toutes les pêches concernant le *poisson frais*.

*30. — N'existe-t-il pas d'autres pêches qui se pratiquent sur les côtes ?*

Oui, il y a la **pêche en acon** ou **pousse-pied** qui se pratique à mer basse sur certains fonds vaseux ; la **pêche à pied**, au moyen de lignes ou de filets variés ; la **pêche à la main**, à marée basse, dans le sable ou sur les rochers.

### RÉSUMÉ

La *pêche maritime* se divise en *grande pêche* et en *pêche côtière*

La grande pêche qui se pratique au large comprend : la **pêche de la baleine**, la **pêche de la morue**, qui s'exerce presque exclusivement à Terre-Neuve et en Islande, et la pêche de poissons voyageurs habitant loin des côtes.

La pêche côtière se fait près des côtes et comprend : la pêche de la *sardine*, du *thon*, du *maquereau*, du *hareng*, des *huîtres* et des *pétoncles*, des *homards* et des *langoustes*, en général toutes les pêches concernant le *poisson frais*.

Il y a aussi la **pêche en acon** ou **pousse-pied**, la **pêche à pied** avec des lignes ou des filets et la **pêche à la main**.

# CHAPITRE II

## LES BARQUES ET LES NAVIRES

Sommaire. — 1. Description d'une barque de pêche : la coque, la mâture, la voilure, les accessoires, etc. — 2. Des différentes espèces de navires : brick, goélette, sloop, etc. — 3. Le canot de sauvetage.

### 1. — DESCRIPTION D'UNE BARQUE DE PÊCHE EN GÉNÉRAL. LA COQUE, LA MATURE, LA VOILURE. LES ACCESSOIRES.

**31.** — *Qu'est-ce qu'une barque de pêche?*

Une **barque de pêche** est une embarcation construite exprès pour être utilisée à la pêche en mer et dont l'importance varie de 4 à 40 tonneaux[1].

**32.** — *Quels sont les matériaux qui entrent dans la construction d'une barque?*

Les matériaux qui entrent dans la construction d'une barque sont le **bois**, le **fer** et le **cuivre**.

**33.** — *Combien distingue-t-on de parties dans une barque?*

On en distingue deux : la **coque** et la **mâture**.

**34.** — *Qu'est-ce que la coque?*

La **coque** est l'enveloppe de l'embarcation; elle est en bois, recouverte quelquefois de plaques minces de cuivre, elle porte l'équipage, renferme les filets et les autres engins de pêche et de navigation.

**35.** — *Qu'appelle-t-on mâture?*

On appelle **mâture** l'ensemble des mâts, c'est-à-dire un

---

1. *Tonneau* : Mesure de volume employée dans le commerce maritime, qui correspond à $1^m,44$. Quand on dit qu'un bâtiment *jauge* 300 tonneaux, cela signifie que ce bâtiment est de la contenance de $1^m,44 \times 300$, c'est-à-dire 432 mètres cubes.

système de pièces de bois qui supportent des **cordages**, des **vergues** et des **voiles**.

**36. —** *Qu'est-ce que la voilure?*

La **voilure** est l'ensemble des voiles ou pièces de toiles tendues face au vent, permettant au bateau de se mouvoir.

**37. —** *Qu'appelle-t-on gréement?*

On appelle **gréement** les mâts, les cordages, les voiles et en général tous les objets nécessaires à la marche du bâtiment.

**38. —** *Quels sont les accessoires indispensables d'une barque de pêche?*

Les accessoires indispensables d'une barque de pêche sont : le **lest**, les **ancres**, les **grappins**, le **cabestan**, la **gaffe**, la **défense** ou **pare-battage**, l'**écope à main** et les **rames** ou **avirons**.

### 1. — LA COQUE

**39. —** *Comment est constituée la coque?*

La **coque** est constituée par un assemblage de pièces

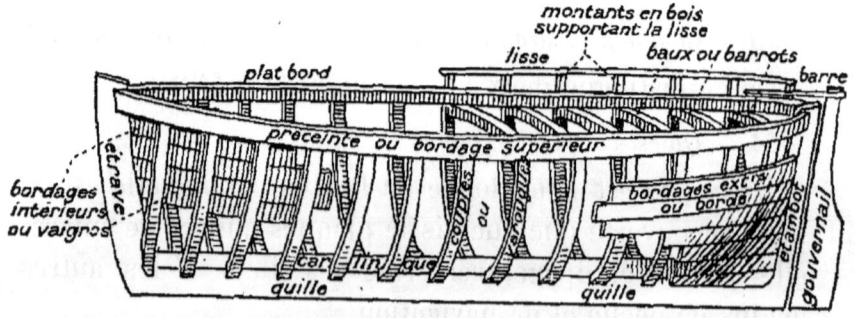

FIG. 3. — BATEAU EN CONSTRUCTION — LA COQUE

de bois s'appuyant les unes sur les autres et dont les principales sont : la **quille**, sur laquelle sont disposés les **couples** ou **varangues**, les **bordages intérieurs** appelés **vaigres**, les **bordages extérieurs** ou **bordé**, la **préceinte** ou **bordage supérieur**, les **plats bords**, et au-dessus de ceux-ci, la *lisse*, fixée sur des montants en bois (fig. 5).

**40.** — *Qu'appelle-t-on étrave et étambot?*

On appelle *étrave* la partie de la quille qui se continue en angle, à l'avant (fig. 3 et 5), et *étambot*, la partie qu'elle forme à l'arrière (fig. 3 et 5). C'est l'étambot qui reçoit le *gouvernail* (fig. 3 et 4).

**41.** — *Qu'est-ce que le gouvernail?*

Le *gouvernail*, pièce essentielle du bateau, est une plaque de bois, dépassant la quille qui sert à diriger le bâtiment (fig. 4).

**42.** — *De combien de parties se compose-t-il?*

Il se compose de deux parties principales : la *mèche*, située à l'avant de l'appareil et le *safran* placé à l'arrière. C'est la mèche qui reçoit la *barre* (fig. 4).

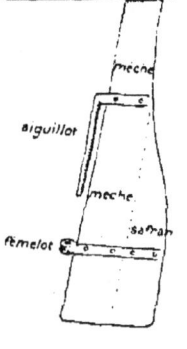

FIG. 4
LE GOUVERNAIL

**43.** — *Comment se meut le gouvernail?*

Il tourne au moyen de gonds ou *aiguillots* dans des pitons ou *femelots* fixés sur l'étambot (fig. 4).

**44.** — *Que désigne-t-on sous les noms de carlingues, de baux ou barrots?*

La *carlingue* est une pièce de bois placée dans la direction et au-dessus de la quille (fig. 3 et 5). Les *baux* ou *barrots* sont des barres transversales qui reçoivent le plancher du pont (fig. 3 et 6).

**45.** — *En combien de parties divise-t-on la coque?*

La coque se divise en trois compartiments, qui sont : la *cale*, la *chambre* et le *coqueron*; on y accède par les *écoutilles* que l'on ferme à l'aide de *panneaux* et de sortes de capuchons en planches appelés **capots** (fig. 5).

**46.** *Qu'est-ce que la cale et à quoi sert-elle?*

Dans les bâteaux de pêche, la **cale**[1] est la servitude de l'embarcation. Elle sert à loger le poisson, les coffres à glace, des filets, des voiles et autres engins destinés à l'entretien et à la marche du bateau ; on y place aussi des provisions d'eau, de vin et des marchandises.

**47.** — *A quel usage la chambre est-elle destinée?*

La **chambre** est destinée au logement de l'équipage.

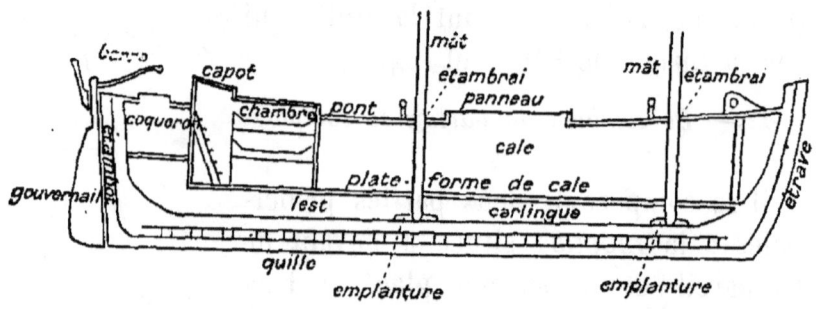

FIG. 5. — COMPARTIMENTS D'UNE BARQUE

On y remarque de chaque côté des **couchettes** ; en avant et en arrière, des **placards**, ailleurs des **caissons** servant à loger les approvisionnements nautiques, les vivres et les instruments de navigation[2] (fig. 5).

**48.** — *Qu'appelle-t-on coqueron?*

On appelle **coqueron** la troisième partie de l'embarcation. C'est un trou, situé à l'arrière, dans lequel se place l'homme chargé de tenir la barre du gouvernail (fig. 5).

**49.** — *Qu'est-ce que le pont?*

Le **pont** est la terrasse de la barque où circule l'équi-

---

1. Dans les grands navires, la cale est le fond du bateau.
2. Dans les embarcations d'un plus fort tonnage, il existe aussi à *l'avant* un *poste* pour loger une partie de l'équipage, cela constitue dans ce cas un quatrième compartiment.

page; il est le théâtre des manœuvres. On y remarque les trois ouvertures de la cale, de la chambre et du coqueron (fig. 6), quelquefois un petit logement ou abri, appelé *rouf*.

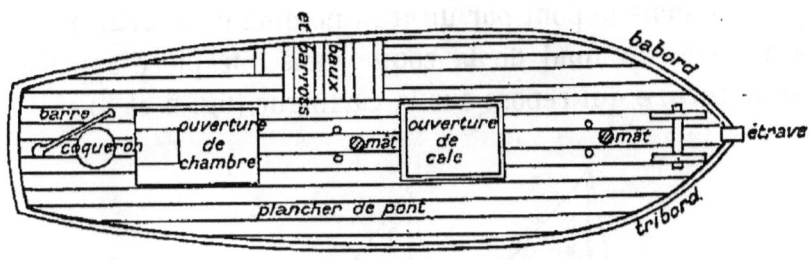

FIG. 6. — LE PONT

**50.** — *Comment appelle-t-on la partie de la coque qui s'enfonce dans l'eau lorsque le bateau est chargé?*

On l'appelle **carène** ou **œuvres vives** (fig. 7).

**51.** — *Comment nomme-t-on celle qui émerge?*

On la nomme **œuvres mortes** (fig. 7).

FIG. 7. — CARÈNE OU ŒUVRES VIVES, ŒUVRES MORTES.
LIGNE DE FLOTTAISON

**52.** — *Qu'est-ce que la ligne de flottaison?*

La **ligne de flottaison** est la trace marquée par le niveau de l'eau sur la coque (fig. 7).

**53.** — *Comment, en regardant l'avant d'un bâtiment, désigne-t-on les parties situées à gauche et à droite?*

La partie située à **gauche** est désignée sous le nom de **bâbord** et celle placée à **droite** sous le nom de **tribord** (fig. 6).

## 2. — LA MATURE

**54.** — *Qu'appelle-t-on mât?*

On appelle **mât** une longue pièce de bois ronde qui pénètre dans le pont par un trou nommé *étambrai* et va s'enfoncer au fond de la coque, dans une pièce appelée **emplanture** qui repose sur la carlingue (fig. 5 et 8).

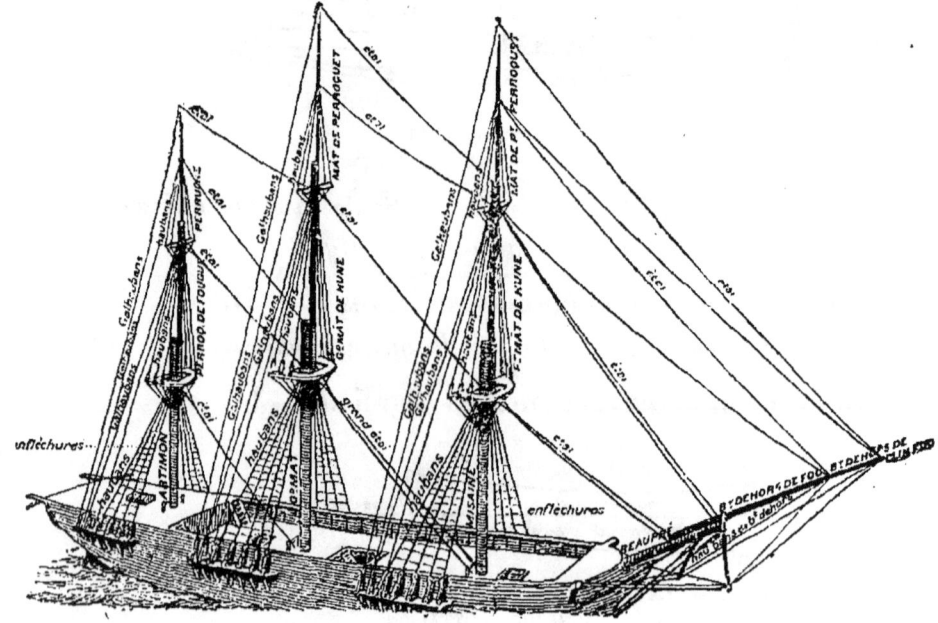

FIG. 8. — MATURE ET MANŒUVRES DORMANTES

**55.** — *Combien y a-t-il de mâts dans une barque de pêche?*

Il y a deux principaux : le mât de **misaine**, premier mât vertical, et le **grand mât**. Certaines embarcations portent à l'arrière un troisième mât que l'on appelle **mât d'artimon** ou de **tapecul** (fig. 8).

**56.** — *Qu'appelle-t-on beaupré?*

Le **beaupré** est un mât horizontal, situé à l'avant et allongé au moyen du **bout-dehors** (fig. 8).

**57.** — *Comment est composé un mât dans les grands navires?*

Il est composé de plusieurs morceaux ajoutés bout à bout que l'on appelle **bas-mât, mât de hune, perroquet, mât de cacatois** ou **de flèche** (fig. 8).

**58.** — *Par quel moyen les mâts sont-ils maintenus?*

Les mâts sont maintenus au moyen de cordages disposés de certaines façons, convenablement raidis et dont l'ensemble constitue les **manœuvres dormantes**, c'est-à-dire fixes (fig. 8).

**59.** — *Quels noms donne-t-on à ces cordages ou manœuvres dormantes?*

On leur donne les noms de **haubans** et de **galhaubans**, s'ils sont placés dans le sens latéral, et d'**étais**, s'ils sont fixés dans le plan médian du bateau (fig. 8).

**60.** — *Que désigne-t-on sous le nom d'enfléchures?*

On désigne sous le nom d'**enfléchures** des échelons en cordes, faits sur les haubans, à l'aide desquels les matelots montent dans la mâture (fig. 8).

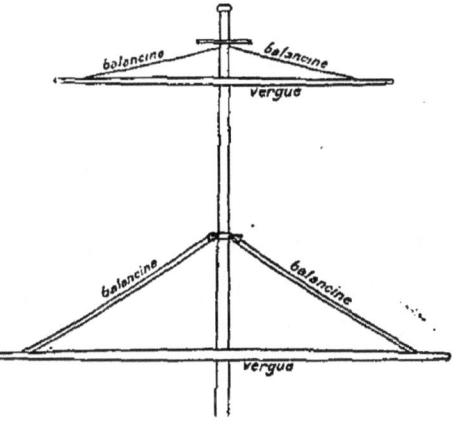

FIG. 9. — VERGUES EN CROIX ET BALANCINES

**61.** — *Qu'est-ce qu'une vergue?*

Une **vergue** est une pièce de bois ronde, plus mince aux deux bouts, fixée sur un mât et destinée à l'établissement d'une voile (fig. 9).

**62.** — *Comment s'appellent les cordages qui maintiennent les vergues?*

On les appelle des **balancines** (fig. 10).

**63.** — *Quelle disposition donne-t-on aux vergues sur les mâts?*

Elles peuvent être disposées en croix (fig. 9); mais il en est aussi qui sont simplement appuyées sur le mât,

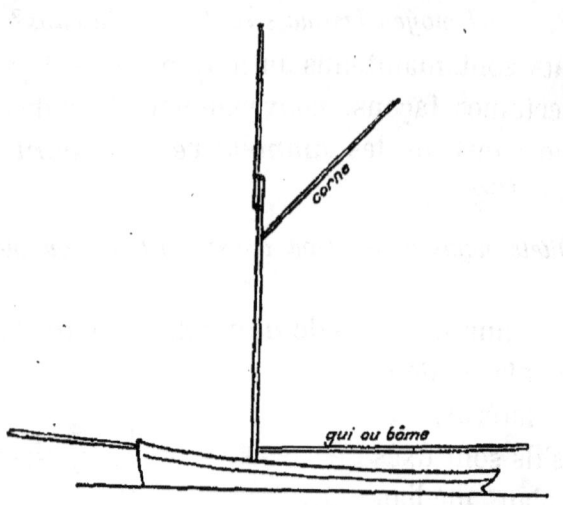

FIG. 10. — DISPOSITION DES VERGUES SUR UN MAT

par une de leurs extrémités, on les nomme *cornes* et elles sont accompagnées d'une autre pièce appelée *gui* ou *bôme* (fig. 10).

### 3. — LA VOILURE

**64.** — *Qu'appelle-t-on voile?*

On appelle **voile** un assemblage de **laizes**, ou bandes de toiles au pourtour desquelles sont cousus des cordages appelés ralingues qui servent à renforcer cette voile (fig. 11 et 12).

**65.** — *Qu'existe-t-il à chaque angle d'une voile?*

Il existe à chaque angle d'une voile un anneau en métal appelé *cosse* qui adhère à la ralingue et reçoit les cordages destinés à établir la voile (fig. 11 et 12).

**66.** — *Que nomme-t-on envergures et empointures?*

On nomme **envergures** les attaches d'une voile sur la vergue et **empointures**, les attaches sur la vergue des extrémités de la ralingue d'envergure (fig. 11 et 12).

**67.** — *Combien distingue-t-on de voiles?*

On en distingue deux sortes : les **voiles carrées** et les **voiles latines** (fig. 11, 12 et 13).

**68.** — *Que comprennent les voiles carrées?*

Les voiles carrées comprennent les **voiles carrées proprement dites** (fig. 11) et les **voiles auriques** dont la forme est carrée mais non symétrique (fig. 12).

**69.** — *Quel nom donne-t-on aux voiles carrées proprement dites?*

On les appelle **basses voiles**, **huniers fixes**, **huniers volants**, **perroquets** et **cacatois** (fig. 19, 20 et 21).

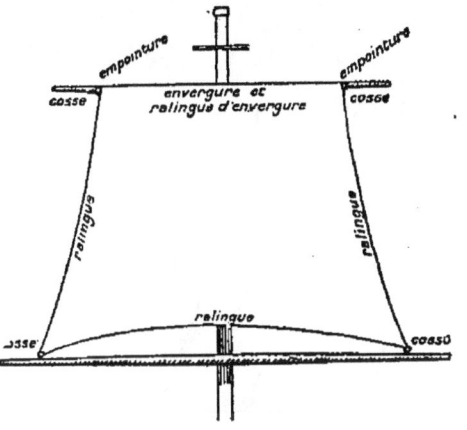

FIG. 11. — VOILE CARRÉE

**70.** — *Comment les voiles carrées sont-elles supportées?*

Les voiles **carrées** sont supportées par des vergues horizontales suspendues par leur milieu (fig. 11).

**71.** — *Nommez les différentes voiles auriques.*

Les voiles **auriques** sont : la **brigantine**, les **voiles goélettes**, la **flèche carrée** et le **tapecul** (fig. 12, 19, 20 et suiv.).

**72.** — *Comment sont disposées les vergues qui supportent ces voiles?*

Les vergues qui supportent ces voiles sont inclinées

plus bas à l'avant qu'à l'arrière (fig. 19, 20, 22 et suiv.).

73. — *Quelle est la forme des voiles latines et quelles sont-elles?*

Les voiles *latines* ont la forme triangulaire; ce sont : les *focs*, la **voile d'étai** et la **flèche-en-cul**[1] (fig. 15, 19, 22 et suiv.).

74. — *Par quoi ces voiles sont-elles soutenues?*

Elles sont quelquefois soutenues par une longue vergue,

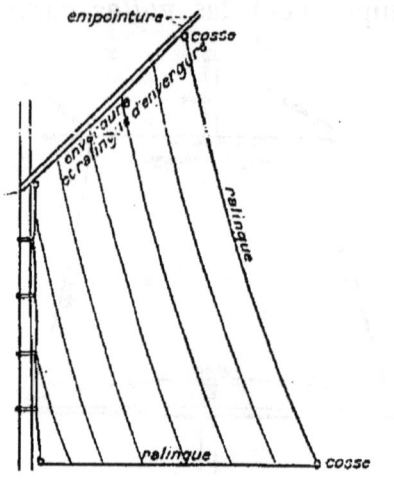

FIG. 12. — VOILE AURIQUE

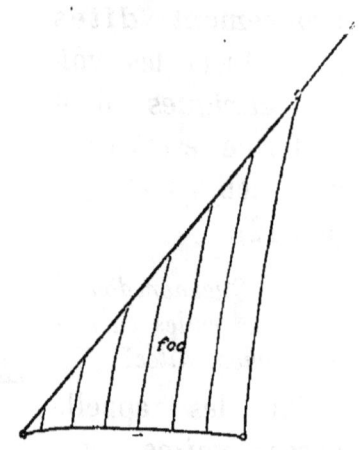

FIG. 13. — VOILE LATINE. — LE FOC

flexible, nommée **antenne**, fixée obliquement au mât vers son tiers inférieur (fig. 28 et 29); mais plus souvent les focs et les voiles d'étai ne sont pas envergués et sont coulissés de façon à glisser comme un rideau sur une tringle.

75. — *Où sont disposés les focs et les voiles d'étai?*

Les *focs* sont envergués sur les étais qui aboutissent au beaupré et les **voiles d'étai** sont placées entre les mâts verticaux du bâtiment (fig. 19, 20, 21 et suiv.).

1. Les marins disent *le flèche-en-cul*.

# LES BARQUES ET LES NAVIRES.

*76. — Où s'établit la flèche-en-cul ?*

La *flèche-en-cul* s'établit au-dessus de la corne ou au-dessus de la brigantine selon les espèces de navires (fig. 20, 22).

## 4. — ACCESSOIRES : LE LEST, LES ANCRES, LE CABESTAN

*77. — Qu'appelle-t-on lest ?*

On appelle *lest* des matières pesantes telles que pierres, blocs de fer, etc., dont on charge le fond du bateau pour en assurer la stabilité sur l'eau (fig. 5).

*78. — Qu'est-ce qu'une ancre ?*

Une *ancre* est un crochet de fer pesant que l'on jette au fond de la mer pour maintenir le bateau au mouillage (fig. 14).

*79. — Combien distingue-t-on de parties dans une ancre ?*

On en distingue deux : la **verge** ou **tige** et les **bras**.

*80. — Que présente la verge à son extrémité ?*

La **verge** présente à son extrémité, premièrement une partie à laquelle est adaptée le *jas*, pièce rectiligne en fer ; secondement, un trou ou *œil* qui reçoit le boulon d'une manille appelée **organeau** ou **cigale** servant à relier l'ancre à une **chaîne**.

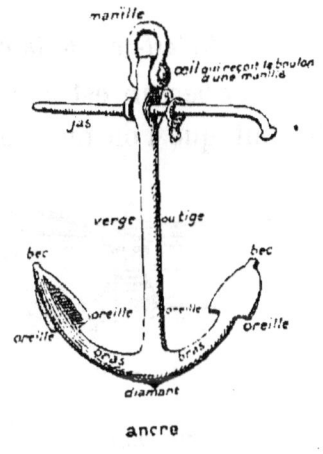

ancre

FIG. 14.

*81. — Que désigne-t-on sous les noms de bras et de diamant ?*

On désigne sous le nom de **bras** les deux branches recourbées de l'ancre qui se terminent en pointe. Cette pointe s'appelle **bec** et les côtés **oreilles**. Le **diamant** est la partie saillante de l'extrémité de la verge.

**82.** — *Par où sort la chaîne qui relie l'ancre au navire?*

La chaîne qui relie l'ancre au navire sort par un trou percé dans la muraille que l'on nomme **écubier**.

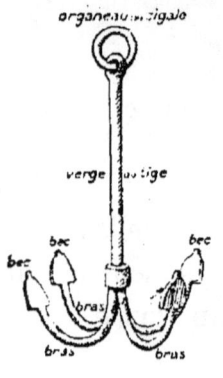

Dans les grands bateaux, il y a de deux à quatre écubiers parce qu'il y a plusieurs ancres.

**83.** — *Qu'appelle-t-on grappin?*

On appelle **grappin** une petite ancre à quatre ou cinq branches recourbées que l'on emploie pour les petites embarcations : chaloupes, canots, etc. (fig. 15).

FIG. 15.

**84.** — *Qu'est-ce que le cabestan?*

Le **cabestan** est une sorte de treuil vertical, placé sur le pont, que l'on met en mouvement au moyen de **barres** horizontales (fig. 16).

FIG. 16. — CABESTAN

**85.** — *A quoi sert cet appareil?*

Cet appareil sert à manœuvrer les chaînes ou les câbles.

**86.** — *Que nomme-t-on gaffe?*

On nomme **gaffe** une longue perche terminée par une pointe de fer munie d'un crochet et dont on se sert pour manœuvrer une embarcation lorsqu'elle accoste un navire, un quai, ou lorsqu'on veut la faire déborder de ce navire ou de ce quai.

**87.** — *Qu'appelle-t-on défense ou pare-battage?*

La **défense** ou **pare-battage** est une pièce de bois ou un bourrelet de cordes que l'on suspend contre le bord d'une embarcation au moment d'accoster un autre navire ou un quai, pour préserver le navire où l'on est des chocs ou des frottements.

**88.** — *Qu'est-ce que l'écope et à quoi sert-elle ?*

L'*écope* est une pelle creuse dont on se sert pour vider l'eau entrée dans une embarcation.

**89.** — *Que désigne-t-on sous le nom d'amarres de poste ?*

On désigne sous le nom d'**amarres de poste** des cordages destinés à maintenir le bateau à poste fixe.

**90.** — *Que nomme-t-on avirons ou rames ?*

On nomme **avirons** ou **rames** de longues pièces de bois plates à l'extrémité inférieure, rondes à l'autre bout, que l'on manœuvre à la main et dont on se sert pour faire mouvoir une petite embarcation ou un canot (fig. 17).

**91.** — *Combien distingue-t-on de parties dans un aviron ?*

On en distingue trois : la *poignée*, qui

FIG. 17. — GODILLE

est dans la main, le **manche**, qui repose sur le bord de l'embarcation, et la *pelle* ou plat de l'aviron qui plonge dans l'eau.

**92.** — *Qu'est-ce que la godille ?*

La **godille** est l'aviron unique maintenu dans une entaille à l'arrière de l'embarcation et qui, manœuvré d'une certaine manière, fait avancer l'embarcation à la façon d'une hélice (fig. 17).

### RÉSUMÉ

Une barque de pêcheurs se compose de deux parties : la **coque** et la **mâture**.

La **coque** est l'enveloppe de l'embarcation, la **mâture** est l'ensemble des mâts qui supportent la **voilure**.

Le *gréement* comprend les mâts, les cordages, les voiles et tous les objets nécessaires à la marche du bateau.

1° La *coque* comprend la *quille*, les *varangues*, les *bordages intérieurs* ou *vaigres*, les *bordages extérieurs* ou *bordé*, la *préceinte*, les *plats bords* et la *lisse*.

L'*étrave* est l'extrémité de la coque à l'avant, et l'*étambot*, l'extrémité opposée sur laquelle se trouve le *gouvernail*.

La coque est divisée en trois compartiments : la *cale*, la *chambre* et le *coqueron*, on y accède par les *écoutilles* que l'on ferme par un *panneau* et des *capots*.

Les manœuvres se font sur le *pont*.

On appelle *carène* ou *œuvres vives* la partie de la coque qui s'enfonce dans l'eau et *œuvres mortes*, la partie qui émerge ; entre les deux se trouve la *ligne de flottaison*.

2° Dans la *mâture* on distingue : le *mât de misaine*, le *grand mât*, le *mât d'artimon* ou de *tapecul* et le *beaupré* horizontalement placé à l'avant.

Sur les grands navires, un mât se compose du *bas-mât*, du *mât de hune*, du *mât de perroquet* et du *mât de cacatois* ou de *flèche*.

Les cordages qui soutiennent les mâts s'appellent *étais*, *haubans* et *galhaubans* et constituent les *manœuvres dormantes*.

Les *vergues*, qui servent à l'établissement des voiles, sont maintenues par les *balancines*.

Il y a des vergues qu'on nomme *cornes*. Elles ne sont pas en croix et sont accompagnées du *gui* ou *bôme*.

3° La *voilure* est supportée par les mâts et les vergues.

On distingue deux sortes de voiles : 1° les *voiles carrées*, qui comprennent les *voiles carrées proprement dites* et les *voiles auriques* ; 2° les *voiles latines* ou *triangulaires*.

Les voiles *carrées* sont les *basses voiles*, les *huniers fixes*, les *huniers volants*, les *perroquets* et les *cacatois*.

Les voiles *auriques*, qui sont quadrangulaires mais non symétriques, sont : la *brigantine*, les *voiles goélettes*, la *flèche carrée* et le *tapecul*. Les vergues qui les supportent sont inclinées plus bas à l'avant qu'à l'arrière.

Les voiles *latines* comprennent les *focs*, la *voile d'étai* et la ou le *flèche-en-cul*.

4° Les *accessoires* indispensables d'une barque sont : le *lest* pour assurer la stabilité du bâtiment dans la mer ; les *ancres*, les *grappins* pour le maintenir au mouillage ; le *cabestan*, sorte de treuil destiné à manœuvrer les *chaînes* et les ancres; la *gaffe*, la *défense* ou *pare-battage*, l'*écope* à main, les *amarres de poste*; enfin les *avirons* ou *rames* dont on se sert pour manœuvrer une petite embarcation, canot par exemple.

## 2. — DES DIFFÉRENTES ESPÈCES DE NAVIRES BRICK, GOÉLETTE, SLOOP.

**93.** — *Combien y a-t-il d'espèces de navires?*

On en distingue trois principales :

1° Les **navires de guerre** parmi lesquels : les *cui-*

FIG. 18. — CUIRASSÉ D'ESCADRE ET TORPILLEUR

*rassés*, les *croiseurs*, les *torpilleurs* (fig. 18), les *avisos*, les *gardes-côtes*, les *canonnières*, les **bateaux sous-marins**, etc.;

2° Les *navires de commerce*;

3° Les *bateaux de pêche*.

**94.** — *Quels types de navires principaux trouve-t-on dans ces trois classes?*

On trouve des *bateaux à vapeur* et des *bâtiments à voiles*.

**95.** — *Comment les bâtiments à voiles se distinguent-ils les uns des autres?*

Ils se distinguent par la *mâture*, la *nature du gréement* et la *voilure*.

**96.** — *Comment peut-on les diviser?*

On peut les diviser en :

    1° bâtiments avec *gréement carré* ou à *voiles carrées*;

    2° bâtiments avec *gréement mixte* ou à *voiles carrées* et *auriques*;

    3° bâtiments à *voiles auriques*;

    4° bâtiments *latins* ou à *voiles latines*;

    5° bâtiments à voiles *au tiers* ou à *bourcet*.

**97.** — *Que distingue-t-on parmi les bâtiments à voiles carrées?*

On distingue le *trois-mâts carré*, le *trois-mâts barque* et le *brick*.

**98.** — *Qu'est-ce que le trois-mâts carré?*

Le *trois-mâts carré* est le type complet du voilier; il a trois mâts divisés en trois parties et quatre ou cinq voiles à chaque mât (fig. 19).

**99.** — *Donnez les noms des voiles d'un trois-mâts carré?*

Ce sont : 1° pour le mât de misaine : la *misaine*, le

*petit hunier*, le *petit perroquet* et le *petit cacatois* (fig. 19);

2° pour le grand mât : la *grand' voile*, le *grand hunier*, le *grand perroquet* et le *grand cacatois* (fig. 19);

3° pour le mât d'artimon : la *brigantine*, le *perro-*

FIG. 19. — TROIS-MATS CARRÉ

quet *de fougue*, la *perruche* et le *cacatois de perruche* (fig. 19).

**100.** — *Le trois-mâts carré ne porte-t-il pas d'autres voiles?*

Oui. Il porte des **voiles d'étais** et **trois focs** que l'on appelle **clin-foc, grand foc** et **petit foc** (fig. 19).

**101.** — *Qu'appelle-t-on trois-mâts barque?*

On appelle **trois-mâts barque** un navire qui porte des voiles carrées au grand mât et au mât de misaine; une brigantine et une voile de flèche au mât d'artimon (fig. 20).

FIG. 20. — TROIS-MATS BARQUE

FIG. 21. — BRICK

## LES BARQUES ET LES NAVIRES.

*102.— Qu'est-ce qu'un brick ?*

Un **brick** est un navire à deux mâts portant des voiles carrées (fig. 21).

*103.— Que trouve-t-on parmi les bâtiments à gréement mixte, voiles carrées et auriques?*

Parmi les bâtiments avec gréement mixte, c'est-à-dire

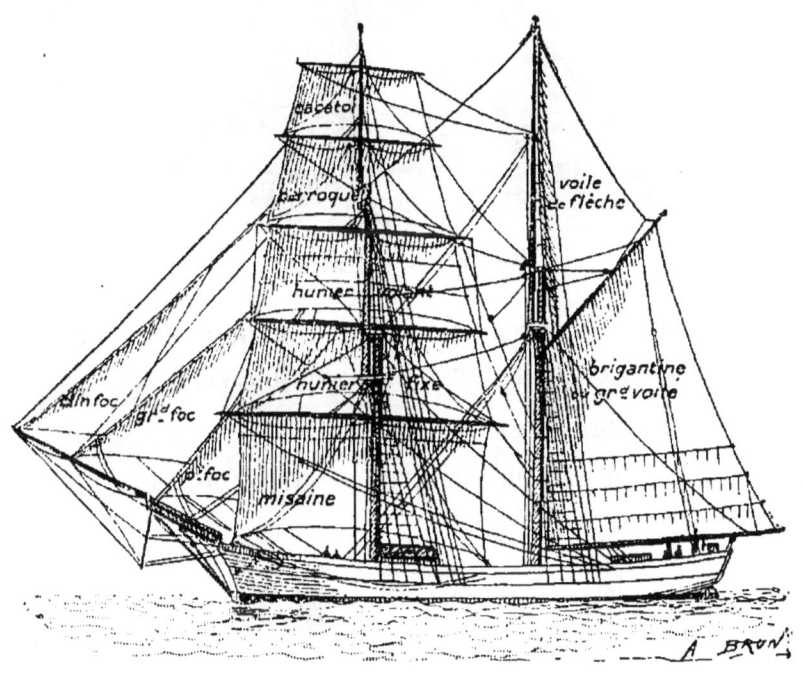

FIG. 22. — BRICK-GOÉLETTE

à voiles carrées et auriques, on trouve le **brick-goélette**, type mixte, entre le brick et la goélette, qui porte au mât de misaine la voilure d'un brick et au grand mât seulement une grande voile aurique à corne et une flèche; il a en outre trois focs (fig. 22).

*104.— Connaissez-vous des bâtiments à voiles auriques?*

Oui. Il y a la **goélette**, le **dundée**, le **côtre-dundée**, le **côtre-cutter** ou **sloop** et le **houari**.

**105.** *Que désigne-t-on sous le nom de goélette?*

On désigne sous le nom de *goélette* une embarcation à deux mâts verticaux gréés chacun d'une voile aurique et

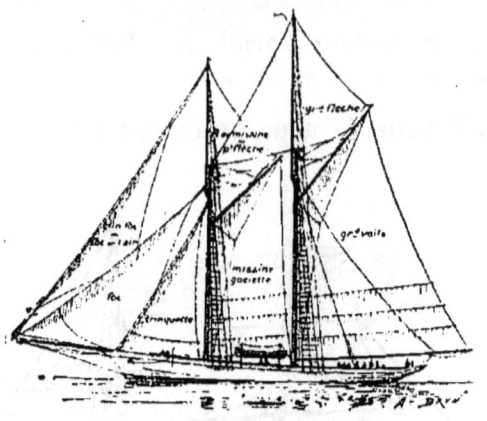

FIG. 23. — GOÉLETTE

d'une flèche. Ce bateau possède aussi deux focs et une *trinquette*(¹) ou trois focs et une voile d'étai (fig. 23).

**106.** — *Qu'est-ce qu'un dundée?*

Un *dundée* est une embarcation portant des voiles

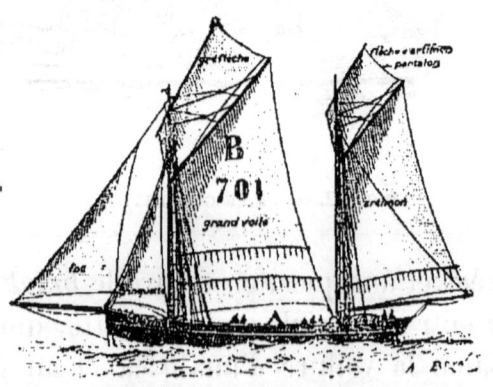

FIG. 24. — DUNDÉE

auriques aux deux mâts, un foc et une trinquette au beaupré (fig. 24).

1. *Trinquette*: on appelle ainsi le petit foc, placé près du beaupré au-dessus de l'étrave.

## LES BARQUES ET LES NAVIRES.

**107.** — *Qu'appelle-t-on côtre-dundée ?*

On appelle **côtre-dundée** un bateau portant un mât de tapecul sur lequel est gréée une voile en forme de

FIG. 25. — COTRE-DUNDÉE

trapèze et dont le grand mât porte une grande voile et une flèche (fig. 25).

**108.** — *Qu'appelle-t-on côtre, cutter ou sloop ?*

On appelle **côtre, cutter** ou **sloop** un bâtiment qui n'a

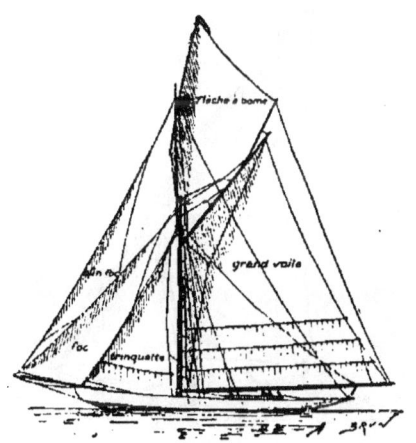

FIG. 26. — COTRE OU CUTTER

qu'un seul mât, sur lequel sont gréés deux ou trois focs, une grande voile aurique et une flèche (fig. 26).

**108 bis.** — *Qu'est-ce que le houari?*

Le *houari* est une petite embarcation légère portant une voile enverguée sur un mince morceau de bois, fai-

FIG. 27. — HOUARI

sant suite à un mât très bas, sur lequel elle est tenue par un transfilage ou des bagues (fig. 27).

**109.** — *Quels sont les bâtiments latins ou à voiles latines?*

Les bâtiments latins ou à voiles latines sont les *rafiaux*

FIG. 28. — BATEAU CATALAN

de Toulon, la *gourse*, la *barquette*, les *bateaux catalans* et les *tartanes*.

## LES BARQUES ET LES NAVIRES. 31

**109 bis.** — *Décrivez un bateau catalan?*

Le *bateau catalan* est une embarcation qui n'a qu'un seul mât et une voile enverguée sur antenne. L'étrave et l'étambot sont aussi très recourbés en dedans; l'étrave est très élevée (fig. 28).

**109 ter.** — *Qu'est-ce qu'une tartane?*

Une *tartane* est un bateau de pêche, de cabotage ou de pilotage qui porte une voile latine également enverguée sur antenne et un foc. La voile est appelée **mestre** et le foc se nomme **polacre**. Les *bateaux pilotes de Marseille* et les bateaux de *pêche de Martigues* ne sont autre que des tartanes (fig. 29).

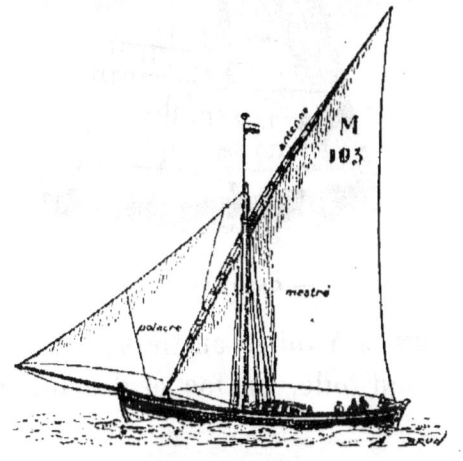

FIG. 29. — TARTANE

**110.** — *Qu'est-ce qu'un lougre?*

Un *lougre* ou *chasse-marée* est une embarcation qui a trois mâts presque verticaux d'inclinaisons différentes : mât de misaine, grand mât, mât de tapecul, beaupré. En dessus de ses voiles ordinaires, il en porte de plus petites qui font l'effet de huniers. Toutes ces voiles sont fixées au tiers de la vergue, d'où leur nom de

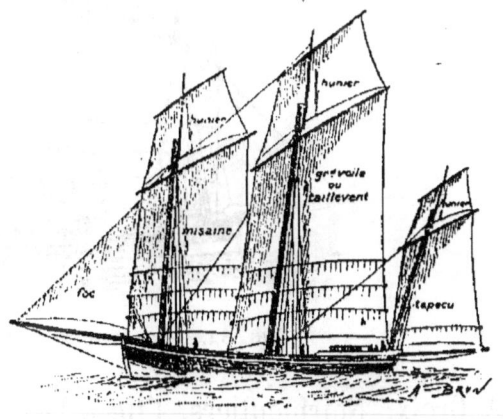

FIG. 30. — LOUGRE OU CHASSE-MARÉE

voiles *au tiers* ou à *bourcet* qu'on leur donne (fig. 30).

***111.*** — *Indiquez le gréement des sardiniers bretons.*

Les **sardiniers bretons** portent deux mâts; le mât de misaine est plus court que l'autre et plus incliné à l'arrière. Les voiles sont aussi au tiers ou à bourcet (fig. 31).

FIG. 31. — CANOT SARDINIER BRETON

***112.*** — *Quel genre d'embarcation emploient particulièrement les pêcheurs de la côte de l'Océan, depuis Groix jusqu'à Arcachon?*

Ce sont des **chaloupes** à voiles au tiers; elles portent une misaine, une grand'voile, un foc et des huniers au-dessus des voiles.

FIG. 32. — CHALOUPE DE L'OCÉAN

A Groix, Noirmoutiers, l'île d'Yeu, les Sables-d'Olonne, La Rochelle, Royan, Arcachon, ce genre de bateau, très solide à la mer, est employé pour le pilotage et la pêche:

il permet de s'aventurer assez au large et de supporter les gros temps (fig. 32).

### RÉSUMÉ

On distingue trois espèces de navires : 1° les *navires de guerre* ; 2° les *navires de commerce* ; 3° les *bâtiments de pêche*. Tous sont *à la vapeur* ou *à voiles*.

Les bâtiments à voiles se distinguent les uns des autres par la *mâture*, la *nature du gréement* et la *voilure*.

On comprend : 1° des bâtiments à *gréement carré* ou à *voiles carrées* : le *trois-mâts carré*, le *trois-mâts barque* et le *brick* ; 2° des bâtiments à *gréement mixte* à voiles *carrées* et *auriques* : le *brick goélette* ; 3° des bâtiments à voiles *auriques* : la *goélette*, le *dundée*, le *côtre-dundée*, le *cotre, cutter* ou *sloop* et le *houari* ; 4° des bâtiments *latins* ou à *voiles latines* : les *rafiaux*, la *gourse*, la *barquette*, les *bateaux catalans* et les *tartanes* ; 5° des bâtiments à *voiles au tiers* ou à *bourcet* : le *lougre* ou *chasse-marée*, le *canot sardinier breton*.

Sur les côtes de l'Océan, on emploie des chaloupes très solides, à voiles au tiers, qui permettent de s'aventurer au large pour le pilotage et la pêche.

### 3. — LE CANOT DE SAUVETAGE

*113.— Qu'est-ce qu'un canot de sauvetage ?*

Un **canot de sauvetage** est une embarcation destinée à affronter la mer, pendant les tempêtes, pour porter secours à des naufragés (fig. 33).

*114. — Combien distingue-t-on de parties dans un canot de sauvetage ?*

On en distingue deux : la **coque** et la **mâture**.

*115.— Comment est constituée la coque ?*

La **coque**, pointue aux deux bouts, est constituée par deux couches en bois d'acajou superposées, que sépare une toile imprégnée de glu marine ou de peinture. Elle ne possède pas de membrure intérieure, mais seulement

11 varangues. Sur le pont se trouvent trois ouvertures ou écoutilles fermées par des panneaux, et à l'arrière un gouvernail.

***116.*** — *La quille offre-t-elle quelque chose de particulier dans sa construction?*

Oui. La quille est doublée d'une **fausse quille** en fer forgé du poids de 550 kilogrammes.

***117.*** — *Que remarque-t-on à chaque extrémité, de chaque côté et dans toute la longueur de l'embarcation?*

On remarque à chaque extrémité de l'embarcation un énorme **dôme** creux, sans ouverture; c'est une **caisse à air**. De chaque côté, sous les bancs, dans toute la longueur, il y en a aussi d'autres.

***118.*** — *Où se place l'équipage?*

L'équipage se place au milieu du bateau sur une sorte de pont étanche au-dessous duquel est ménagée une cale ou double fond qu'un corps de pompe à main permet d'assécher.

***119.*** — *Comment est protégé le canot latéralement?*

Le canot est protégé latéralement par un fort **liston** en chêne, ou bourrelet supportant des guirlandes de cordes qui permettent aux hommes tombés à la mer de s'accrocher.

***120.*** — *Qu'existe-t-il aussi dans le canot de sauvetage pour la sécurité des canotiers?*

Il existe un anneau dans lequel chaque canotier passe le bras. Cet anneau est fixé à l'extrémité d'un bout de corde amarrée en abord, près de l'homme.

***121.*** — *Comment navigue ce bateau?*

Il navigue à l'**aviron** et à la **voile**; mais il est plutôt destiné à naviguer à l'aviron. On se sert de la voile s'il y a obligation absolue, mais alors la manœuvre est moins libre.

**122.**— *Combien y a-t-il d'avirons à bord?*

Il y en a douze: deux **avirons de queue**, destinés à remplacer le gouvernail, et dix **avirons de nage**. Ceux de tribord ou de droite sont peints en **vert**, ceux de bâbord ou de gauche en **blanc**.

FIG. 33. — MISE A L'EAU DU CANOT DE SAUVETAGE

**123.**— *En quoi consiste la mâture?*

La **Mâture** consiste en deux mâts courts et solides avec foc, taillevent et misaine.

**124.**— *Quels sont les différents objets dont doit être muni un canot de sauvetage.*

Le canot de sauvetage doit être muni:

1° A l'**extérieur**, d'une **ancre** ordinaire à l'avant et d'une **ancre flottante** en toile tannée et ses accessoires pour aider le canot à tenir debout à la lame;

2° A l'**intérieur** de deux **grappins** d'abordage pour maintenir le canot accroché au bateau naufragé; de deux **gaffes**, d'une **poulie à fouet**; d'un **compas** et de son **fanal**;

3° De **bouées de sauvetage**.

*125.— N'est-il pas d'autres objets indispensables à bord d'un canot de sauvetage?*

Oui. Il faut aussi plusieurs cordages, appelés **cartahus**, destinés à établir un moyen de communication, un **va-et-vient** entre les sauveteurs et les naufragés; une **canne plombée avec sa ligne** à laquelle on amarre le cartahu lorsque la canne a été lancée à bord du bateau en détresse.

*126.— Qu'est-il nécessaire d'avoir encore?*

Il est nécessaire d'avoir encore un **baril d'eau douce**, une caisse à **provisions** et une caisse à **médicaments**.

*127.— Quelles sont les qualités spéciales que doit offrir un canot de sauvetage?*

Elles sont au nombre de quatre :

    1° il doit être **stable** ;

    2° il doit être **insubmersible** ;

    3° il doit pouvoir **évacuer l'eau embarquée**;

    4° il doit pouvoir se **redresser** facilement après avoir chaviré.

*128.— Par quel moyen le canot de sauvetage est-il rendu stable?*

On obtient la **stabilité** en donnant au bateau un peu plus de largeur et en le munissant de la quille en fer très lourde dont nous avons parlé.

*129.— Comment devient-il insubmersible?*

Il devient **insubmersible**, c'est-à-dire qu'il ne peut couler, par le moyen des caisses à air et du pont étanche.

*130.— Comment obtient-on l'évacuation de l'eau embarquée?*

On obtient l'**évacuation de l'eau** à l'aide de soupapes automatiques qui, placées au fond de la coque, s'abaissent sous le poids de l'eau accumulée sur le pont; elles se ferment au contraire sous la pression de l'eau qui tendrait à remonter.

**131.** — *Comment obtient-on le redressement spontané?*

Le **redressement spontané** après chavirement s'obtient par ce fait que le poids de la quille, qui émerge, grâce aux dômes à air, lui fait reprendre sa position normale.

**132.** — *Quelle est la composition de l'équipage d'un canot de sauvetage?*

L'équipage d'un canot de sauvetage se compose d'un **patron** qui se tient à l'arrière, tenant la barre, d'un **sous-patron** qui se tient à l'avant et de dix hommes pour manœuvrer les avirons.

**133.** — *Comment cet équipage est-il choisi?*

Il est choisi parmi les marins les plus intrépides, les plus dévoués et les plus forts. C'est un grand honneur pour eux de faire partie de l'équipage d'un canot de sauvetage, car c'est toujours au péril de leur vie que ces hommes courageux accomplissent le devoir qu'ils se sont imposé de secourir les naufragés. Tout le monde les admire. Ils sont récompensés par la conscience du devoir accompli, par l'estime publique et par des récompenses nationales.

### RÉSUMÉ

Le **canot de sauvetage** est une embarcation destinée à affronter la mer pendant les tempêtes pour porter secours aux naufragés.

Il se compose de la coque et de la mâture.

La **coque**, pointue aux deux bouts, contient à chaque extrémité et de chaque côté des **caissons à air**. La **quille** est doublée en fer forgé du poids de 550 kilos.

L'équipage se place au milieu sur un pont étanche.

Le canot de sauvetage navigue à l'**aviron** et à la **voile**. Il a **douze avirons** dont deux de queue.

La **mâture** consiste en deux mâts avec foc, misaine et taillevent.

Cette embarcation doit contenir tous les objets nécessaires au sauvetage : ancres, grappins, bouées de sauvetage, compas, baril d'eau, provisions et médicaments.

Un canot de sauvetage doit être **stable et insubmersible** : il doit pouvoir aussi *évacuer l'eau embarquée* et se redresser facilement après avoir chaviré. Dans sa construction on lui donne ces qualités.

L'équipage, choisi parmi les marins les plus intrépides et les plus dévoués, se compose d'un *patron*, d'un *sous-patron* et de dix hommes.

C'est un honneur de faire partie de l'équipage d'un canot de sauvetage.

# CHAPITRE III

## EXERCICES PRATIQUES — TRAVAUX MANUELS

Sommaire. — 1. Les nœuds marins; démonstration et exercices. — 2. Amarrages. — 3. Épissures. — 4. Poulies et palans.

**134.** — *Un bâtiment étant donné, que doit connaître le marin avant de le manœuvrer?*

Un bâtiment étant donné, avant de le manœuvrer le marin doit être initié aux **exercices** et **travaux manuels**, c'est-à-dire savoir faire les **nœuds marins**, les **amarrages** et les **épissures**.

**135.** — *Que doit-il savoir ensuite pour le diriger sur mer?*

Pour le diriger, le faire avancer sur mer, il doit connaître la forme et l'emploi des **poulies** et des **palans** dans lesquels se meuvent les **cordages** ou **manœuvres**.

### 1. — LES NOEUDS MARINS

**136.** — *Qu'appelle-t-on nœud?*

On appelle **nœud** l'enlacement fait avec une corde.

**137.** — *A quoi sert un nœud marin?*

Un **nœud marin** sert à **fixer** un cordage sur un objet ou à réunir deux cordages ensemble (fig. 34).

### 2. — AMARRAGES

**138.** — *Qu'appelle-t-on amarrage?*

On appelle **amarrage** l'endroit où une corde en double est liée par une petite.

FIG. 34. — TABLEAU DES NŒUDS

1. NŒUD ORDINAIRE  2. DEMI-NŒUD  3. NŒUD PLAT  4. NŒUD DE VACHE

5. NŒUD DE BOULINE  6. NŒUD DE CHAISE  7. NŒUD D'AGUI  8. NŒUD DE BOIS

9. NŒUD JAMBE DE CHIEN  10. NŒUD DE DRISSE  11. DEMI-CLEF  12. NŒUD COULANT  13. NŒUD A PLEIN POING

14. NŒUD DE GRIFFE  17. GUEULE DE LOUP  16. GUEULE DE RAIE  20. NŒUD D'ÉTALINGURE

 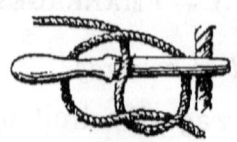 

15. NŒUD DE CROC  18. NŒUD DE TRÉSILLON  19. NŒUD TÊTE D'ALOUETTE

EXERCICES PRATIQUES. TRAVAUX MANUELS.        41

**139.** — *Quelles sont les différentes sortes d'amarrages?*

Ce sont *l'amarrage plat, l'amarrage double, l'amarrage en étrive, l'amarrage en croix, l'amarrage en portugaise,* la *surliure,* la *rousture* et la *velture.*

**140.** — *Qu'est-ce que l'amarrage plat?*

L'*amarrage plat* consiste en tours successifs de bouts de ligne[1] embrassant à la fois deux bouts de filin[2]. Il sert à lier ensemble deux cordages ou deux branches d'un même cordage. On le fait avec *bridure* ou *sans* bridure (fig. 35).

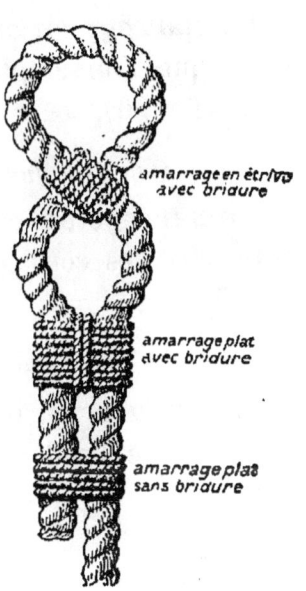

**141.** — *Qu'est-ce que l'amarrage double?*

FIG. 35, 36, 37. — AMARRES

L'*amarrage double* est celui dans lequel on fait une seconde couche de tours sur celle qui a été d'abord exécutée.

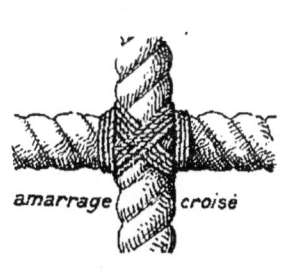

FIG. 36

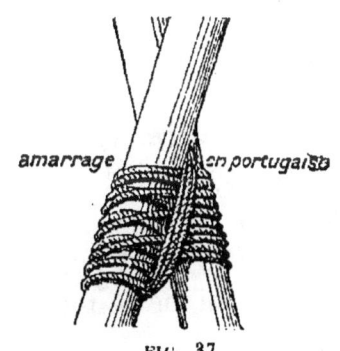

FIG. 37

**142.** — *Que nomme-t-on amarrage en étrive?*

L'*amarrage en étrive* est celui qui se fait sur un

---

1. *Ligne,* petite corde.
2. *Filin,* sorte de cordage, obtenu par la torsion de brins de chanvre filés.

cordage dont les bouts doivent se croiser (fig. 55).

**143.** — *Qu'appelle-t-on amarrage en croix?*

L'**amarrage en croix**, comme l'indique son nom, est celui que l'on emploie pour réunir deux cordages en croix (fig. 56).

**144.** — *Qu'est-ce que l'amarrage en portugaise?*

L'**amarrage en portugaise** est celui qui sert à réunir entre eux des cordages, des vergues ou des mâtereaux (fig. 57).

**145.** — *Qu'est-ce que la surliure, la rousture et la velture?*

La **surliure** est un amarrage que l'on emploie pour empêcher le bord d'un filin de se décorder (fig. 58);

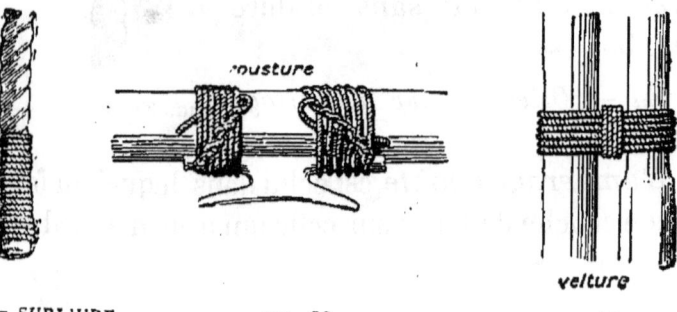

FIG. 38. — SURLIURE        FIG. 39        FIG. 40.

La **rousture** sert à maintenir les uns contre les autres et à lier ensemble deux pièces de bois (mâts, vergues); (fig. 39).

La **velture** est destinée à lier ensemble deux pièces de bois qui ne se touchent pas sur toute leur longueur (fig. 40).

### 3. — ÉPISSURES

**146.** *Qu'appelle-t-on épissure?*

On appelle **épissure** la réunion de deux cordages différents ou de deux parties d'un même cordage dont on entrelace les *torons*[1].

*147.— Combien y a-t-il de sortes d'épissures?*

Il y en a deux : **l'épissure carrée** et **l'épissure longue**.

*148.— A quoi sert l'épissure carrée?*

L'**épissure carrée** sert à faire des estropes de poulies, des bagues, un œil à l'extrémité d'un cordage ou à greffer un cordage sur un autre (fig. 41).

*149.— Comment fait-on cette épissure?*

Pour faire cette épissure on détord les torons de deux cordes, on les entrelace alternativement et on engage leurs bouts entre les torons non défaits.

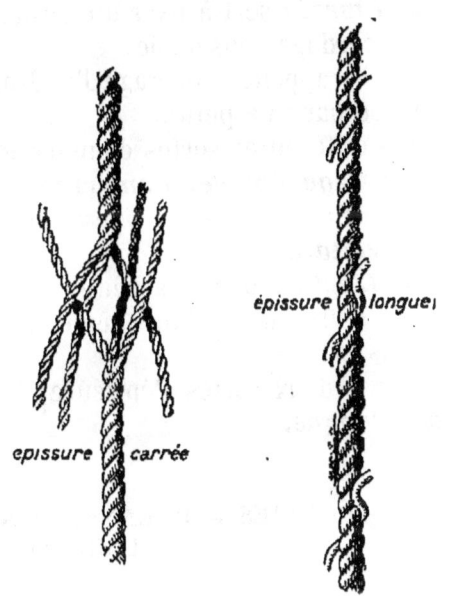

FIG. 41.   FIG. 42.

*150.— Dans quel cas emploie-t-on l'épissure longue?*

On emploie l'**épissure longue** lorsque le filin est destiné à passer dans une poulie (fig. 42).

*151.— Comment pratique-t-on l'épissure longue?*

On détord deux cordages et on les rapproche en les entre-croisant; puis on substitue un toron d'un des cordages au toron correspondant de l'autre, jusqu'à une distance égale à la moitié de la longueur que l'on veut donner à l'épissure. Les deux torons sont croisés par un

---

1. *Toron*, réunion de *fils de caret* dont plusieurs forment un cordage.

demi-nœud; on fait une passe et une demi-passe avec chaque bout et l'on coupe l'excédent; même opération pour le deuxième toron en sens inverse. Les troisièmes torons sont arrêtés au milieu de l'épissure par un demi-nœud et par une passe et une demi-passe sur chaque bout.

### RÉSUMÉ

1. On appelle *nœud* l'enlacement fait avec une corde. Le *nœud marin* sert à fixer un cordage sur un objet ou à réunir deux cordages ensemble.

2. On appelle *amarrage* l'endroit où une corde en double est liée par une petite.

Les différentes sortes d'amarrages sont : *l'amarrage plat, l'amarrage double, l'amarrage en étrive, l'amarrage en croix, l'amarrage en portugaise,* la **surliure**, la **rousture** et la **velture**.

3. *L'épissure* est la réunion de deux cordages différents ou de deux parties d'un même cordage dont on entrelace les torons.

Il y a deux sortes d'épissures : *l'épissure carrée* et *l'épissure longue*.

### 4. — POULIES — PALANS, MONTAGE ET DÉMONTAGE D'UN PALAN

#### I. — DES POULIES

**152.**— *Qu'est-ce qu'une poulie ?*

On appelle **poulie** un instrument en bois ou en fer portant intérieurement une sorte de rouet sur lequel vient s'enrouler un cordage (fig. 43 et suiv.).

**153.**— *Combien distingue-t-on de parties dans une poulie ?*

On en distingue trois principales qui sont : la **caisse**, le **rouet** ou **réa** et **l'essieu** (fig. 43 et 44).

**154.**— *Qu'est-ce que la caisse ?*

La **caisse** est le bloc de bois ou de fer qui constitue la poulie (fig. 43).

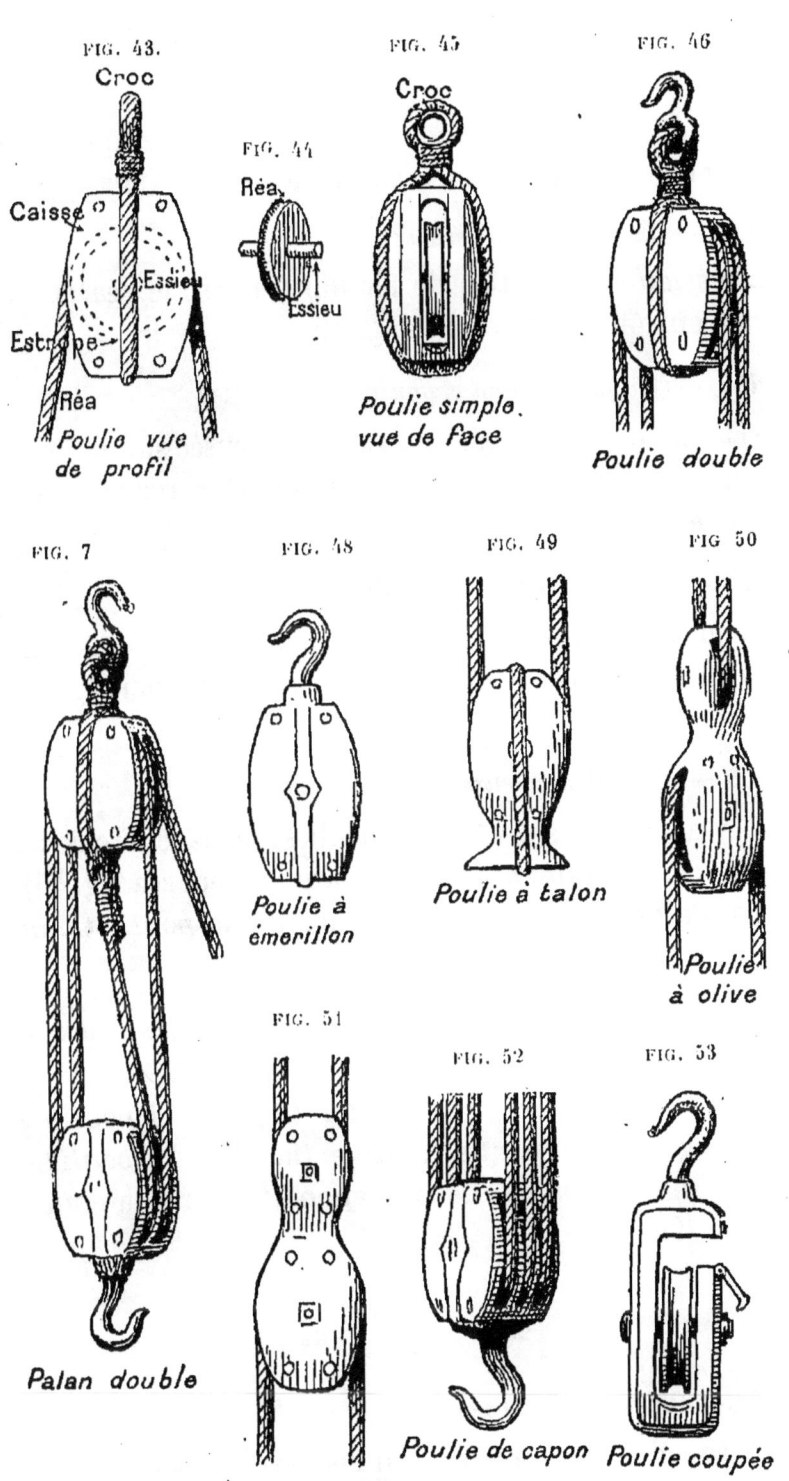

POULIES

**155.** — *Qu'appelle-t-on réa?*

On appelle **réa** ou **rouet** une sorte de roulette dont le pourtour est creusé pour recevoir le cordage (fig. 44).

**156.** — *Qu'est-ce que l'essieu?*

**L'essieu** est une tige de fer qui traverse le réa et les **joues** ou côtés de la caisse (fig. 43).

**157.** — *Que nomme-t-on engoujure et estrope?*

On nomme **engoujure** une rainure creusée sur les joues et les bouts de la caisse. Elle reçoit un cordage appelé **estrope** (fig. 43).

**158.** — *A quoi sert le croc ou l'œil?*

Le **croc** ou **l'œil** sont de petits appareils, placés à l'une des extrémités de la poulie, qui servent à la crocher (fig. 43, 45 et suiv.).

**159.** — *Y a-t-il plusieurs sortes de poulies?*

Il y a plusieurs sortes de poulies; nous citerons les suivantes: la **poulie simple** qui n'a qu'un seul réa (fig. 45), la **poulie double** qui en a deux (fig. 46), la **poulie triple** qui en a trois (fig. 52).

**160.** — *Au point de vue de la forme et des usages ne distingue-t-on pas d'autres sortes de poulies?*

Oui. Il y a la **poulie à émerillon** (fig. 48), la **poulie à talon** (fig. 49), la **poulie à olive** (fig. 50), la **poulie à violon** (fig. 51), la **poulie de capon** (fig. 52), la **poulie coupée** (fig. 53).

## 2. — DES PALANS

**161.** — *Qu'appelle-t-on palan?*

On appelle **palan** un appareil composé de deux poulies simples et doubles et d'un cordage ou filin nommé *garant* qui passe dans les réas et fait dormant[1] sur l'une des deux poulies (fig. 47).

**162.** — *Existe-t-il plusieurs genres de palan?*

Il y a plusieurs genres de palans :
1° Le *palan à vérine*, composé d'une poulie simple et d'un garant ;
2° Le *palan simple*, composé de poulies simples ;
3° Le *palan en trois* dans lequel il y a une poulie simple et une poulie double ;
4° Le *palan double* qui a deux poulies doubles (fig. 47), etc....

**163.** — *Expliquez le montage d'un palan en trois, par exemple.*

Pour monter un palan en trois, c'est-à-dire un palan dans lequel il y a une poulie simple et une double, on fait entrer le garant dans un des clans de la poulie double puis dans celui de la poulie simple ; on le fait repasser dans le deuxième clan de la poulie double, dans le même sens que la première fois, et l'on va faire dormant au cul de la poulie[2]. C'est le palan à trois garants.

**164.** — *Comment monte-t-on un palan double?*

Pour monter un palan à deux poulies doubles on passe successivement dans les clans des deux poulies, sans faire de croix et l'on fixe le dormant au cul de la poulie de laquelle sort le courant. C'est le **palan à quatre garants** (fig. 47).

**165.** — *A quoi servent les palans?*

Les palans servent à multiplier la force exercée par les hommes ; ils permettent de raidir sans secousse et de retenir plus aisément un cordage qui a été déjà tendu.

---

1. *Faire dormant*, c'est fixer (amarrer) le bout du cordage d'une poulie.
2. *Cul de la poulie*, extrémité inférieure de la poulie ; le côté opposé s'appelle le *collet* de la poulie.

## RÉSUMÉ

1. Une *poulie* est un instrument, portant dans son intérieur un *rouet* sur lequel s'enroule un cordage.

Dans une poulie on distingue la *caisse*, le *rouet*, ou *réa*, les *joues*, *l'engoujure* et *l'estrope*.

Les poulies sont **simples**, **doubles** ou **triples**. Il y a aussi la **poulie à émerillon**, la **poulie à talon**, la **poulie à olive**, la **poulie à violon**, la **poulie de capon**, la **poulie coupée**.

2. Le **palan** est un appareil composé de deux poulies simples ou doubles et d'un cordage nommé **garant** qui passe dans les réas et fait dormant sur l'une des deux poulies.

Les palans servent à multiplier la force exercée par les hommes.

# CHAPITRE IV

## DÉMONSTRATION DES MANŒUVRES COURANTES[1]

*166.— Qu'appelle-t-on manœuvrer?*

On appelle, en terme général, **manœuvrer**, les diverses opérations qui se font à bord d'un navire, soit pour prendre le large (**appareiller**), soit en mer, soit pour rentrer au port ou **mouiller** en rade.

*167.— Quelles opérations fait-on pour prendre le large?*

Pour **prendre le large**, ou **appareiller**, on *largue les voiles*, on les *établit* pour virer sur un bord ou sur l'autre, *aller de l'avant* ou *culer*.

*168.— Quelles opérations fait-on pour rentrer au port ou mouiller?*

Pour rentrer au port ou **mouiller**, on diminue la voilure, on **cargue**, on **amène les voiles** et on **mouille l'ancre**.

*169.— Comment se font toutes ces opérations?*

Toutes ces opérations ou manœuvres se font au moyen de cordages.

*170.— Comment désigne-t-on ces cordages?*

On les désigne sous le nom de **manœuvres courantes**, c'est-à-dire des manœuvres ou cordages que l'on emploie ordinairement pour hisser, ployer, déployer, abaisser une voile ou une vergue.

---

1. Les maîtres feront bien de se procurer un bateau petit modèle à l'aide duquel ils démontreront ces manœuvres d'une façon profitable aux élèves.

**171.** — *Dans quelles circonstances emploie-t-on les manœuvres courantes?*

On les emploie : 1° pour **établir la voilure**,
2° pour **l'orienter**,
3° pour la **ramasser**.

**172.** — *Quelles manœuvres emploie-t-on pour établir la voilure?*

On se sert : 1° de la **drisse** ;
2° de **l'écoute** ;
3° de **l'amure**.

**173.** — *Qu'est-ce que la drisse?*

La **drisse** est une manœuvre qui s'emploie pour hisser les voiles (foc, voile d'étai, flèche, hunier, perroquet,

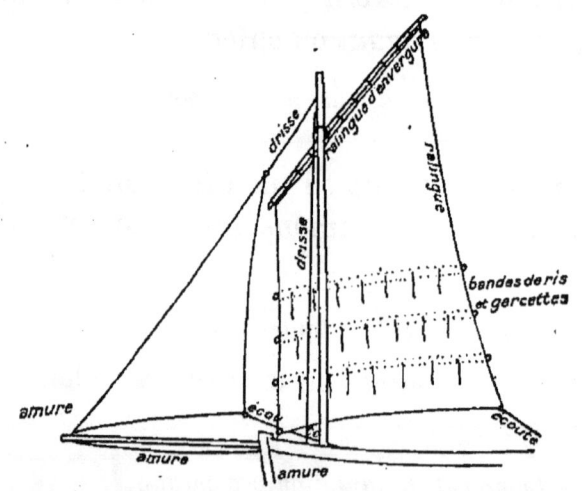

FIG. 54. — MANŒUVRES COURANTES D'UN BATEAU DE PÊCHE

La drisse, l'écoute, servent à établir la voilure ; l'amure sert à fixer la voile sur le pont. D'après cette gravure le bateau recevant le vent de bâbord (gauche) est bâbord-amure.

cacatois, brigantine, tape-cul) et qui se frappe, c'est-à-dire s'attache sur la voile ou sur une vergue (fig. 54, 55 et 56).

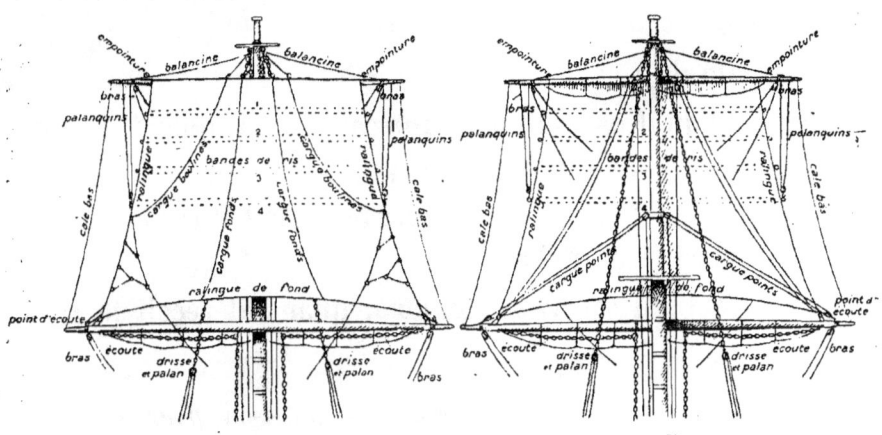

FIG. 55    FIG. 56

Les drisses servent à hisser les voiles, les écoutes et les amures à les border et à les tenir tendues, les bras à les orienter et les balancines à les tenir droites. Pour les ramasser on emploie les hale-bas, les cale-bas et les cargues : cargue-points, cargue-fonds et cargue-boulines. Les ris sont employés pour rapetisser les voiles. Pour prendre des ris on se sert de palanquins dont l'effet est d'amener les pattes de ris à la hauteur des empointures de la vergue.

*174. — Qu'appelle-t-on écoute?*

On appelle **écoute** un cordage à deux branches servant à **border** la voile, c'est-à-dire à la tenir tendue (fig. 54, 55 et 56).

*175. — Qu'est-ce que l'amure?*

**L'amure** est une manœuvre qui, frappée sur la voile, sert à l'étendre et à la fixer du côté du vent (fig. 54). On dit **amurer** une voile.

*176. — Quand dit-on d'un bâtiment qu'il est bâbord-amures tribord-amures ou vent-arrière?*

On dit :

1° qu'il est **bâbord-amures** (fig. 54) quand il reçoit le vent de bâbord (à gauche) ;

2° Qu'il est **tribord-amures** quand il reçoit le vent de tribord (à droite) ;

3° Qu'il est **vent-arrière**, quand il reçoit le vent de l'arrière.

*177. — Quelles manœuvres emploie-t-on pour orienter la voilure?*

On emploie des manœuvres appelées **bras** et **balancines** (fig. 55 et 56).

*178. — Où sont frappés les bras et à quoi servent-ils?*

Les **bras** sont frappés à chaque bout de **vergues carrées** et servent à faire pirouetter la vergue autour du mât. Seules les voiles carrées ont des bras (fig. 55 et 56).

*179. — Qu'appelle-t-on balancines?*

On appelle **balancines** deux manœuvres fixées chacune à l'un des bouts d'une vergue et servant à élever le bout de la vergue et principalement à la soutenir quand la voile est établie (fig. 55 et 56).

## DÉMONSTRATION DES MANŒUVRES COURANTES.

**180.** — *Quelles sont les manœuvres employées pour ramasser la voilure ?*

Pour ramasser la voilure on se sert de **hale-bas** et de **cargues**.

**181.** — *Que nomme-t-on hale-bas ?*

On nomme **hâle-bas** un cordage qui sert à amener la vergue quand elle ne descend pas assez vite (fig. 55 et 56).

**182.** — *Que désigne-t-on sous le nom de cale-bas ?*

On désigne sous le nom de **cale-bas** une manœuvre employée pour aider les vergues à s'amener le long du mât lorsque la drisse a été larguée (fig. 55 et 56).

**183.** — *Qu'appelle-t-on cargues ?*

Les **cargues** sont des manœuvres destinées à faire approcher les voiles près des vergues pour les trousser ou les relever (fig. 55 et 56).

**184.** — *Y a-t-il plusieurs sortes de cargues ?*

Oui ; il y a les **cargue-points**, les **cargue-fonds**, les **cargue-boulines**, les **cargue-à-vue**.

**185.** — *A quoi servent les cargue-points ?*

Les **cargue-points** sont des manœuvres qui s'attachent aux angles inférieurs de la voile pour la retrousser vers la vergue de manière qu'il n'y ait que le fond de la voile qui reçoive le vent (fig. 55).

**186.** — *Qu'appelle-t-on cargue-fonds et cargue-boulines ?*

Les **cargue-fonds** sont des manœuvres amarrées au milieu du bas de la voile, qui servent à en relever et en retrousser le fond, et les **cargue-boulines** sont celles qui servent à en relever les côtés (fig. 55 et 56).

**187.** — *Qu'est-ce que la cargue-à-vue ?*

La **cargue-à-vue** est une petite manœuvre, passée dans une poulie sur la grande hune, et qui est amarrée à la ralingue de la voile pour la lever quand on veut voir dessous.

**188.** — *Qu'est-ce qu'un ris?*

Un *ris* est une bande de toile à œillets garnie de tresses de fil de carret (garcettes) qui traversent les voiles d'un bord à l'autre (fig. 54, 55 et 56).

**189.** — *A quoi servent les ris et qu'appelle-t-on prendre des ris?*

Les *ris* servent à rapetisser les voiles quand il vente grand-frais, par conséquent **prendre des ris**, c'est raccourcir les voiles au moyen de ris pour leur donner moins de surface au vent.

**190.** — *Quelles manœuvres emploie-t-on pour prendre des ris?*

On emploie des manœuvres appelées **palanquins**, sortes de petits palans dont l'effet est d'amener les pattes de ris à la hauteur des **empointures** (fig. 55 et 56).

**191.** — *Où s'amarrent les manœuvres?*

Les manœuvres s'amarrent sur le pont ou se tournent sur des petits morceaux de bois, appelés **cabillots**, ou des **taquets** fixés sur des râteliers en abord ou au pied du mât.

### RÉSUMÉ

On appelle **manœuvres courantes** des cordages qui servent à manœuvrer, c'est-à-dire à hisser, ployer, déployer, baisser une voile ou une vergue.

Ces cordages s'emploient :
    1° Pour *établir une voile*;
    2° Pour *l'orienter*;
    3° Pour la *ramasser*.

Pour établir la voilure on se sert :
    1° De la *drisse*;
    2° De *l'écoute*;
    3° De *l'amure*.

Pour orienter la voilure on emploie les **bras** et les **balancines**.

Pour la ramasser on se sert des **hâle-bas** et des **cargues**: *cargue-points, cargue-fonds, cargue-boulines*.

*Prendre un ris*, c'est raccourcir la voile au moyen de tresses de fil de carret nommées **garcettes**.

Les manœuvres s'amarrent sur le pont, sur des **cabillots** ou des **taquets**.

# CHAPITRE V

## UN PORT — SES DIFFÉRENTES PARTIES

SOMMAIRE. — 1. Un port. Division des ports. — 2. Différentes parties d'un port : rade, avant-port, arrière-port, bassins à flot. — 3. Dispositions accessoires d'un port : gril de carénage, bassin de radoub, cales de construction, magasins.

### 1. — UN PORT — DIVISION DES PORTS

*192.— Qu'est-ce qu'un port?*

Un port est un bassin naturel ou artificiel où les bâti-

FIG. 57. — SORTIE D'UN PORT

ments viennent aborder, soit pour y déposer, soit pour y prendre des passagers ou des marchandises, soit pour y trouver un abri (fig. 57).

**193.** — *Comment divise-t-on les ports ?*

On peut les diviser d'abord en **ports naturels** et en **ports artificiels** ; on peut aussi distinguer les **ports militaires** ou **ports de guerre**, et les **ports de commerce**.

**194.** — *Comment peut-on encore classer les ports ?*

On peut encore classer les ports d'après leur situation, d'après leur affectation et d'après le régime des eaux dans ces ports, et distinguer :

1° Des **ports de mer** et des **ports de rivière** ;
2° Des **ports de pêche** ;
3° Des **ports de refuge** ;
4° Des **ports à flots** et des **ports à marée** ;
5° Des **ports de toute marée** et des **ports de barre**.

Mais on doit remarquer que bon nombre de ports font partie en même temps de ces diverses catégories.

**195.** — *Qu'est-ce qu'un port naturel ?*

Un port naturel est celui dans lequel la nature a tout fait en creusant sur la côte un bassin qui n'est en communication avec la mer que par un col ou détroit plus ou moins large.

**196.** — *Donnez des exemples de ports naturels ?*

Nous citerons : le port de **Brest** qui communique avec l'Océan par un **goulet** très étroit et **Port-Vendres**, sur la Méditerranée.

**197.** — *Qu'appelle-t-on ports artificiels ?*

On appelle **ports artificiels** ceux où l'homme n'a fait que compléter le travail de la nature et ceux où il a dû tout créer de ses mains.

**198.** — *Citez des ports artificiels ?*

**Toulon**, **Alger**, **Marseille** et **Cherbourg**, ce dernier entièrement créé par la main de l'homme.

**199.** — *Qu'est-ce qu'un port militaire ou port de guerre?*

C'est un port destiné aux opérations de la marine de l'État; il y a en France cinq **ports de guerre** : **Cherbourg, Brest, Lorient, Rochefort** et **Toulon**; aux colonies les principaux sont : **Bizerte** en Tunisie, **Dakar** au Sénégal, **Saïgon** en Cochinchine, et **Diégo-Suarez** à Madagascar.

**200.** — *Que nomme-t-on ports de commerce?*

On nomme **ports de commerce** ou **ports marchands** ceux qui sont affectés à la marine marchande; les principaux sont : **le Havre, Nantes, Bordeaux, Marseille**.

**201.** — *Quelle différence y a-t-il entre les ports de mer et les ports de rivière?*

Les **ports de mer** sont ceux qui servent à la navigation maritime et sont situés directement sur la mer; les **ports de rivière** sont au contraire placés sur les bords d'un fleuve, à une distance plus ou moins grande de l'embouchure, mais de façon à ce que les navires d'un grand tonnage puissent y remonter. Parmi les premiers nous citerons : **Dunkerque, Lorient, Cette**, et parmi les seconds : **Rouen, Nantes, Bordeaux**.

**202.** — *Que désigne-t-on sous le nom de ports de pêche?*

On désigne ainsi des ports particulièrement destinés à l'industrie de la pêche; **Dieppe, Granville**, sur la Manche, les **Sables-d'Olonne, La Rochelle** sur l'Océan Atlantique, **Port-Vendres, Agde, Cette, Aigues-Mortes, Fréjus**, sur la Méditerranée, sont des **ports de pêche**.

**203.** — *Qu'est-ce qu'un port de refuge?*

Un **port de refuge** est un port qui sert uniquement d'abri aux navires pendant les tempêtes.

**204.** — *Les bâtiments sont-ils toujours à flot dans les ports?*

Non; aussi y a-t-il lieu de distinguer les **ports à flot** et les **ports à marée** ou à **échouage**. Les premiers sont ceux dans lesquels il y a toujours assez d'eau pour que les grands navires puissent flotter : on les appelle aussi **ports en eau profonde** ; les seconds sont ceux où les bâtiments restent à sec à marée basse.

*205.— Sur quelles mers trouve-t-on des ports à flot et des ports à marée ?*

Les ports situés sur la Méditerranée sont tous des ports à flot à cause de l'absence presque complète des marées ; ceux de la mer du Nord, de la Manche et de l'Atlantique sont au contraire des ports à marée.

*206.— Qu'a-t-on fait pour obvier à l'inconvénient de l'échouage ?*

Pour obvier à l'inconvénient de l'échouage on a creusé dans les ports des **bassins à flot** munis de portes ou **vannes** que l'on ouvre au moment de la marée montante et que l'on ferme au moment où elle commence à descendre.

*207.— Qu'appelle-t-on port de toute marée et port de barre ?*

On appelle **port de toute marée** un port assez profond pour qu'un bâtiment puisse y entrer en tout temps, et **port de barre**, celui dans lequel on ne peut entrer qu'à marée haute, à cause des bancs de sable ou de roches qui obstruent son entrée. Tous les ports de la Méditerranée sont des ports de toute marée ; Le Havre, Trouville, le Tréport etc., sont des ports de barre.

*208.— Quelles sont les conditions que doit remplir un port ?*

Les conditions que doit remplir un port sont les suivantes :

1° Il doit être facile d'accès pour les navires ;

2° Il doit être un abri sûr pendant les tempêtes ;

3° Il doit avoir un fond solide pour que les navires y puissent tenir à l'ancre ;

4° Il doit avoir une profondeur assez grande pour recevoir les grands navires.

## 2. — DIFFÉRENTES PARTIES D'UN PORT
### RADE, AVANT-PORT

**209.** — *Combien distingue-t-on de parties dans un port?*

On distingue quatre parties dans un port :
 1° la **rade** ;
 2° l'**avant-port** ;
 3° l'**arrière-port** ;
 4° les **bassins à flot** (fig. 58).

**210.** — *Qu'appelle-t-on rade?*

On appelle **rade** un espace de mer encadré de plusieurs

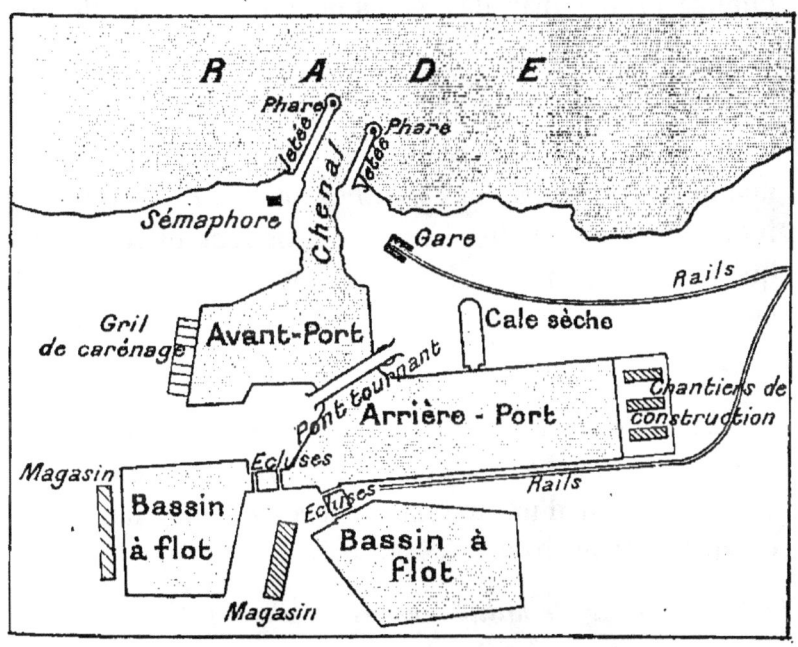

FIG. 58. — PLAN D'UN PORT

côtés par des hauteurs, rochers, collines, falaises élevées où les navires peuvent mouiller à l'abri des coups de vent. C'est la partie extérieure du port.

**211.** — *Quelles constructions fait-on pour défendre une rade?*

Pour défendre une rade contre les coups de vent du

large, contre la violence de la mer et contre la houle, on établit des **digues** ou **jetées** appelées **brise-lames**, telles les jetées et digues de Cherbourg et de La Rochelle. Ces constructions s'opposent aussi à l'envahissement de l'entrée des ports par les sables et les roches.

**212.**— *Qu'est-ce que l'avant-port?*

L'**avant-port** est un vaste bassin à sec, à marée basse où les navires ne peuvent pénétrer qu'à certaines heures.

**213.**— *Par quel moyen les navires accèdent-ils dans l'avant-port?*

Les navires accèdent dans l'avant-port au moyen d'un **chenal** protégé par des **jetées** ou **môles**, sortes de murs épais qui s'avancent dans la mer.

**214.**— *Que remarque-t-on sur ces jetées?*

On remarque sur ces jetées, dont les extrémités se nomment **musoirs**, des **phares** ou **tours à feux**, qui indiquent l'entrée du chenal, des **bouées** et des **balises** qui en indiquent aussi l'entrée et la direction, et des **signaux de marée** qui indiquent la hauteur des marées.

**215.**— *Qu'est-ce que l'arrière-port?*

L'**arrière-port** est un second bassin communiquant avec le premier par un **pont tournant** que l'on fait mouvoir au moyen d'un système spécial afin d'y faire entrer ou sortir les navires.

**216.**— *De quelle utilité sont les bassins à flot?*

Les **bassins à flot** sont de vastes réservoirs dans lesquels on maintient le niveau de l'eau à une hauteur constante, à l'aide de portes ou de **vannes**.

**217.**— *Est-il des heures particulières pour l'ouverture ou la fermeture de ces portes?*

Oui; les portes des bassins à flot s'ouvrent et se ferment à des heures déterminées; ordinairement l'ouverture a lieu une heure avant la pleine mer et la fermeture aussitôt la pleine mer.

**218.** — *Par quoi sont indiqués ces mouvements?*

Ces mouvements sont indiqués par les **signaux de marées** placés à l'entrée du port.

**219.** — *De quelles constructions entoure-t-on les ports et les bassins?*

Afin de faciliter l'accostage des navires et le transbordement des marchandises, on entoure les ports et les bassins de **quais**, et parallèlement à ceux-ci, on établit des **cales en pente** le long desquelles les bâtiments viennent se ranger pour permettre l'embarquement des marchandises aux différentes heures de la marée.

**220.** — *Que remarque-t-on sur les quais?*

On remarque sur les quais des **pieux** en bois ou en fer pour amarrer les bâtiments. De place en place, se trouvent aussi des **échelles** et des **escaliers** pour le service de la navigation.

**221.** — *N'y a-t-il pas autre chose?*

Oui. Les quais sont aussi sillonnés de **rails** sur lesquels circulent des **wagons** et des **grues** à bras ou à vapeur.

**222.** — *Qu'appelle-t-on grues?*

On appelle **grues** des appareils munis d'engrenages et de poulies qui permettent de prendre les marchandises à bord des bâtiments et de les déposer sur les wagons et réciproquement.

### 3. — DISPOSITIONS ACCESSOIRES D'UN PORT : GRIL DE CARÉNAGE, BASSIN DE RADOUB, CALES DE CONSTRUCTION, MAGASINS.

**223.** — *Que trouve-t-on dans certains ports?*

Dans certains ports on trouve des **grils de carénage**

et des **cales sèches**, qu'on appelle aussi **bassins de radoub** ou **formes de radoub**.

*224.— Qu'appelle-t-on gril de carénage?*

On appelle **gril de carénage** une sorte de plate-forme qui assèche à **marée basse** et sur laquelle on installe le navire pour le réparer, lui enlever les parties endommagées, en remettre des neuves, en opérer le **calfatage**, le peindre, etc.

*225.— Qu'est-ce que le calfatage?*

Le **calfatage** est une opération qui consiste à remplir d'étoupe et couvrir ensuite de résine de pin bouillante (brai) les joints des bordages du bâtiment.

*226.— Que fait-on pour exécuter tous ces travaux?*

Pour exécuter ces travaux on **abat** le navire en **carène**, c'est-à-dire on le couche sur le côté

*227.— Que nomme-t-on bassin de radoub?*

On nomme **bassin de radoub, cale sèche** ou **forme de radoub**, un bassin étroit, donnant sur l'avant-port, que l'on vide au moyen de portes pour mettre les navires à sec afin d'en réparer la coque.

*228.— Que trouve-t-on encore dans les ports au voisinage immédiat des quais?*

On trouve dans les grands ports des **cales de construction**. Elles sont construites de telle sorte que, le navire une fois terminé, on puisse le glisser à la mer en enlevant les **accores**.

*229.— Qu'existe-t-il encore dans les ports?*

Il existe des **magasins, docks** ou **entrepôts** destinés à recevoir les marchandises débarquées. On y trouve aussi des **voileries**, des **corderies** et des ateliers de **forges** et de **construction**

# UN PORT. SES DIFFÉRENTES PARTIES.

## RÉSUMÉ

Un *port* est un bassin naturel ou artificiel où les bâtiments viennent aborder, embarquer ou débarquer des passagers ou des marchandises ou s'abriter contre le mauvais temps.

On divise les ports : 1° en *ports naturels*, 2° *ports artificiels*, 3° *ports militaires*, 4° *ports de commerce*.

On distingue encore : des *ports de mer* et des *ports de rivière*, des *ports de pêche*, des *ports de refuge*, des *ports à flot* ou en *eau profonde* et des *ports à marée*, des *ports de toute marée* et des *ports de barre*.

Il y a quatre parties dans un port : 1° la *rade*, 2° l'*avant-port*, 3° l'*arrière-port*, 4° les *bassins à flot*.

On accède dans l'avant-port au moyen d'un **chenal** protégé par des **jetées** ou **digues** sur lesquelles sont placés des **phares** ou **tours à feu** et des mâts de signaux. Des **bouées** et des **balises** indiquent aussi l'entrée et la direction du chenal.

Les **bassins à flot** sont des réservoirs où l'on maintient l'eau à une hauteur constante au moyen de **portes** ou **vannes**.

Les ports et les bassins sont entourés de **quais**. On y trouve aussi des **cales en pente**, des **échelles**, des **escaliers** et des **pieux** pour amarrer les navires.

Les **grils de carénage** et les **bassins de radoub** sont utilisés pour les réparations de la coque des navires.

Il y a aussi dans les ports des **cales de construction**, des **magasins** pour recevoir les marchandises, des **voileries**, des **corderies** et des ateliers de **forges** et de **construction**.

# DEUXIÈME PARTIE
## NOTIONS MARINES PRATIQUES

## CHAPITRE I
### ASTRONOMIE

SOMMAIRE. — 1. Le Système Solaire. — Mouvements des Astres. — 2. Étoiles et Constellations. — Étoile Polaire.

1. — LE SYSTÈME SOLAIRE — MOUVEMENTS DES ASTRES
PLANÈTES

*230. — Qu'est-ce que l'Univers?*

L'**Univers** ou le **Monde** est l'ensemble de tous les Astres.

*231. — Que comprennent les Astres?*

Les Astres comprennent : le **Soleil**, les **Planètes**, les **Satellites**, les **Comètes** et les **Étoiles**.

*232. — Qu'est-ce que le Soleil?*

Le **Soleil** est un immense globe lumineux, pour nous, le plus grand de tous les astres, qui réchauffe et qui éclaire le monde.

*233. — Qu'appelle-t-on Planètes?*

On appelle **Planètes** des globes, obscurs par eux-mêmes, qui reçoivent la chaleur et la lumière du soleil.

*234. — Citez les principales Planètes.*

Il y a **Mercure**, **Vénus**, la **Terre**, **Mars**, **Jupiter**, **Saturne**, **Uranus** et **Neptune**.

*235. — La Terre est donc une Planète?*

Oui. C'est celle que nous habitons.

***236.**— Que désigne-t-on sous le nom de Satellites?*

On désigne sous le nom de **Satellites** des astres plus petits qui accompagnent les planètes. La Lune est le satellite de la terre.

***237.**— Que constitue le Soleil avec son cortège de planètes, de satellites et de comètes?*

Il constitue ce que l'on nomme le **Système Solaire**, et c'est une partie infime de l'Univers entier.

***238.**— Les Astres se meuvent-ils dans l'Univers?*

Tout dans l'Univers est en mouvement : les planètes tournent autour du soleil et tournent aussi sur elles-mêmes. C'est en vertu de ce mouvement que la terre a la moitié de sa surface, tantôt exposée à la lumière du Soleil, tantôt plongée dans l'obscurité.

### RÉSUMÉ

L'**Univers** est l'ensemble de tous les **Astres** qui comprennent : le **Soleil**, les **Planètes**, les **Satellites**, les **Comètes** et les **Étoiles**.

Le **Soleil**, pour nous le plus grand de tous les astres, éclaire et réchauffe le monde.

Les **Planètes**, parmi lesquelles la Terre, reçoivent leur lumière et leur chaleur du soleil.

Les **Satellites** accompagnent les planètes, telle la Lune pour notre globe.

Le **Soleil** avec son cortège de planètes, de satellites et de comètes constitue le **Système Solaire**.

Tous les Astres sont en mouvement dans l'Univers.

## 2. — ÉTOILES ET CONSTELLATIONS — ÉTOILE POLAIRE

***239.**— Qu'y a-t-il au delà du système solaire?*

Il y a les **Étoiles** qui sont des astres lumineux par eux-mêmes, comme le Soleil, l'étoile la plus rapprochée de nous.

## ASTRONOMIE.

*240.— Comment a-t-on classé les Étoiles?*

On les a classées en divers ordres, d'après leur éclat. Les plus brillantes sont dites étoiles de **première grandeur**; celles dont la lumière est moins vive sont désignées sous le nom d'étoiles de **seconde grandeur** et ainsi de suite pour les autres.

*241.— Qu'appelle-t-on Constellations?*

On appelle **Constellations** des groupes déterminés d'étoiles.

*242.— Quelles sont les constellations les plus remarquables?*

Les constellations les plus remarquables et qui doivent

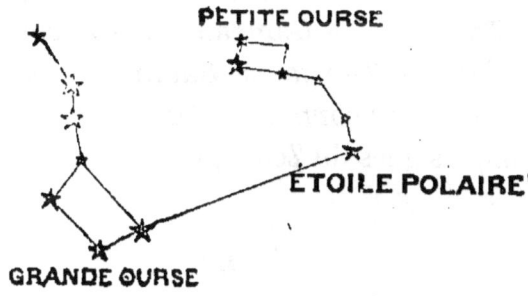

FIG. 59

être connues des marins sont : la **Grande Ourse** ou **Chariot de David** et la **Petite Ourse** ou **Petit Chariot** qui contient l'*Étoile Polaire* (fig. 59).

*243.— Comment est composée la Grande Ourse?*

Elle est composée de quatre étoiles, disposées en une sorte de carré long, et de trois autres placées en une file régulière, à l'un des angles de ce carré.

*244.— Comment est constituée la Petite Ourse?*

La Petite Ourse, est constituée par un même nombre d'étoiles, disposées de la même façon, mais elle embrasse une région du ciel moins étendue.

*245.— Qu'est-ce que l'Étoile Polaire ?*

L'*Étoile Polaire* est l'étoile située à l'extrémité de la Petite Ourse, elle fait partie de cette constellation.

*246.— A quoi sert cette étoile ?*

Elle sert de point fixe aux navigateurs pour se diriger pendant la nuit.

*247.— Comment peut-on s'orienter de nuit ?*

Pour s'orienter *de nuit*, on regarde l'Étoile Polaire. Dans ces conditions, on a : le *Nord devant* soi, le *Sud derrière*, l'*Est à sa droite*, l'*Ouest à sa gauche*.

*248.— Existe-t-il d'autres constellations importantes ?*

Oui. Il y en a douze autres importantes qui sont : le *Bélier*, le *Taureau*, les *Gémeaux*, le *Cancer* ou l'*Écrevisse*, le *Lion*, la *Vierge*, la *Balance*, le *Scorpion*, le *Sagittaire*, le *Capricorne*, le *Verseau* et les *Poissons*. On les nomme signes du Zodiaque.

### RÉSUMÉ

Au delà du système solaire il y a les *Étoiles*.

On a classé les étoiles en étoiles de *première* et de *seconde grandeur*, etc., d'après leur éclat.

Une *Constellation* est un groupe d'étoiles.

Les Constellations les plus remarquables sont la *Grande Ourse* et la *Petite Ourse* qui contient l'*Étoile Polaire*.

L'Étoile Polaire sert aux navigateurs pour se diriger pendant la nuit.

# CHAPITRE II

## LA TERRE

Sommaire. — 1. La Terre. — Mouvements de la Terre. — 2. Les Points Cardinaux. — Équateur — Parallèles. — Méridiens. — 3. Longitude et Latitude.

### 1. — LA TERRE — MOUVEMENTS DE LA TERRE

**249.** — *Qu'est-ce que la Terre?*

La Terre est une planète qui tourne autour du Soleil (fig. 60).

**250.** — *Quelle est la forme de la Terre?*

La Terre a la forme d'une sphère, légèrement aplatie

FIG. 60. — LA TERRE DANS L'ESPACE

à ses extrémités qu'on nomme **Pôles** et renflée à son milieu, l'*Équateur*.

**251.** — *Donnez des preuves de la rondeur de la Terre.*

La preuve la plus simple est celle-ci : la Terre est

ronde parce qu'on peut en faire le tour. D'autres preuves nous sont aussi données par la forme de l'horizon et par le fait que lorsqu'un navire arrive de la pleine mer nous voyons les mâts avant la coque, ce qui prouve que le na-

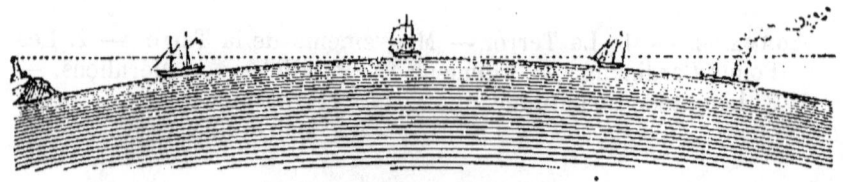

FIG. 61. — L'HORIZON
La terre étant ronde, on voit d'abord les mâts, puis ensuite la coque du navire qui s'avance.

vire n'avance pas sur une surface plane mais bombée (fig. 61).

**252.** — *Qu'appelle-t-on Horizon?*

On appelle **Horizon**, une ligne courbe qui limite notre vue lorsque nous sommes en pleine mer ou en rase campagne.

**253.** — *Que nomme-t-on atmosphère terrestre?*

L'**Atmosphère Terrestre** est la couche d'air qui entoure la terre et qui a une épaisseur de 80 kilomètres environ.

**254.** — *Quels sont les mouvements de la Terre?*

Ils sont au nombre de deux : 1° le Mouvement **Diurne**, 2° le Mouvement **Annuel**.

**255.** — *Qu'est-ce que le Mouvement Diurne?*

Le Mouvement **Diurne** est un mouvement de *rotation* que la Terre exécute sur elle-même, de l'Ouest à l'Est, en un *jour* de vingt-quatre heures. C'est ce mouvement qui nous fait croire que les astres se **lèvent** ou se **couchent** dans le ciel.

**256.** — *Qu'est-ce que le Mouvement Annuel?*

Le Mouvement **Annuel** est un mouvement de *transla-*

tion de la Terre autour du soleil, dans le même sens qu'elle tourne sur elle-même, c'est-à-dire de l'Ouest à l'Est, et dont la durée est de 365 jours, 6 heures ou une *année*.

### RÉSUMÉ

La **Terre** est une planète qui tourne autour du Soleil.

Sa forme est celle d'une sphère aplatie aux extrémités et renflée au milieu.

**L'Horizon** est une ligne courbe qui limite notre vue en pleine mer ou en rase campagne. C'est ce qui prouve que la terre est ronde.

La terre a deux mouvements : le Mouvement **Diurne** et le Mouvement **Annuel**.

## 2. — LES POINTS CARDINAUX ET LA MANIÈRE DE S'ORIENTER — ÉQUATEUR. PARALLÈLES. MÉRIDIENS

257. — *Qu'appelle-t-on axe de la Terre ?*

On appelle **Axe** de la Terre la ligne droite imaginaire autour de laquelle la Terre exécute son mouvement de rotation.

258. — *Qu'appelle-t-on Points Cardinaux ?*

On appelle **Points Cardinaux** les quatre points qui divisent l'horizon en quatre parties égales.

259. — *Quels sont ces points ?*

Ce sont : le **Nord** qu'on appelle aussi **Septentrion** ; le **Sud** qu'on appelle **Midi** ; l'**Est** qu'on appelle **Levant** ou **Orient** et l'**Ouest** qu'on appelle **Couchant** ou **Occident** (fig. 62).

260. — *A quoi servent-ils ?*

Ils servent à s'orienter d'après la position du soleil.

261. — *Comment s'y prend-on pour cela ?*

Pour s'orienter au moyen des quatre points cardinaux,

on se place de manière à avoir à sa droite l'endroit où le soleil semble se lever; à sa gauche l'endroit où il semble se coucher. On a alors le **Levant**, *Est* ou *Orient* à sa droite; le **Couchant**, *Ouest* ou *Occident* à sa gauche; le *Nord* ou *Septentrion* devant soi; et le *Sud* ou *Midi* derrière soi.

**262.** — *Que nomme-t-on Points Collatéraux?*

On nomme **Points Collatéraux** les directions intermé-

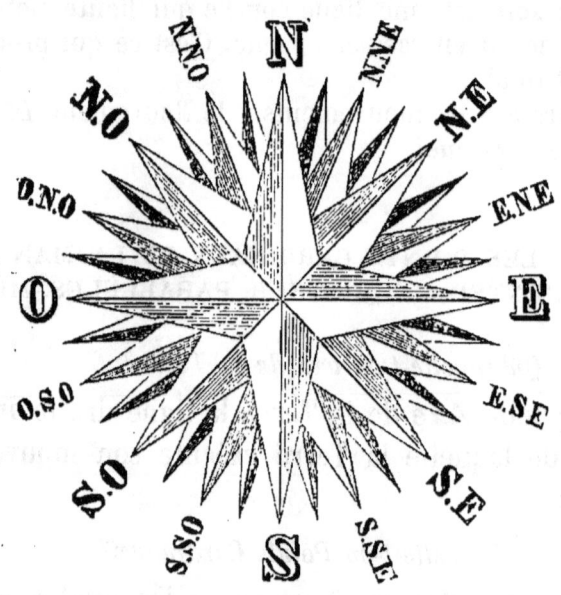

FIG. 62. — ROSE DES VENTS

diaires entre les points cardinaux précédents; ce sont: le *Nord-Est*, entre le *Nord* et l'*Est*; le *Nord-Ouest*, entre le *Nord* et l'*Ouest*; le *Sud-Est*, entre le *Sud* et l'*Est* et le *Sud-Ouest*, entre le *Sud* et l'*Ouest* (fig. 62).

**263.** — *N'existe-t-il pas d'autres points intermédiaires entre les points cardinaux et les points collatéraux?*

Oui. Il y a le *Nord-Nord-Est*, entre le Nord et le Nord-Est; l'*Est-Nord-Est*, entre l'Est et le Nord-Est; l'*Est-Sud-Est*, le *Sud-Sud-Est*, l'*Ouest-Sud-Ouest*, l'*Ouest-Nord-Ouest* et le *Nord-Nord-Ouest* (fig. 62).

## LA TERRE.

**264.** — *Qu'appelle-t-on Pôles Terrestres ?*

On appelle **Pôles Terrestres** les points où l'axe de la Terre rencontre la surface de la Terre. On nomme **Pôle Nord**, **Arctique**, **Boréal** ou **Septentrional**, celui qui est du côté de l'Étoile Polaire et **Pôle Sud**, **Antarctique**, **Austral** ou **Méridional**, celui qui est situé à l'opposé (fig. 63).

**265.** — *Qu'appelle-t-on Cercles de la Terre ?*

On appelle **Cercles** de la Terre des lignes courbes imaginaires qui représentent les divisions de notre globe sur les cartes et les sphères (fig. 63.)

**266.** — *Quels sont les principaux Cercles de la Terre ?*

Ce sont l'**Équateur**, les **Parallèles** et les **Méridiens**.

**267.** — *Qu'est-ce que l'Équateur ?*

L'**Équateur** est un grand cercle imaginaire,

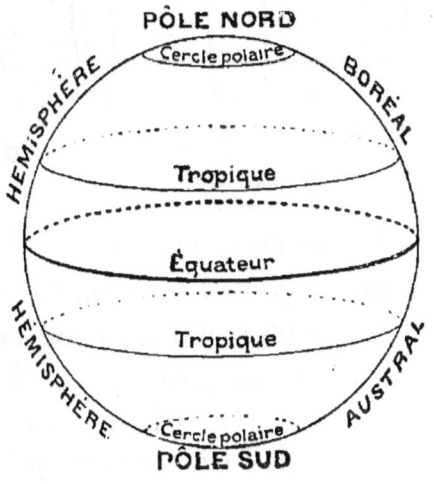

FIG. 63. — CERCLES DE LA TERRE

situé à égale distance des deux pôles, qui divise la terre en deux moitiés ou **Hémisphères**. Il est censé tracer à la surface du globe une circonférence que les marins appellent la *ligne* (fig. 63).

**268.** — *Que nomme-t-on Parallèles ?*

On nomme **Parallèles** les cercles imaginaires tracés parallèlement à l'Équateur (fig. 63).

**269.** — *Quels sont les principaux Parallèles ?*

Les principaux Parallèles sont les *deux Tropiques*, près de l'Équateur (*Tropique* du *Cancer* au Nord, *Tro-*

pique du *Capricorne* au *Sud*) et les deux *Cercles Polaires*, près des Pôles (*Cercles Polaires Arctiques* au Nord et *Cercles Polaires Antarctiques au Sud*) (fig. 63).

*270.— Qu'est-ce que le Méridien?*

On nomme **Méridien** tout cercle imaginaire qui, passant par les Pôles, est perpendiculaire à l'Équateur.

Chaque point de la Terre a son méridien (fig. 63 *bis*).

*271.— Qu'appelle-t-on Méridien d'Origine ou Premier Méridien?*

On appelle **Méridien d'Origine** ou **Premier Méridien**, le Méridien choisi comme point de départ.

— FIG. 63 *bis*. MÉRIDIENS

*272.— Quel est le Premier Méridien de France?*

Le Méridien d'Origine ou Premier Méridien de France est celui qui passe par l'Observatoire de Paris; il est marqué 0° (fig. 64). Les autres à l'Ouest et à l'Est du Méridien de Paris sont marqués 1°, 2°, 3°, etc.

*273.— Quel est le Premier Méridien d'Angleterre?*

C'est celui de l'Observatoire de Greenwich.

### RÉSUMÉ

*L'axe* de la Terre est une ligne imaginaire autour de laquelle la Terre tourne. Les Points Cardinaux sont : le *Nord* ou *Septentrion*, le *Sud* ou *Midi*, *l'Est* ou *Levant* ou *Orient*, *l'Ouest* ou *Couchant* ou *Occident*.

S'orienter, c'est déterminer les quatre points cardinaux.

On nomme Points **Collatéraux** des directions intermédiaires entre les Points Cardinaux précédents : *Nord-Est, Nord-Ouest, Sud-Est, Sud-Ouest*. Il y a aussi des Points Intermédiaires entre les points cardinaux et les points collatéraux : Nord-Nord-Est, Est-Nord-Est, etc.

# LA TERRE.

Les Pôles de la Terre sont : le Pôle **Nord**, *arctique*, *boréal* ou *septentrional* ; le Pôle **Sud**, *antarctique*, *austral* ou *méridional*.

Les principaux Cercles de la terre sont : l'**Équateur**, les **Parallèles** et les **Méridiens**.

Le **Premier méridien** de **France** est celui qui passe par l'Observatoire de Paris. Celui de l'Angleterre passe par l'Observatoire de Greenwich.

## 3. — LONGITUDE ET LATITUDE

**274.**— *Comment détermine-t-on la position d'un lieu?*

On détermine la situation d'un lieu au moyen de la **Longitude** et de la **Latitude**.

**275.**— *Qu'appelle-t-on Longitude?*

On appelle **Longitude** la distance d'un point au Premier Méridien (fig. 65).

**276.**— *Comment compte-t-on la Longitude?*

On compte la Longitude en **degrés** sur l'Équateur à partir du Méridien d'Origine.

**277.**— *Combien distingue-t-on de Longitudes?*

On en distingue deux : la Longitude **Ouest** ou **Occidentale** et la Longitude **Est** ou **Orientale**, suivant que le lieu où le navire se trouve est à l'**Ouest** ou à l'**Est** du Premier Méridien ou **Méridien de Paris** (fig. 64).

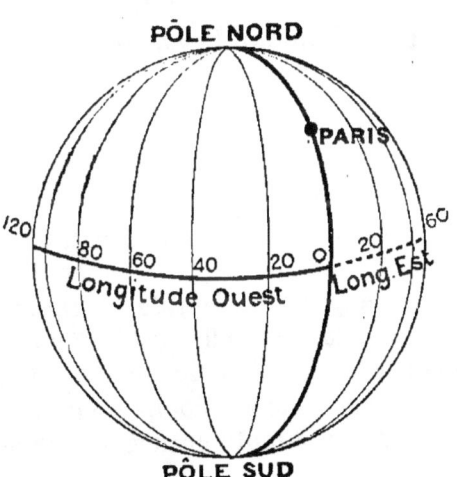

FIG. 64. — LONGITUDES

**278.**— *Qu'appelle-t-on Latitude d'un lieu?*

La Latitude d'un lieu est la distance de ce lieu à l'Équateur.

***279.**— Comment se compte-t-elle ?*

Elle se compte en *degrés* sur le méridien, à partir de l'Équateur. L'Équateur est marqué zéro (fig. 65).

***280.**— Combien distingue-t-on de Latitudes ?*

On en distingue deux : la Latitude **Nord** ou **Septentrionale** et la Latitude **Sud** ou **Méridionale**, suivant que le point se trouve au Nord ou au Sud de l'Équateur (fig. 65).

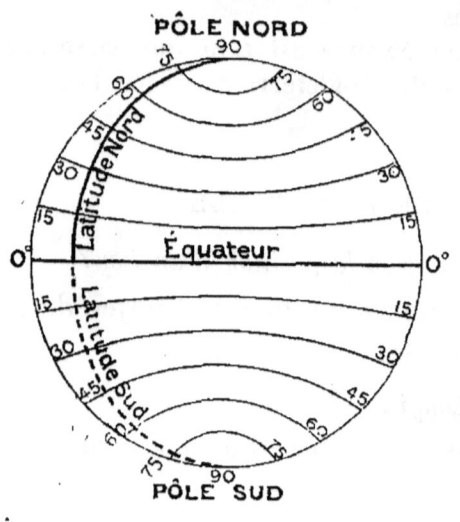

FIG. 65. — LATITUDE

Par leur intersection, les cercles de longitude et de latitude donnent le *point*.

### RÉSUMÉ

On détermine la situation des lieux sur la terre au moyen de la **Longitude** et de la **Latitude**.

La **Longitude** est la distance d'un point au Premier Méridien; elle est **Occidentale** ou **Orientale**.

La **Latitude** d'un lieu est la distance de ce lieu à l'Équateur; elle est **Septentrionale** ou **Méridionale**.

La Longitude se compte en *degrés* sur l'Équateur et la Latitude se compte en degrés sur le Méridien.

# CHAPITRE III

## LE SOLEIL

Sommaire. — 1. Mouvement apparent du Soleil. — 2. Saisons. — Inégalité des jours et des nuits. — Équinoxes.

### 1. — MOUVEMENT APPARENT DU SOLEIL — ÉCLIPTIQUE

*281.— Qu'appelle-t-on Mouvement apparent du soleil?*

C'est le chemin que cet astre semble parcourir dans le ciel :

1° dans l'espace de vingt-quatre heures (**Mouvement Diurne**) ;

2° dans l'espace d'une année (**Mouvement Annuel**).

*282.— Décrivez le Mouvement Diurne apparent du soleil?*

Tous les matins le Soleil parait à l'horizon, c'est le

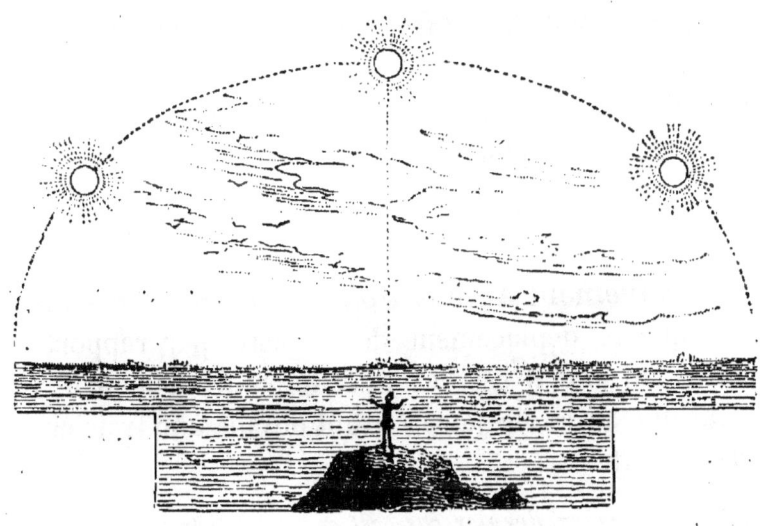

FIG. 66. — MOUVEMENT APPARENT DU SOLEIL

Lever ; il s'élève peu à peu, monte obliquement et arrive à midi au sommet du Ciel ; il s'abaisse ensuite lentement, se rapproche de l'horizon opposé à celui du matin, s'y enfonce graduellement, c'est le **Coucher**; puis il disparaît (fig. 66).

*283. — Quelle est la forme du chemin parcouru?*

C'est celle d'un demi-cercle que les astres eux-mêmes, le Ciel tout entier, semblent parcourir, au point de supposer que le Soleil, les Étoiles tournent autour de la Terre.

*284. — En réalité en est-il bien ainsi?*

Non. C'est la Terre qui tourne sur elle-même comme une toupie, et si nous ne nous en apercevons pas, c'est que nous tournons avec elle.

C'est une illusion analogue à celle que nous avons quand en chemin de fer nous croyons que ce sont les pays, les maisons, les arbres qui se déplacent, tandis que c'est nous qui avançons dans le sens contraire.

*285. — Que produit ce mouvement de rotation de la Terre?*

Ce mouvement de **rotation** de la Terre produit la succession des *jours* et des *nuits*. Notre planète présente une moitié de sa surface au Soleil qui l'éclaire, tandis que l'autre moitié est plongée dans l'obscurité.

*286. — Qu'est-ce que le Mouvement Annuel Apparent du soleil?*

Le **Mouvement Annuel Apparent** du Soleil n'est autre chose que le déplacement de cet astre par rapport aux Étoiles : un jour il est devant telle étoile, demain il sera devant une autre, le jour suivant devant une troisième et ainsi de suite.

*287. — Dans ce dernier cas, est-ce encore réellement le soleil qui se déplace?*

Non. Il est immobile et c'est encore la Terre qui tourne, comme si elle valsait autour du Soleil.

**288.** — *Comment appelle-t-on ce mouvement de translation de la Terre?*

Ce mouvement de **Translation** de la Terre autour du Soleil se nomme **Révolution**.

**289.** — *Comment appelle-t-on le grand cercle parcouru par la Terre?*

On l'appelle **Écliptique**. Ce n'est pas un véritable cer-

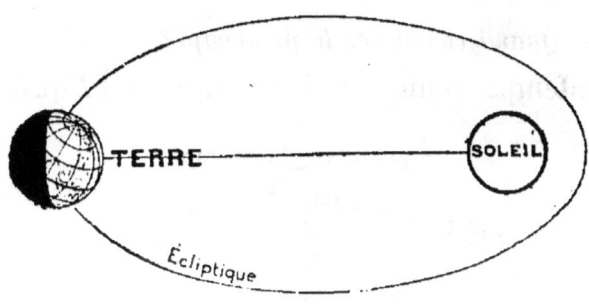

FIG. 67. — L'ÉCLIPTIQUE

cle, mais un ovale allongé désigné sous le nom *d'ellipse*, et le Soleil n'est pas tout à fait au centre de cette courbe (fig. 67).

### RÉSUMÉ

On appelle **Mouvement Apparent** du Soleil le chemin que semble parcourir cet astre dans le ciel.

Il nous semble que le soleil se déplace; il n'en est rien, c'est la Terre qui tourne; mais nous ne nous en apercevons pas.

Le mouvement de **Rotation** de la terre produit la succession des jours et des nuits.

Ce mouvement de **Translation** autour du Soleil (mouvement annuel) se nomme **Révolution** et le Grand Cercle parcouru par notre planète porte le nom *d'Écliptique*.

### 2. — LES SAISONS — INÉGALITÉ DES JOURS ET DES NUITS — ÉQUINOXES

**290.** — *Quelle position prend la terre dans son double mouvement autour du soleil?*

Dans son double mouvement autour du Soleil, la Terre

incline tantôt vers le Pôle Nord, tantôt vers le Pôle Sud.

**291.** — *Qu'est-ce qui résulte de ce mouvement?*

Il en résulte les Saisons, c'est-à-dire une inégale répartition de la lumière et de la chaleur sur le globe.

**292.** — *Combien y a-t-il de Saisons?*

Il y en a quatre : Le **Printemps**, l'**Été**, l'**Automne**, et l'**Hiver** (fig. 68).

**293.** — *Quand commence le printemps?*

Le Printemps commence le 21 mars, à l'**Équinoxe** de

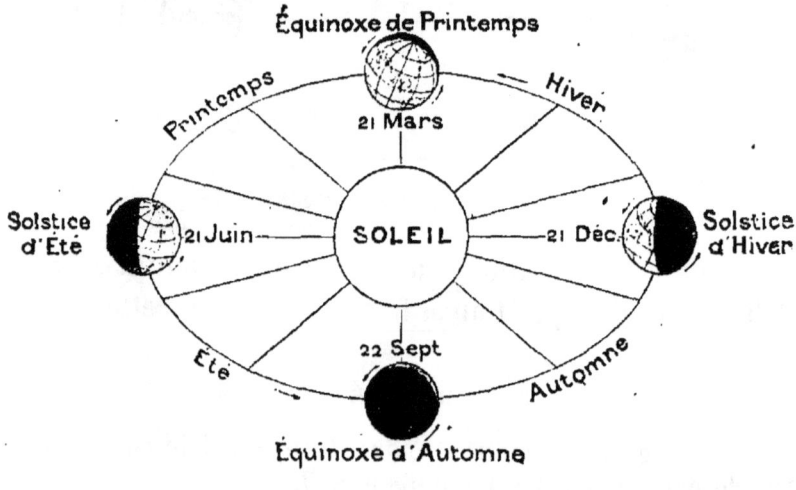

FIG. 68. — LES SAISONS

**Printemps.** A cette époque, le jour et la nuit ont une égale durée. Pour nous c'est la saison tempérée.

**294.** — *Quand commence l'Été?*

L'Été commence le 21 juin au **Solstice d'Été**. A cette époque, le jour est le plus long de l'année et c'est la saison la plus chaude.

**295.** — *Quand commence l'Automne?*

L'Automne commence le 22 septembre, à l'**Équinoxe d'Automne**. A cette époque le jour et la nuit ont une égale durée.

## LE SOLEIL.

**296.** — *Quand commence l'Hiver?*

L'Hiver commence le 21 décembre au **Solstice d'Hiver**. A cette époque, le jour est le plus court de l'année. C'est la saison la plus froide pour nous.

**297.** — *N'est-il pas des lieux sur la terre où les jours et les nuits sont toujours d'égale durée?*

Oui. A l'Équateur les jours et les nuits sont toujours d'égale durée.

**298.** — *A quelle époque le jour et la nuit sont-ils égaux pour toute la Terre?*

Le jour et la nuit sont égaux pour toute la Terre au moment des Équinoxes.

**299.** — *Observe-t-on quelque part sur notre globe des jours et des nuits de plus de 24 heures?*

Oui. On observe au delà des cercles polaires des jours et des nuits de plus de 24 heures. **Aux pôles** le jour dure **six mois** et il est suivi d'une nuit de six mois.

**300.** — *N'existe-t-il pas aussi des régions du globe où les quatre grandes variations, qu'on nomme saisons, n'existent pas?*

Oui. Il est des régions exposées de telle façon que la même saison règne constamment. Celles qui reçoivent plus directement les rayons du soleil ont constamment le Printemps ou l'Été ; celles qui sont opposées ont constamment l'Automne ou l'Hiver.

**301.** — *En combien de régions a-t-on divisé la terre d'après la distribution de la chaleur?*

On l'a divisée en cinq régions, appelées **zones**.

**302.** — *Quelles sont ces zones?*

Ce sont :

1° La **zone torride** ou **brûlante**, traversée par l'Équateur et comprise entre les deux Tropiques ;

2° Les **deux zones tempérées**, qui sont comprises entre chaque Tropique et le cercle polaire voisin ;

3° Les *deux zones glaciales*, qui sont comprises entre chaque cercle polaire et le pôle le plus voisin.

### RÉSUMÉ

Le double mouvement de la Terre autour du Soleil produit les **Saisons**.

Il y a quatre Saisons : *le Printemps*, *l'Été*, *l'Automne* et *l'Hiver*.

Le Printemps commence le 21 Mars, l'Été le 21 Juin, l'Automne le 22 Septembre et l'Hiver le 21 Décembre.

Aux Équinoxes d'Automne et de Printemps les jours et les nuits ont une égale durée; au Solstice d'Été, le jour est le plus long de l'année et au Solstice d'Hiver il est le plus court.

A l'Équateur les jours et les nuits sont toujours d'égale durée.

Aux Équinoxes les jours et les nuits sont égaux sur toute la Terre.

*Aux pôles* les jours et les nuits sont de six mois.

Au point de vue de la distribution de la chaleur on a divisé la Terre en cinq zones : 1° la *zone torride*, 2° les *deux zones tempérées*, 3° les *deux zones glaciales*.

# CHAPITRE IV

## LA LUNE — SES PHASES

*303.— Qu'est-ce que la Lune?*

La **Lune**, le **Satellite** de la Terre, est un globe obscur qui reçoit la lumière du Soleil.

*304.— La Lune est-elle mobile dans le ciel?*

La Lune tourne sur elle-même et elle tourne autour

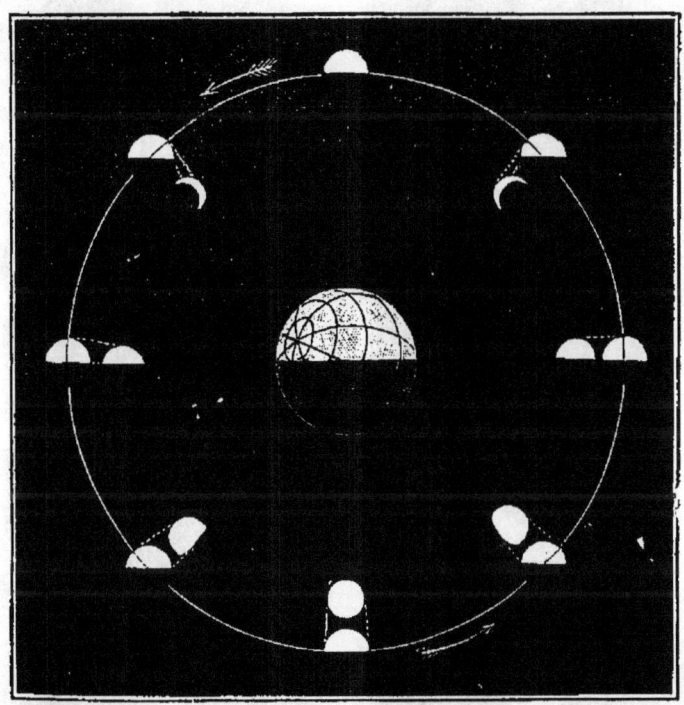

FIG. 69. — PHASES DE LA LUNE

La Lune tournant sur elle-même et autour de la Terre est tantôt visible en totalité, tantôt visible en partie, tantôt invisible et prend la forme d'un croissant, d'un demi-cercle ou d'un cercle.

de la Terre comme celle-ci tourne autour du Soleil.

*305.— Quel temps la lune met-elle pour tourner autour du Soleil?*

Elle met 27 jours 8 heures.

# 84   NOTIONS MARINES PRATIQUES.

*306. — Qu'appelle-t-on Phases de la Lune?*

On appelle **Phases** de la Lune les différents aspects sous lesquels cet astre se présente à nos regards pendant la durée de sa Révolution (fig. 69).

*307. — Quelles formes prend-elle?*

Tantôt visible en totalité, tantôt visible en partie, tantôt cachée, elle prend successivement la forme d'un **croissant**, d'un **demi-cercle** ou d'un **cercle**, suivant la position qu'elle occupe par rapport à la Terre ou au Soleil (fig. 69).

FIG. 70. — NOUVELLE LUNE    FIG. 71. — PREMIER QUARTIER

FIG. 72. — PLEINE LUNE    FIG. 73. — DERNIER QUARTIER

*308. — Combien distingue-t-on de Phases principales?*

On en distingue quatre : **La Nouvelle Lune, le Pre-**

mier Quartier, la Pleine Lune et le Dernier Quartier (fig. 70, 71, 72 et 73).

**309.** — *Combien la Lune met-elle de temps pour revenir en face du Soleil?*

Elle met 29 jours, 12 heures, 45 minutes, pour revenir deux fois de suite en face du Soleil.

**310.** — *Qu'appelle-t-on Lunaison?*

On appelle **Lunaison**, **Mois Lunaire**, l'espace de temps compris entre deux nouvelles Lunes consécutives.

**311.** — *Que remarque-t-on dans la révolution de la Lune?*

On remarque : 1° que dans sa Révolution la Lune se lève et se couche en retardant chaque jour d'un peu plus de trois quarts d'heure ; 2° que les cornes de son croissant sont toujours dirigées à l'opposé du Soleil.

**312.** — *Que désigne-t-on sous le nom de Syzygies et de Quadratures?*

On désigne sous le nom de **Syzygies**, les époques de la Nouvelle Lune et de la Pleine Lune, et l'on nomme **Quadratures**, les Premier et Dernier Quartiers.

**313.** — *Qu'est-ce que l'âge de la Lune?*

L'âge de la Lune est le nombre de jours écoulés depuis la dernière Nouvelle Lune, et l'on est convenu de dire que la Lune est âgée d'un jour pendant les vingt-quatre heures qui suivent le moment de la Nouvelle Lune, qu'elle est âgée de deux jours, pendant les vingt-quatre heures suivantes, et ainsi de suite.

**314.** — *Que règlent les Phases de la Lune?*

Les Phases de la Lune règlent les **Mouvements des Marées**.

## RÉSUMÉ

La **Lune** est un globe obscur qui reçoit la lumière du soleil.

La Lune tourne sur elle-même et tourne autour de la Terre en 27 jours 8 heures.

On appelle **Phases** de la Lune les différents aspects sous lesquels cet astre se présente à nos regards. Il y a quatre Phases principales : *la Nouvelle Lune, le Premier Quartier, la Pleine Lune* et *le Dernier Quartier*.

On nomme **Lunaison** l'espace de temps compris entre deux Nouvelles Lunes consécutives.

Les **Syzygies** sont les époques de la Nouvelle Lune et de la Pleine Lune ; les **Quadratures** sont celles des Premier et Dernier Quartiers.

Les Phases de la Lune règlent les ***Mouvements des Marées***.

# CHAPITRE V

## MARÉE — FLOT — JUSANT — MARÉES D'ÉQUINOXE
## ANNUAIRE DES MARÉES

*315.— Qu'appelle-t-on Marée?*

On appelle **Marée** un double mouvement périodique *d'élévation* et *d'abaissement* des eaux de la mer.

*316.— Qu'est-ce que le Flux ou Flot?*

Le **Flux** ou **Flot** est le mouvement ascensionnel des eaux. On l'appelle aussi **marée montante**.

*317.— Que nomme-t-on Jusant, Ébe ou Reflux?*

On nomme **Jusant**, **Ébe** ou **Reflux**, le mouvement d'abaissement des eaux, il porte aussi le nom de **Marée Descendante**.

FIG. 74. — HAUTE MER ET BASSE MER

*318.— Quand dit-on que la Mer est Haute?*

On dit que la mer est **Haute**, qu'il y a **Pleine Mer** ou **Haute Mer**, lorsque la hauteur des eaux a atteint son maximum (fig. 74).

*319.— Quand dit-on que la Mer est Basse?*

On dit que la mer est **Basse** ou qu'il y a **Basse Mer**, dans le cas contraire, c'est-à-dire lorsque les eaux ont atteint le niveau inférieur (fig. 74).

*320.— En combien de temps la mer atteint-elle sa hauteur maximum et sa hauteur minimum?*

Elle atteint sa hauteur maximum et sa hauteur minimum deux fois en 24 heures ou plus exactement en 24 heures 50′ 28″.

*321.— Les hautes mers consécutives arrivent-elles à la même heure du jour?*

Non. Elles n'arrivent pas à la même heure du jour. Si par exemple une Haute Mer arrive à midi, la suivante reviendra à minuit 25′, l'autre à midi 50′, etc...; ainsi dans le courant d'une lunaison, la Haute Mer arrive successivement à toutes les heures du jour et de la nuit.

*322.— Le Flux et le Reflux ont-ils une durée égale?*

Non. Le Flux et le Reflux n'ont pas une durée égale. Le Flux dure un peu plus que le Reflux.

*323.— Cette différence est-elle variable.*

Oui, cette différence est variable. Elle varie avec les ports; ainsi à Brest elle n'est que de 16′ environ, tandis qu'au Havre elle est de 2 heures 20′.

*324.— A quoi cela tient-il?*

Cela tient à la configuration des ports qui facilitent ou empêchent la montée de l'eau, selon qu'ils sont plus ou moins largement ouverts.

*325.— Quand les marées sont-elles fortes, faibles ou considérables?*

Les marées sont **fortes** à l'époque de la nouvelle lune et de la pleine lune (syzygies), on est en **vive-eau**; elles sont **faibles** aux premiers et aux derniers quartiers (quadratures), on est en **morte-eau**; elles sont **considérables** aux équinoxes, époque à laquelle la Lune et le Soleil sont dans la même direction. Ce sont les **Marées d'Équinoxes**.

## MARÉE: FLOT. JUSANT. MARÉES D'ÉQUINOXE.

*326.— A quelle cause attribue-t-on les marées?*

On attribue le phénomène des Marées à *l'attraction* combinée de la lune et du soleil.

*327.— Qu'est-ce que l'Annuaire des Marées?*

*L'Annuaire des Marées* est un livre que publie, chaque année, le Service Hydrographique de la marine et qui contient les heures et les hauteurs des Marées dans les principaux ports de France et dans quelques ports d'Angleterre.

*328.— Où peut-on encore trouver les indications relatives aux marées?*

On peut les trouver dans l'Almanach Hachette ou dans l'*Almanach du Drapeau* qui renferme en outre une foule d'indications relatives à la marine.

### RÉSUMÉ

On appelle *Marée* l'élévation ou l'abaissement des eaux de la mer.

Le *Flux* ou *Flot* est le mouvement d'ascension des eaux. Le *Reflux*, *Ébe* ou *Jusant* est le mouvement d'abaissement.

La *Haute Mer* est la plus grande élévation qu'atteignent les eaux après le flux; la *Basse Mer* est la plus faible élévation après le reflux.

Les marées *fortes* ont lieu aux syzygies (vive-eau), les marées faibles aux *quadratures* (morte-eau), et les marées les plus considérables aux Équinoxes (*Marées d'Équinoxes*).

Le phénomène des marées est dû à *l'attraction* combinée de la lune et du soleil.

*L'Annuaire* des *Marées* est un livre qui contient les heures et les hauteurs des marées.

# CHAPITRE VI

## LES CARTES MARINES

SOMMAIRE. — 1. Cartes marines. — Leur usage. — Exercices élémentaires. — 2. Indications principales portées sur les cartes marines.

### 1. — CARTES MARINES — LEUR USAGE
### EXERCICES ÉLÉMENTAIRES

*329.— Que doit savoir un marin ou un pêcheur qui veut naviguer sans danger?*

Il doit savoir se diriger non seulement afin d'aller où il le désire, mais encore pour éviter les dangers et trouver les bons fonds de pêche.

*330.— Qu'est-il indispensable de connaître pour se diriger sur mer?*

Pour se diriger sur mer il est indispensable de connaître :

1° La *position des astres* et de l'*Étoile polaire*;

2° L'usage de la *sonde* pour avoir la *profondeur* de l'eau;

3° La situation des *phares*, des *feux* et des *points remarquables* des côtes que l'on trouve au moyen de *relèvement*;

4° L'emploi de la *boussole*;

5° L'emploi du *loch* pour évaluer la distance parcourue par le navire;

6° L'usage des *cartes marines*.

*331.— Quel résultat obtiendra-t-on de l'emploi de ces moyens?*

Comme résultat de l'emploi combiné de ces moyens

# LES CARTES MARINES.

le marin obtiendra la *position* exacte de son navire.

**332.** — *Qu'appelle-t-on Cartes Marines ?*

On appelle Cartes Marines la représentation sur une feuille de papier des portions de mer avec les îles, les rochers, les bancs de sable, etc..., dont elles sont parsemées, ainsi que les côtes qui les bordent.

**333.** — *Qui inventa les Cartes Marines ?*

C'est Gérard Mercator, philosophe flamand, qui inventa les Cartes Marines en 1569.

**334.** — *Comment divise-t-on les Cartes Marines ?*

On les divise en trois catégories, suivant la quantité de détails qu'il convient d'y porter.

**335.** — *Quelles sont ces Cartes ?*

Ce sont : 1° Les **Cartes à petit point** qui figurent une vaste étendue. On les appelle aussi **Cartes routières** ;

2° Les Cartes à **grand point** qui, embrassent une région peu étendue ; ce sont les **Cartes d'atterrages** ; elles donnent des renseignements sur l'accès des passes, chenaux, rades et ports ;

3° Les **Cartes particulières** ou **Plans particuliers locaux** qui donnent simplement des détails relatifs à une petite étendue du rivage.

**336.** — *N'existe-t-il pas d'autres Cartes ?*

Oui ; il existe des **Cartes côtières** à **grand point** ; ce sont celles qu'emploient de préférence nos pêcheurs.

**337.** — *Que présentent les Cartes Marines ?*

Elles présentent un canevas, c'est-à-dire un tracé de lignes figurant les unes les **Méridiens de Longitude**, les autres les **Parallèles de Latitude**. Les premières sont droites, parallèles, à égale distance les unes des autres et vont du Nord au Sud; les autres également droites parallèles, séparées par des intervalles qui augmentent à mesure qu'elles s'éloignent de l'Équateur, vers le Nord comme vers le Sud. vont de l'Est à l'Ouest (fig. 75).

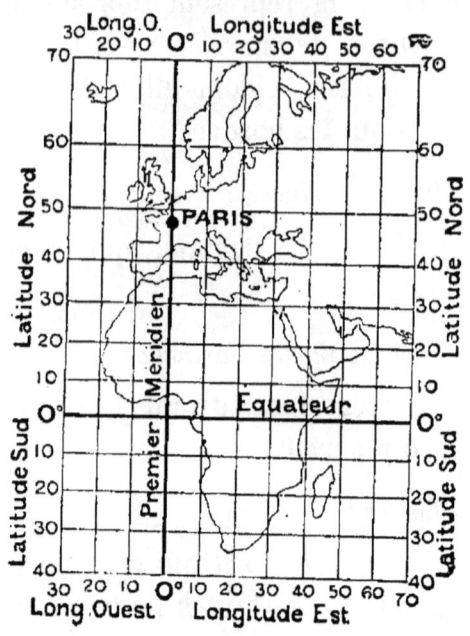

FIG. 75. — MÉRIDIENS ET PARALLÈLES

**338.** — *Comment ces Méridiens et ces Parallèles sont-ils indiqués au cadre de la carte ?*

Ils sont indiqués par des **degrés**, des divisions de degrés qu'on nomme **minutes** et des divisions de minutes qu'on nomme **secondes**.

**339.** — *Comment sont écrits ces degrés, minutes et secondes ?*

Ils sont écrits ainsi : 1° 3′ 6″ ce qui signifie : 1° (un degré), 3′ (trois minutes), 6″ (six secondes).

**340.** — *Que constitue l'ensemble de ces degrés, minutes, secondes ?*

L'ensemble de ces divisions constitue les **Échelles de la Carte** qui sont au nombre de quatre, portant deux à deux les mêmes divisions ?

**341.** — *Comment appelle-t-on ces Échelles ?*

Les deux Échelles parallèles à l'Équateur prennent le nom d'**Échelles de Longitude** et les deux autres celui d'**Échelles de Latitude** (fig. 75).

**342.** — *De quelle utilité les cartes marines sont-elles pour le navigateur ?*

Elles servent à résoudre des problèmes dont les plus simples sont les suivants :

1° *Pointer sur la Carte un lieu dont on connaît la longitude et la latitude;*

2° *Trouver la longitude et la latitude d'un point;*

3° *Mesurer sur la carte la distance qui sépare deux points l'un de l'autre.*

**343.** — *Comment résoudra-t-on le premier problème : Pointer sur la Carte un lieu dont on connaît la longitude et la latitude?*

Pour résoudre ce premier problème on cherche, en haut et en bas de la Carte, sur l'échelle des longitudes, la division correspondant à la longitude du point, et par

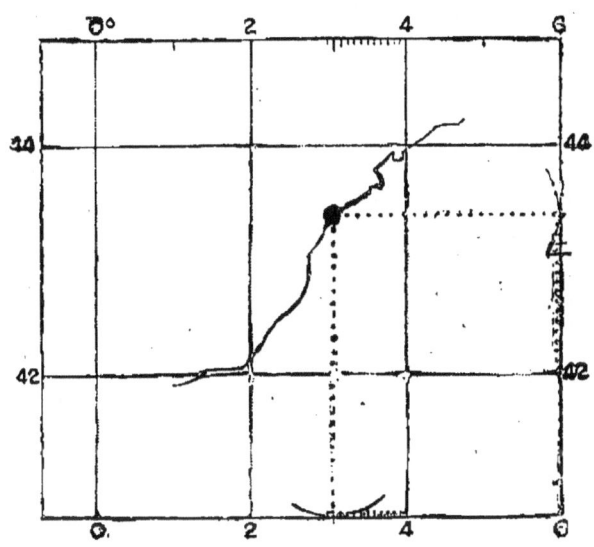

FIG. 76. — POINTER SUR LA CARTE UN LIEU DONT ON CONNAIT LA LONGITUDE ET LA LATITUDE

cette division au moyen d'une règle ou d'un fil tendu on mène une ligne perpendiculaire : c'est le **méridien** du point. On cherche ensuite, à droite ou à gauche, sur l'échelle des latitudes, la division correspondant à la latitude du point, et par cette dernière on mène une perpendiculaire : c'est le **parallèle** du point. L'intersection donne le *point* (fig. 76).

**344.** — *Ne peut-on pas aussi se servir de compas?*

Oui. On peut se servir aussi pour cela de deux compas. Avec l'un d'eux, on prend sur l'échelle des longitudes la distance proposée au méridien le plus proche ; puis avec l'autre, sur l'échelle des latitudes, la distance de la latitude donnée au parallèle le plus voisin, et l'on fait glisser

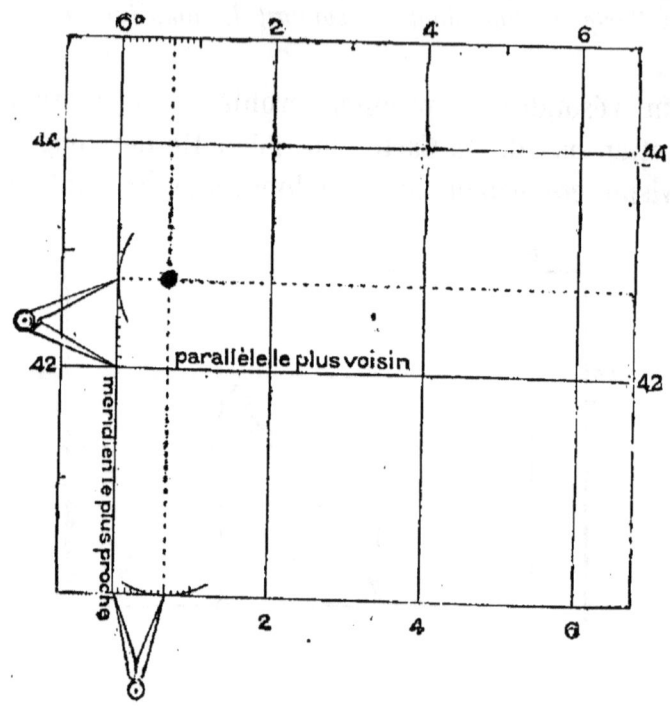

FIG. 77. — POINTER SUR LA CARTE UN LIEU A L'AIDE DE COMPAS

ces compas jusqu'à la rencontre des secondes pointes (fig. 77).

**345.** — *Que trouve-t-on ainsi?*

On trouve ainsi que le point situé par 4° 40′ de longitude Ouest et par 46° 45′ de latitude Nord est la partie Nord de l'île d'Yeu. On trouverait de même que celui situé par 4° 30′ de longitude Ouest et 49° de latitude Nord serait *les Minquiers*, au Nord-Nord-Ouest de Granville, dans la Manche; de même enfin le point situé par

2° 45′ de longitude Est et 45° 30′ de latitude Nord serait l'embouchure de l'Arc, dans l'étang de Berre, sur les côtes de la Méditerranée.

**346.** — *Comment trouve-t-on la longitude et la latitude d'un point sur la carte?*

Pour trouver la *longitude*, on mène par ce point une ligne parallèle à l'échelle des longitudes et la division où elle la rencontre est la longitude cherchée. De même pour trouver la *latitude*, on mène une perpendiculaire à l'échelle des latitudes et l'on a la latitude demandée.

**347.** — *Donnez des exemples.*

On trouve ainsi que la longitude du feu de Rochebonne est 4° 4′ 20″ Ouest et que sa latitude Nord est de 46° 12′. De même la longitude de Greenwich en Angleterre est de 2° 20′ 14″ 4 Ouest et sa latitude de 51° 28′ 38″ Nord.

**348.** — *Comment mesurera-t-on la distance qui sépare deux points de la carte?*

Pour résoudre ce problème, employé tous les jours par nos pêcheurs, il est utile de savoir que chaque minute de latitude équivaut à un mille marin (soit 1851 m. 8). On prend donc entre les deux branches d'un compas la distance des deux points, on porte la longueur ainsi obtenue sur l'échelle des latitudes et on lit combien elle embrasse de divisions de l'échelle ; autant il y aura de minutes, autant il y aura de milles marins.

**349.** — *Donnez un exemple.*

Supposons qu'il s'agisse de trouver le nombre de milles qui sépare la Rochelle du feu de Rochebonne; je prends entre les pointes d'un compas la distance de ces deux points, je porte la longueur ainsi obtenue sur l'échelle des latitudes, et je vois qu'elle embrasse 56 minutes.

**La distance de la Rochelle au feu de Rochebonne est donc de 56 milles.** On trouvera de la même façon que la distance du Tréport au fort d'Ault est de 3 milles 6[1] ; que la distance de Marseille au cap Couronne est de 14 milles[2].

### RÉSUMÉ

Pour se diriger sur mer il est indispensable au marin de connaître : la position des *astres*, l'usage de la *sonde* qui donne la *profondeur* de l'eau, la situation des *phares*, des *feux* et des *points remarquables* des côtes, l'emploi de la *boussole*, l'emploi du *loch* et l'usage des *cartes marines*. Il obtiendra ainsi la position de son navire.

On appelle cartes marines la représentation sur une feuille de papier des portions de mer ainsi que les côtes qui les bordent.

On les divise en trois catégories : 1° *les cartes à petit point* ou *cartes routières*; 2° *les cartes à grand point* ou *cartes d'atterrages*; 3° *les cartes particulières* ou *plans particuliers*.

Il est aussi des *cartes routières à grand point*. Ce sont celles qui sont employées par nos pêcheurs.

Les cartes marines présentent un *canevas* ou tracé de lignes figurant les unes les *méridiens de longitude*, du Nord au Sud de la carte; les autres les *parallèles de latitude*, de l'Est à l'Ouest.

Ces méridiens et ces parallèles sont indiqués au cadre de la carte par des degrés, des minutes et des secondes qui s'écrivent ainsi : 1° 3′ 6″.

L'ensemble de ces divisions constitue les *quatre échelles* de la carte : deux sont parallèles à l'équateur, les échelles de *longitude*; les deux autres portent le nom d'échelles de *latitude*.

Les cartes marines servent à résoudre des problèmes dont les plus simples sont les suivants : 1° *pointer sur la carte un lieu dont on connaît la longitude et la latitude*, 2° *trouver la longitude et la latitude d'un point*; 3° *mesurer sur la*

---

1. La lieue marine 5555 m. 55 équivaut à 3 milles marins, et le degré équivaut à 20 lieues marines.
2. Un autre problème, que nous trouvons trop difficile pour des enfants, est de *trouver le point où l'on est en mer*; nous ne le mentionnons point; les futurs marins apprendront plus tard à *faire le point avec le sextant*. (Voir page 76.)

carte la **distance** qui sépare deux points l'un de l'autre, c'està-dire trouver le nombre de milles qu'il y a entre ces deux points. (Le **mille marin** équivaut à une minute de latitude.)

## 2. — INDICATIONS PRINCIPALES PORTÉES SUR LES CARTES MARINES

*350.— Quelles sont les principales Indications portées sur les cartes marines ?*

Indépendamment des longitudes et des latitudes, les Cartes Marines portent de nombreuses indications, utiles à la navigation, parmi lesquelles nous citerons celles qui sont relatives aux **points remarquables des côtes et de la terre** et celles qui sont relatives aux **profondeurs et à la nature des fonds sous-marins** (fig. 78).

*351.— Comment sont indiqués les points remarquables des côtes et de la terre ?*

Ces points sont indiqués par des abréviations :

| | | | | | | |
|---|---|---|---|---|---|---|
| $B^c$, | Banc. | $Dét$, | Détroit. | $M^{on}$, | Maison. |
| $B^e$, | Baie. | $Ét$, | Établissement. | $Ph$, | Phare. |
| $B^{ée}$, | Bouée. | $Égl$, | Église. | $R$, | Roche. |
| $B^{ie}$, | Batterie. | $F$, | Feu. | $R^f$, | Récif. |
| $B^r$, | Brisant. | $F^t$, | Fort. | $S^l$, | Signal. |
| $C$, | Cap. | $I$, | Ile. | $Sem$, | Sémaphore. |
| $Cl$, | Chenal. | $Jet$, | Jetée. | $T$, | Tour. |
| $C^r$, | Clocher. | $M^{in}$, | Moulin. | | |

*352.— Comment est indiquée la profondeur des eaux ?*

La **profondeur des eaux** est indiquée par une série de **chiffres** aux endroits où, sur la carte, la surface blanche représente la mer.

*353.— N'y voit-on pas autre chose ?*

On y voit aussi des **lignes de points** ou de **petits traits** qui suivent les contours du fond en longeant toujour la même profondeur.

**354.** — *Comment appelle-t-on ces pointillés?*

On les appelle les **courbes de profondeurs** et elles sont placées autour des fonds de 5, 5, 10, 15 mètres, etc....

**355.** — *Qu'indiquent les chiffres surmontés d'un trait, en plein Océan?*

En plein Océan, dans les grands fonds, les **chiffres surmontés d'un trait** indiquent que la profondeur en ce point est supérieure au nombre indiqué.

**356.** — *Comment est figurée la région que la mer découvre sous l'action des marées?*

La région située près du rivage, les grèves et les plages sont figurées par une **bande de points très rapprochés formant une teinte grise**. Dans cette zone, les roches sont représentées par des sortes de hachures et le sable par une teinte gris clair unie moins foncée que ce qui figure la terre.

**357.** — *Qu'indique la carte pour les bancs et les rochers au large?*

Pour les bancs et les rochers, situés au large et qui découvrent à marée basse, la carte présente une courbe de profondeur pointillée qui donne la limite en dedans de laquelle il est imprudent de naviguer.

**358.** — *Que trouve-t-on sur les grèves, les rochers, ou les bancs ainsi figurés?*

On trouve en ces points des chiffres qui sont **soulignés d'un petit trait**. Exemple : $\underline{0}$, $\underline{6}$; $\underline{2}$; $\underline{5}$; etc....

**359.** — *Qu'indiquent-ils?*

Ils indiquent la hauteur dont ces points, roches ou têtes de bancs, émergent à la surface de l'eau au-dessus du niveau des plus basses marées. Ainsi un banc qui émerge de trois mètres porte l'indication $\underline{3}$, une roche qui émerge de 80 centimètres porte l'indication $\underline{0}$, $\underline{8}$.

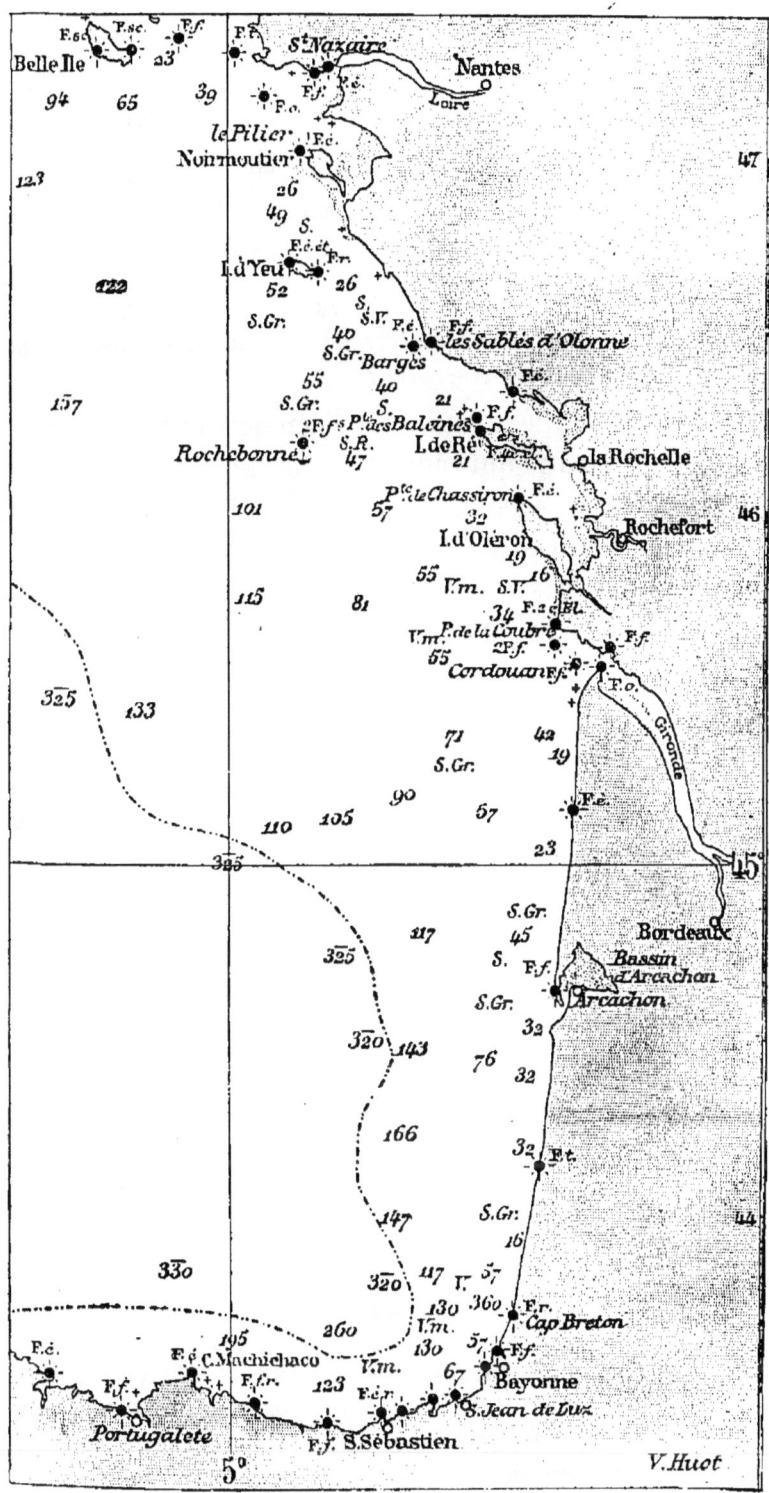

FIG. 78. — CARTE MARINE

La surface blanche représente la mer, les points remarquables des côtes et de la terre sont indiqués par des abréviations de même que la nature du fond de la mer. La profondeur des eaux est représentée par des chiffres. On y voit aussi des lignes de points ou de petits traits suivant le contour du fond. On trouve encore sur les cartes des indications relatives aux phares, aux feux et aux sémaphores.

*360.— Comment est figurée une roche isolée au large?*

La hauteur émergente est figurée par une **croix** tracée à l'emplacement de cette roche. Ainsi, † (4 mètres) signifie que la roche † découvre de 4 mètres.

*361.— Comment sont calculées les profondeurs portées sur la carte et comment sont comptées les profondeurs toujours immergées et les hauteurs émergées?*

Elles sont calculées comme si l'eau se trouvait toujours au même niveau qui aurait pour profondeur 0. On nomme ce 0 le **zéro de la carte** et il correspond au niveau des plus basses marées.

Les profondeurs toujours immergées sont comptées au-dessous du zéro de la carte et les hauteurs émergées sont comptées au-dessus du zéro de la carte.

*362.— Quelles sont les indications données par les cartes marines sur la nature du fond de la mer?*

Ces indications sont données sous formes d'abréviations en italiques :

| | | | |
|---|---|---|---|
| *A.* | Algue. | *H.* | Herbes. |
| *Ar.* | Argile. | *Huît.* | Huîtres. |
| *Coq.* | Coquilles. | *Pi.* | Pierres. |
| *Coq. br.* | Coquilles brisées. | *R.* | Roches. |
| *Cor.* | Corail. | *S.* | Sable. |
| *F.* | Fond. | *V.* | Vase. |
| *Gal.* | Galets. | *V. j.* | Vase jaune. |
| *Gr.* | Graviers. | *V. g.* | Vase grise. |
| *$G^s\ G^r$.* | Gros graviers. | *V. m.* | Vase molle. |

### RÉSUMÉ

Les principales indications portées sur les cartes marines sont celles qui sont relatives aux **points remarquables des côtes** et **de la terre** et celles qui sont relatives aux **profondeurs** et à la **nature des fonds sous-marins.**

Les uns et les autres sont indiqués par des abréviations.

La profondeur des eaux est indiquée par des séries de

*chiffres*, on y voit aussi des *lignes de points* ou de *petits traits* suivant les contours du fond.

Dans les grands fonds, les **chiffres sont surmontés d'un trait.**

Les rivages qui découvrent sont indiqués par des bandes de points rapprochés formant une teinte grise; ailleurs, au large, des *pointillés* donnent des points en dedans desquels il est dangereux de naviguer.

On trouve aussi, sur les grèves, les rochers ou les bancs ainsi figurés des chiffres *soulignés d'un petit trait* indiquant la hauteur dont ces points émergent à la surface de l'eau : 0, 6; 2, 5, etc....

Les profondeurs sont calculées comme si l'eau se trouvait toujours au même niveau, le **zéro de la Carte**, qui correspond au niveau des plus basses marées.

# CHAPITRE VII

## PROFONDEURS PRISES ET INDIQUÉES

SOMMAIRE. — 1. Profondeurs. — Sondes. — 2. Les phares et les feux. 3. Balises et Bouées. — Sémaphores.

### 1. — PROFONDEURS — SONDES

*363.— Est-il utile au marin de connaître la profondeur de l'eau à l'endroit où se trouve son navire?*

Il lui est utile de connaître la profondeur de l'eau au point où se trouve son bateau et de s'assurer de la nature des fonds pour ne pas courir le risque d'échouer, en temps de brume par exemple.

*364.— Qu'est-ce que cela lui permettra de déterminer?*

Cela lui permettra ensuite, au moyen de la carte, de déterminer en partie le point où il est.

FIG. 79.
PLOMB DE SONDE
A MAIN

*365.— Pour le pêcheur la connaissance des fonds n'est-elle pas surtout importante?*

Elle est d'autant plus importante que le pêcheur a besoin de connaître la situation des fonds habités par les poissons, les aspérités, les rochers ou épaves qui déchireraient ses filets.

*366.— De quel instrument les marins se servent-ils pour connaître la profondeur et la nature des fonds sous-marins?*

Ils se servent de la **sonde**.

*367.— De quoi se compose une sonde?*

Une sonde se compose d'un **plomb conique** et d'une **ligne** divisée en mètres. A la base du plomb se trouve une entaille dans laquelle on place du suif (fig. 79).

*368.— Comment s'y prend-on pour sonder?*

Pour sonder, on jette le plomb à la mer et l'on file la

ligne jusqu'à ce que l'on soit arrivé au fond ; cela donne le *brassiage*, c'est-à-dire la quantité de *brasses*[1]. On la retire alors et le suif rapporte la nature du fond : *sable, vase, herbe, coquillages, galets, roche*. Si le suif revient propre c'est qu'il se trouve sur un fond rocheux ou pierreux.

### RÉSUMÉ

Il est nécessaire pour le marin de connaître la profondeur de l'eau où se trouve son navire ; il lui est aussi indispensable de s'assurer de la nature du fond.

Pour cela il se sert de la *sonde*. Cet instrument est composé d'un *plomb conique*, à la base duquel il y a une entaille où l'on place du *suif*, et d'une *ligne* divisée en mètres.

A l'aide de la sonde on obtient le *brassiage*.

## 2. — LES PHARES ET LES FEUX

**369.** — *Que nomme-t-on phare ?*

On nomme **Phare** un signal lumineux, visible à une distance variable et servant à guider les navigateurs pendant la nuit (fig. 80).

**370.** — *Où sont placés les phares ?*

Ils sont établis, soit au sommet d'une tour bâtie sur un promontoire, sur des îles, îlots ou rochers, près d'un port ou d'une rade, soit sur des *bateaux-phares*.

**371.** — *De quelle uti-*

FIG. 80. — PHARE

---

1. La *brasse* est la mesure de 2 bras de grandeur moyenne étendus ; elle vaut l'ancienne mesure de 5 pieds ou 1m,624.

lité sont les phares et les feux pour les navigateurs ?

Les phares et les feux sont utiles parce qu'ils indiquent le voisinage de la terre et, comme de plus leur position est indiquée exactement sur les cartes, ils permettent aux marins qui, pendant la nuit, naviguent près des côtes, de connaître à quel endroit se trouve exactement leur navire.

*372.— Que désigne-t-on sous le nom de phares flottants ?*

On appelle **Phares flottants** des pontons mouillés et

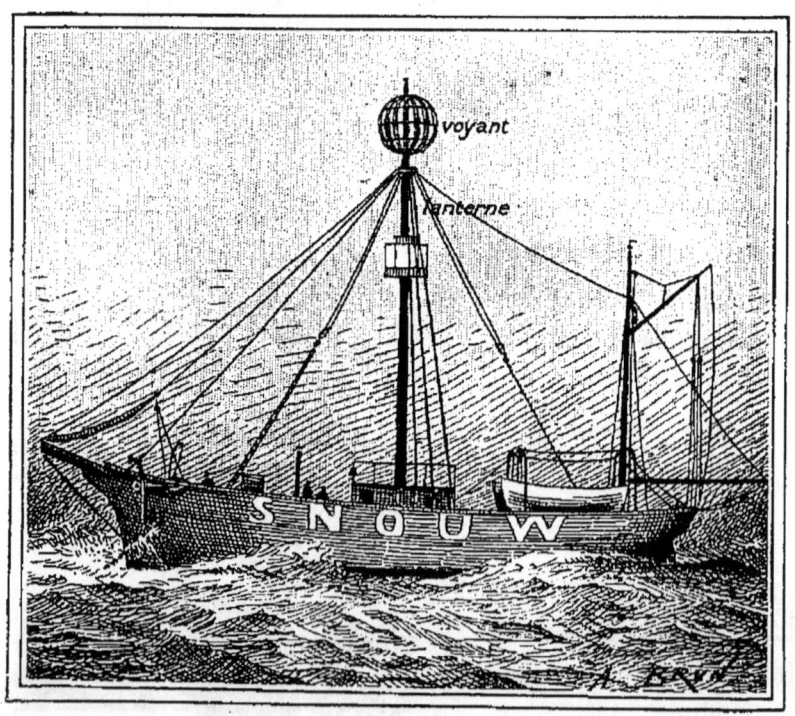

FIG. 81. — PHARE FLOTTANT

solidement ancrés dans les endroits où l'on n'a pu aménager d'autres phares, et sur lesquels on entretient, pendant la nuit, des feux disposés à une certaine hauteur de mât (fig. 81).

**373.** — *Qu'appelle-t-on portée d'un phare?*

La portée d'un phare est la distance à laquelle un phare est visible (fig. 82).

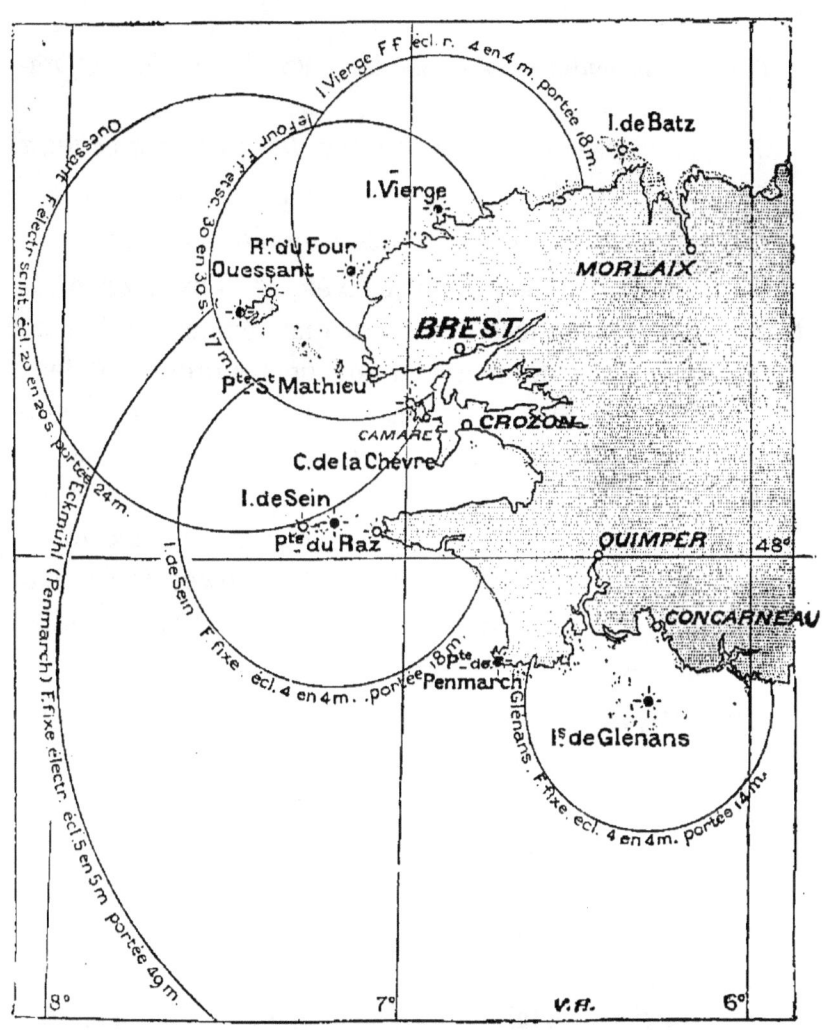

FIG. 82. — PORTÉE DES PHARES

**374.** — *Par qui sont entretenus les feux des phares?*

Ils sont entretenus par des gardiens; mais il y a aussi des **feux permanents** qui fonctionnent nuit et jour, pendant plusieurs semaines et plusieurs mois, sans avoir besoin d'être alimentés (feux des bouées ou bouées lumineuses).

**375.** — *Comment a-t-on classé les feux?*

On les a classés : 1° d'après leur **coloration**; 2° d'après leur **durée**; 3° d'après le **groupement** de la **durée** et des **colorations**.

**376.** — *Comment a-t-on classé les feux d'après leur coloration?*

On les a classés en : **feux blancs, feux rouges** et **feux verts**.

**377.** — *Comment les a-t-on classés d'après leur durée?*

On les a classés en : 1° feux **fixes**; 2° feux à **occultations**, dont la lumière cesse brusquement et totalement après une durée de moins d'une demi-minute; 3° feux **intermittents**, dont la lumière dure plus d'une demi-minute; 4° feux à **éclats**, qui ont des éclats de même intensité séparés par des intervalles réguliers d'extinction complète; 5° feux à **éclats** et à **éclipse** ou feux **tournants**; 6° feux à groupe d'**éclats**, feux **fixes** variés par des **éclats**; 7° feux **éclairs**, qui sont des feux aux occultations rapprochées et courtes.

**378.** — *Comment a-t-on classé les feux d'après le groupement de la durée et des colorations?*

On les a classés en feux **mixtes** ou **alternatifs**. Ils sont alternativement **blancs**, **rouges** ou **verts**, **fixes** ou **variés** par des **éclats** ou des **éclipses**.

**379.** — *N'existe-t-il pas des phares électriques à signaux particuliers?*

Oui; il existe certains phares électriques auxquels on a associé des **signaux sonores**, constitués par des **sirènes** à air comprimé. Ils sont utilisés dès l'apparition de brumes sur le littoral.

### RÉSUMÉ

Les phares sont des signaux lumineux destinés à guider les navires pendant la nuit. Ils sont indiqués sur les cartes marines.

Les phares sont établis sur de hautes tours ou sur des *bateaux phares*. Ces derniers sont des **phares flottants**, il y a aussi des *bouées à feux* ou bouées lumineuses.

On a classé les phares 1° d'après leur *coloration*, en *feux blancs*, *rouges* et *verts* ; 2° d'après leur durée, en *feux fixes*, feux à *occultation*, feux *intermittents*, feux à *éclats*, feux *tournants*, feux à *groupe d'éclats*, feux *fixes variés* par des éclats et feux *éclairs* ; 3° d'après le *groupement* de la *durée* des *colorations*, en feux *mixtes* et *alternatifs*.

## 3. — BALISES — BOUÉES — SÉMAPHORES

*380.— Qu'est-ce que le balisage ?*

Le *balisage* est l'ensemble de tous les signaux fixes ou flottants au ras de la mer (fig. 85 et 84).

*381.— Quelle est l'utilité du balisage ?*

Le balisage est utile pour indiquer *de jour* aux navigateurs les dangers existants ou les limites d'un chenal praticable à la navigation.

*382.— Quels sont ces signaux ?*

Ces signaux que l'on nomme **amers** sont : les *balises*, les *bouées*, les *tours balises*, les *musoirs* des jetées, les *rochers* et *accidents naturels* convenablement choisis.

*383.— Que nomme-t-on balise ?*

On nomme *balise* une construction placée sur la côte ou sur un écueil à fleur d'eau pour signaler le danger au navire qui approche ou pour indiquer une passe ou un chenal. Les balises sont en *bois* ou en *fer*.

*384.— Qu'est-ce qu'une bouée ?*

Une *bouée* est un appareil flottant maintenu en place par une ancre ou corps-mort en fonte et par des chaînes. Ces bouées sont en chêne ou en métal et remplissent le même but que les balises (fig. 85 et 84).

*385.— Quelle est la forme des bouées ?*

Elles sont hémisphériques dans la partie **immergée** et coniques dans la partie émergente.

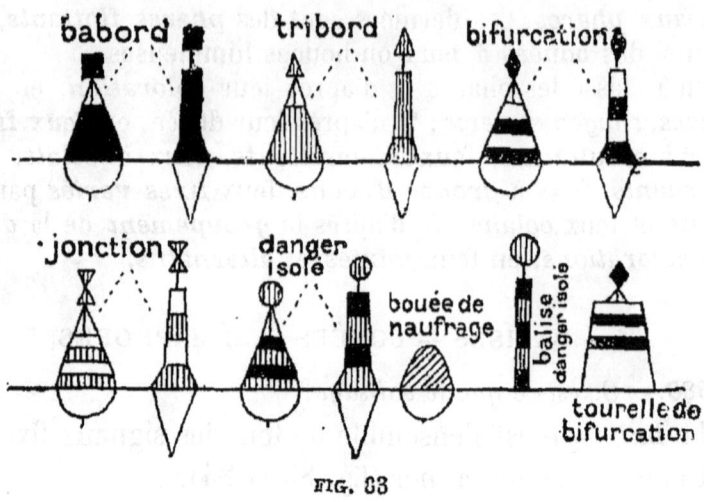

FIG. 83.

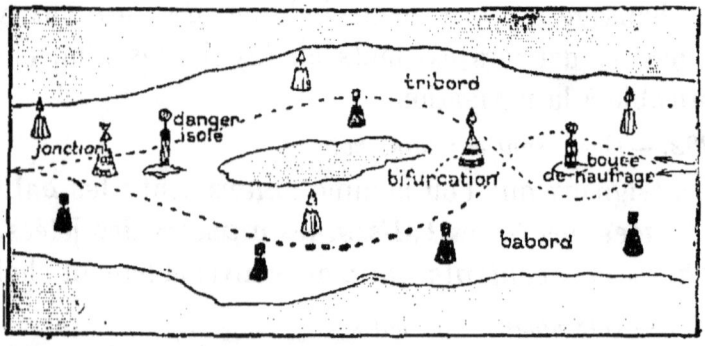

FIG. 84. — SIGNAUX DE BALISAGE DES CÔTES DE FRANCE

RÈGLEMENT. — Art. 1er. — Les *signaux de tribord* sont peints en *rouge* surmontés d'un *voyant conique*. — Art. 2. Les *signaux de bâbord* sont peints en *noir* et surmontés d'un *voyant cylindrique*. — Art. 3. Les *signaux de bifurcation* sont peints par *bandes horizontales alternativement blanches et noires* et surmontés d'un voyant formé de *deux cônes à base commune*. — Art. 4. Les *signaux de jonction* sont peints par *bandes horizontales alternativement blanches et rouges* et surmontés d'un voyant formé de *deux cônes opposés par le sommet*. — Art. 5. Les *signaux de dangers isolés* sont peints par *bandes horizontales alternativement rouges et noires* et surmontés d'un *voyant de forme sphérique*. — Art. 6. — Les *signaux d'épaves* sont peints en *vert*. (Dans les conventions admises, le côté *tribord* est celui qui se trouve à *la droite* du navigateur *venant du large*, le côté *bâbord* est celui qui est à *main gauche*.)

**386.** — *Les balises et les bouées ont-elles des caractères particuliers à signaler?*

Oui, elles ont des caractères particuliers et sont surmontées à leur sommet d'un **voyant** sphérique, conique,

FIG. 85. — SÉMAPHORE

Postes-signaux servant aux navigateurs pour l'expédition des dépêches urgentes.

rectangulaire ou triangulaire et de teintes variées. Les balises et les bouées portent aussi des numéros. Coloration et numérotage sont soumis à un règlement (fig. 83 et 84).

**387.** — *Qu'est-ce qu'une tour-balise?*

Une **tour-balise** est un ouvrage en maçonnerie dont la

forme est celle d'un tronc de cône ; on l'emploie sur les points du littoral qui découvrent à marée basse.

**388.**— *Qu'appelle-t-on sémaphores?*

On appelle **sémaphores** des postes-signaux établis sur les côtes, dans les ports et sur les îles (fig. 85).

**389.**— *A quoi servent-ils?*

Ils servent aux navigateurs pour l'expédition des dépêches urgentes communiquées par les signaux du **code international** des **signaux**. Chaque poste sémaphorique est aussi pourvu d'appareils télégraphique et téléphonique et de lunettes ou longues-vues.

**390.**— *Comment appelle-t-on les agents chargés du service du sémaphore?*

On les appelle des **guetteurs**.

### RÉSUMÉ

Les **balises**, les **bouées**, les **tours-balises**, etc., constituent ce que l'on nomme le **balisage**, c'est-à-dire un ensemble de signaux destinés à indiquer de jour les dangers existants ou les limites des chenaux.

Les balises et les bouées sont surmontées d'un **voyant** de forme et de coloration variées: ils portent aussi des numéros. Coloration et numérotage sont soumis à un règlement.

Les **sémaphores** sont des postes de signaux établis sur les côtes, dans les ports et sur les îles. Ils servent aux navigateurs pour l'expédition des dépêches urgentes.

# CHAPITRE VIII

## SIGNAUX — PAVILLONS ÉTRANGERS

Sommaire. — Code international des signaux. — 2. Signaux d'avertissement du temps et signaux de marée. — 3. Pavillons étrangers.

### 1. — CODE INTERNATIONAL DES SIGNAUX

*391.— Qu'appelle-t-on Code international des signaux?*

On appelle **Code international des signaux** un recueil, une sorte de Dictionnaire publié par le Ministère de la marine dans chaque pays, contenant des signaux constitués par des pavillons de formes et de couleurs diverses désignés par des lettres de l'alphabet et formant la *série universelle des pavillons* (fig. 86).

*392.— Quelle est l'utilité de ce code pour les marins?*

Ce livre, traduit dans toutes les langues, est utile aux navigateurs et leur permet de communiquer à la mer avec des bâtiments ou avec les sémaphores qu'ils rencontrent.

*393.— Quels sont ces signaux et combien y en a-t-il?*

Ces signaux, au nombre de 27, sont : *2 guidons échancrés, 5 flammes triangulaires, 19 pavillons carrés* et la *flamme caractéristique du code* qui signifie **aperçu**. La flamme C signifie **oui** et la flamme D signifie **non** (fig. 86).

*394.— Comment dans ce Dictionnaire sont exprimés les mots, les idées et les phrases?*

Ils sont exprimés par un groupe de 2, 3 ou 4 pavillons placés dans un ordre déterminé invariable.

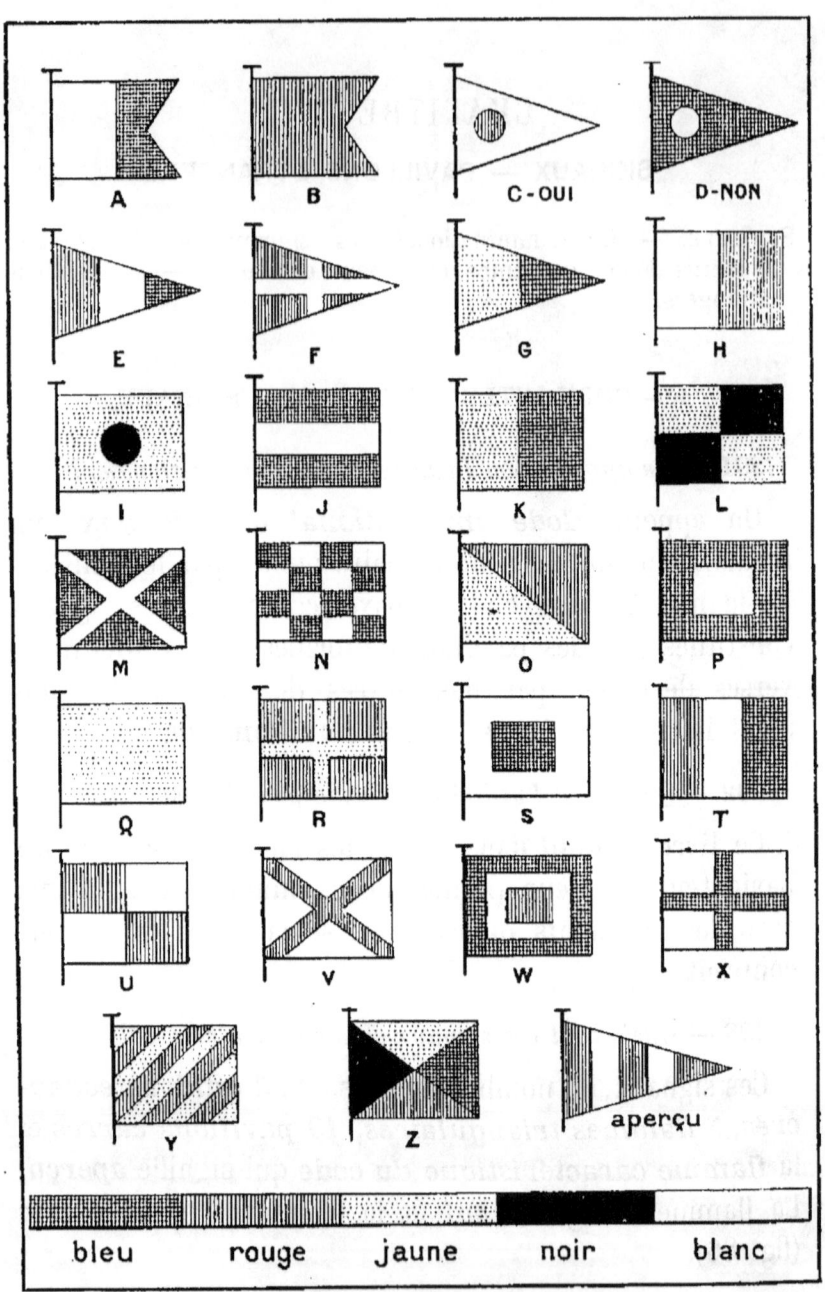

FIG. 86. — SÉRIE UNIVERSELLE DES PAVILLONS.

Ces pavillons, au nombre de 27, désignés par les lettres de l'alphabet, constituent des signaux au moyen desquels les navires de toutes les nations communiquent entre eux ou avec les sémaphores de la côte. Il y a 2 guidons échancrés, 5 flammes triangulaires, 19 pavillons carrés et la flamme caractéristique qui signifie *aperçu* ; la flamme C signifie *oui* et la flamme D signifie *non*.

**395.** — *Comment est divisé le Code international?*

Il est divisé en sept tables principales qui sont : les tables de signaux à 2, 3 et 4 pavillons, la table syllabique, le répertoire général alphabétique, l'index géographique et les tables des signaux de grande distance (fig. 90).

**396.** — *Comment se sert-on de ce livre pour faire un signal?*

Pour faire un signal, on cherche dans le Code le paragraphe du sujet à exprimer et l'on hisse les pavillons nécessaires.

**397.** — *Supposons qu'un navigateur, passant en vue d'un sémaphore, ait besoin d'un pilote, comment s'y prendra-t-il?*

Il cherchera dans le Code la phrase à exprimer et trouvera dans la colonne à côté S ; il hissera le pavillon correspondant à la lettre qui signifie : **Envoyez un pilote**.

**398.** — *Que répondra le sémaphore?*

Il répondra en hissant le pavillon S (carré bleu entouré de blanc) (fig. 87).

**399.** — *Quels signes emploiera-t-on pour exprimer les phrases suivantes : Vous courez sur un danger; quel est ce navire; nous venons à votre secours; vent nord-nord-ouest.*

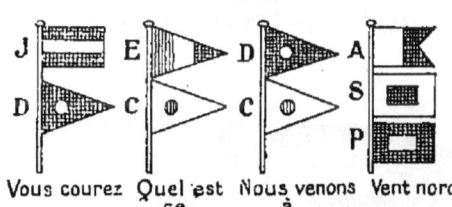

FIG. 87.

Pour la première : **Vous courez sur un danger**, on emploiera le pavillon J et la flamme D (JD) (fig. 88);

Pour la seconde : **Quel est ce navire**, les flammes E et C (EC) (fig. 88) ;

Pour la troisième : **Nous venons à votre secours**, les 2 flammes D et C (DC) (fig. 88).

Enfin pour la quatrième : **Vent Nord-Nord-Ouest**, on hissera les 3 pavillons ASP (fig. 88).

FIG. 88.

**400.** — *Si un navigateur a besoin de secours immédiat, quels pavillons hissera-t-il?*

Il hissera l'un au-dessus de l'autre le pavillon N et la flamme C qui signifient : **J'ai besoin de secours immédiat** (NC).

**401.** — *Combien de signes emploiera-t-on pour exprimer la phrase : Avez-vous un canot de sauvetage?*

On emploiera les trois signes suivants : la flamme G, le pavillon T et la flamme D, qui signifient : **Avez-vous un canot de sauvetage?** (GTD).

**402.** — *Combien de signes faudra-t-il pour exprimer les mots : Informez les autorités du port?*

Il faudra hisser 3 signes : la flamme F, le pavillon N et le pavillon J (FNJ), qui signifient : **Informez les autorités du port.**

**403.** — *N'est-il pas indiqué de chercher aussi dans le Code le mot le plus saillant de la phrase à transmettre?*

Oui. Ainsi, si l'officier commandant un navire désire connaître le nom du capitaine d'un autre bâtiment qui passe, il cherche dans le Code : *capitaine*, le mot le plus saillant, et trouve la phrase : **Quel est votre capitaine?** exprimée par les lettres HXN. Il fait hisser les pavillons (fig. 89).

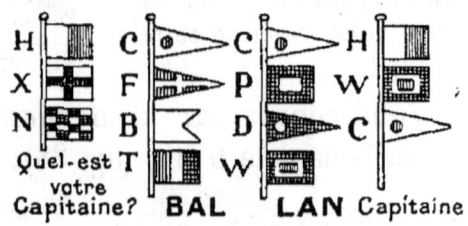

FIG. 89.

**404.** — *Que répond-on de l'autre navire?*

De l'autre navire on répond CFBT CPDW HVC. Comme il s'agit d'un nom propre, l'officier se reporte à la table syllabique et traduit : **Bal-lan.** CFBT = Bal, CPDW = lan. HVC, dans la table des signaux à 3 signes, est indiqué comme signifiant : **Capitaine** (fig. 89).

SIGNAUX, PAVILLONS ÉTRANGERS.   115

**405.** — *Comment se font les signaux à de grandes distances?*

A de grandes distances les signaux se font au moyen

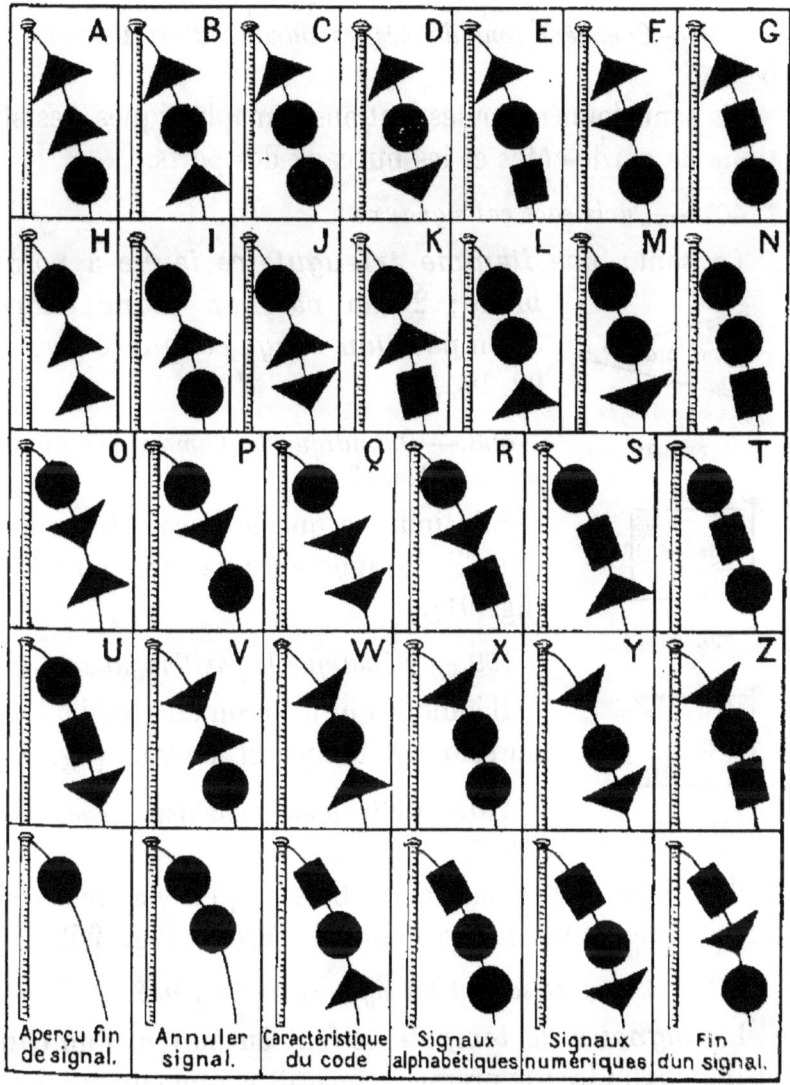

FIG. 90. — SIGNAUX DE GRANDE DISTANCE.

de *boules*, de *cônes* et de *cylindres* sans distinction de couleur, suivant des combinaisons correspondant avec les 26 lettres et aux 27 drapeaux colorés du Code qui le représentent (pl. 90).

## 2. — LES SIGNAUX D'AVERTISSEMENT DU TEMPS ET SIGNAUX DE MARÉE.

**406.**— *Comment sont donnés les signaux d'avertissement du temps ?*

Ils sont donnés par les stations sémaphoriques, les stations de garde-côtes et les bureaux des ports.

**407.**— *Quels sont ces signaux ?*

Ce sont : une **flamme triangulaire jaune à pointe bleue** ; 2° un **pavillon jaune carré** ; 3° un **pavillon rouge échancré** (fig. 91, 92, 93).

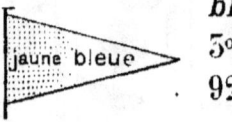

FIG. 91

FIG. 92

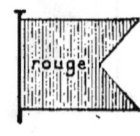

FIG. 93

**408.**— *Qu'indique la flamme triangulaire jaune et bleue ?*

Elle indique que le baromètre monte et qu'il y a apparence de meilleur temps (fig. 91).

**409.**— *Qu'indique le pavillon jaune carré ?*

Il indique que le baromètre tend à baisser et que le temps est douteux (fig. 92).

**410.**— *Qu'indique le pavillon rouge échancré ?*

Il indique que le baromètre baisse, qu'il y a apparence de mauvais temps et que la mer est grosse (fig. 93).

**411.**— *Comment se font les signaux de tempête ?*

Les **signaux de tempête** se font au moyen d'un **cône** et d'un cylindre ; le premier apparaît comme un **triangle noir**, le second comme un **carré noir** (fig. 94).

**412.**— *Qu'indique le cône la pointe en bas ?*

Le **cône la pointe en bas** indique la probabilité de forts **vents du Sud** (tournant par le Sud du Sud-Est au Nord-Ouest (fig. 94 *a*).

## SIGNAUX. PAVILLONS ÉTRANGERS.

**413.** — *Qu'indique le cône la pointe en haut ?*

Le **cône la pointe en haut** indique la probabilité de forts vents du Nord (tournant par le Nord du Nord-Ouest au Sud-Est) (fig. 94 *b*).

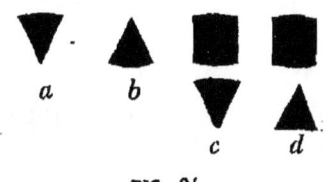

FIG. 94

**414.** — *Qu'indique le cylindre sur le cône la pointe en bas ?*

Le **cylindre sur le cône la pointe en bas** indique une tempête probable de la partie du Sud (fig. 94 *c*).

**415.** — *Qu'indique le cylindre sur le cône la pointe en haut ?*

Le **cylindre sur le cône la pointe en haut** indique une tempête probable de la partie du Nord (fig. 94 *d*).

**416.** — *Que signifient en général les signaux, cônes et cylindres lorsqu'ils sont hissés ?*

Ces signaux, cônes et cylindres qui doivent rester hissés, pendant quarante-huit heures, signifient qu'il y a dans le voisinage une perturbation atmosphérique. Les marins doivent veiller, car le mauvais temps peut atteindre le lieu où ils sont.

FIG. 95

**417.** — *Comment se font les signaux de marées ?*

Les **signaux de marées** se font au moyen de **pavillons blancs** avec **croix noire** et d'une **flamme noire** en forme de guidon hissés en haut d'un mât (fig. 95).

**418.** — *Qu'indique la flamme placée au-dessus du pavillon ?*

La flamme placée au-dessus du pavillon indique le **flot** ou **marée montante** (fig. 95 *a*).

**419.** — *Qu'indique le pavillon seul ?*

Le pavillon seul indique la **pleine mer** (fig. 95 *b*).

# 118 — NOTIONS MARINES PRATIQUES.

**420.**— *Qu'indique la flamme placée au-dessous du pavillon?*

La flamme, placée au-dessous du pavillon, indique le *jusant* ou la *marée descendante* (fig. 95 c).

### 3. — LES PAVILLONS ÉTRANGERS.

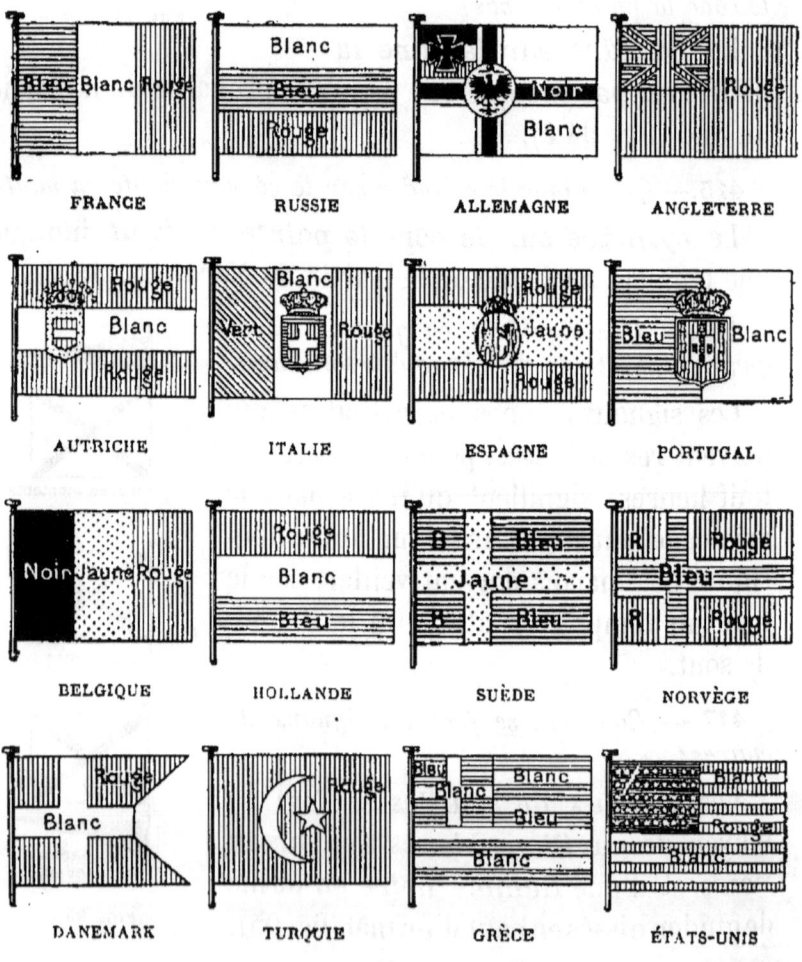

FIG. 96. — PAVILLONS DES PRINCIPAUX ÉTATS

**421.**— *Comment reconnaît-on la nationalité d'un navire?*

On reconnaît la nationalité d'un navire par le pavillon qu'il porte (fig. 96).

## SIGNAUX. PAVILLONS ETRANGERS.

**422.** — *Où doit-il être arboré?*

Il doit être arboré à l'arrière du bâtiment.

**423.** — *Combien chaque nation possède-t-elle de pavillons distincts pour ses navires?*

Chaque nation possède trois pavillons distincts : 1° le **pavillon de guerre** ; 2° le **pavillon de commerce** ; 3° le **pavillon de pilote**.

**424.** — *Quels sont les pavillons des bâtiments français?*

C'est le pavillon *tricolore* pour la marine de guerre et la marine marchande et un **pavillon bleu bordé de blanc** pour les bateaux pilotes (pavillon S).

### RÉSUMÉ

1. Le **Code international des signaux** est un recueil, publié par le Ministère de la marine et traduit dans toutes les langues qui permet aux navigateurs de communiquer entre eux et avec les sémaphores des côtes.

Ce code contient des signaux constitués par des pavillons désignés par les lettres de l'alphabet et formant la **série universelle des pavillons**.

Ils sont au nombre 27 : **2 guidons échancrés, 5 flammes triangulaires, 19 pavillons carrés** et la **flamme caractéristique** du code.

Les signaux de **grande distance** se font au moyen de **boules**, de **cônes** et de **cylindres**.

2. Les **signaux d'avertissement** du temps sont : une flamme triangulaire jaune à pointe bleue, un **pavillon jaune** carré, un **pavillon rouge échancré**.

Les signaux de tempête se font au moyen de cônes et de cylindres hissés aux mâts des sémaphores et disposés de certaines façons.

Les **signaux de marées** se font au moyen de **pavillons blancs avec croix noire** et d'une **flamme noire** en forme de guidon hissés en haut d'un mât.

3. On reconnaît la nationalité d'un navire au pavillon qu'il porte. Chaque nation possède trois pavillons : le **pavillon de guerre**, le **pavillon de commerce** (tricolores) et le **pavillon de pilote** (bleu bordé de blanc pour la France).

# CHAPITRE IX
## BOUSSOLE

SOMMAIRE. — 1. Des Aimants et de leurs propriétés. — 2. Boussole. — Déclinaison. — Variation.

### 1. — DES AIMANTS ET DE LEURS PROPRIÉTÉS

**425.** — *Qu'appelle-t-on Aimants ?*

On appelle **Aimants** des substances qui ont la propriété d'attirer le fer et quelques autres métaux.

**426.** — *Combien distingue-t-on de sortes d'aimants ?*

On en distingue deux : l'**aimant naturel** et l'**aimant artificiel**.

**427.** — *Qu'est-ce que l'aimant naturel ?*

L'**aimant naturel** est une pierre noirâtre que l'on

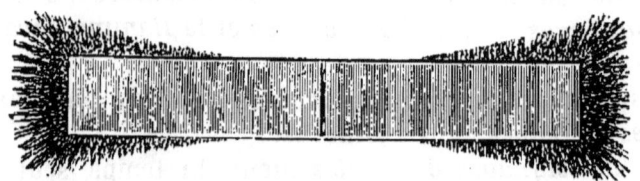

FIG. 97. — UN AIMANT NATUREL

Les extrémités d'un aimant attirent le fer et s'appellent les pôles de l'aimant.

trouve en Suède et en Norvège, où on l'exploite comme minerai de fer.

**428.** — *Qu'appelle-t-on aimant artificiel ?*

On appelle **aimant artificiel** un barreau ou une aiguille d'acier trempé auxquels on a donné les propriétés d'un aimant par des frictions avec un aimant naturel.

**429.** — *Qu'est-ce que les pôles d'un aimant ? La ligne neutre ?*

On appelle *pôles* d'un aimant les extrémités d'un aimant. Ce sont elles qui attirent surtout le fer. Le milieu où le fer n'est pas attiré est la *ligne neutre* (fig. 97).

**430.** — *Quelle direction prend une aiguille aimantée sur un pivot ?*

Si l'on place une aiguille aimantée sur un pivot de manière qu'elle puisse tourner librement, elle prend une direction toujours la même qui est à peu près la direction du Nord au Sud. C'est *toujours* la même moitié de l'aiguille qui est tournée du côté du *Nord* (fig. 98).

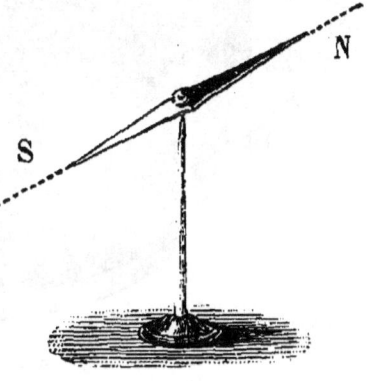

FIG. 98. — AIGUILLE AIMANTÉE

Une aiguille d'acier aimantée mobile sur un pivot se dirige toujours à peu près du Nord au Sud.

**431.** — *Comment appelle-t-on cette direction ?*

On l'appelle **direction magnétique**. Elle diffère un peu des *directions géographiques*, ou de la direction *Nord-Sud* des cartes qu'on appelle aussi *Nord vrai*.

## 2. — BOUSSOLE, DÉCLINAISON, VARIATION

**432.** — *Qu'est-ce que la boussole ?*

La **Boussole** est une aiguille aimantée qui se déplace devant les divisions d'un cadran et dont une des moitiés, teintée en **bleu**, est celle qui se dirige à peu près vers le Nord. Cet instrument sert à diriger les navires.

**433.** — *Quel nom porte la boussole destinée à la conduite des navires ?*

Elle porte le nom de **compas** de **route** ou de **compas** de **mer**. Cet appareil est alors enfermé dans *l'habitacle*, sorte de petite armoire carrée ou cylindrique fermée

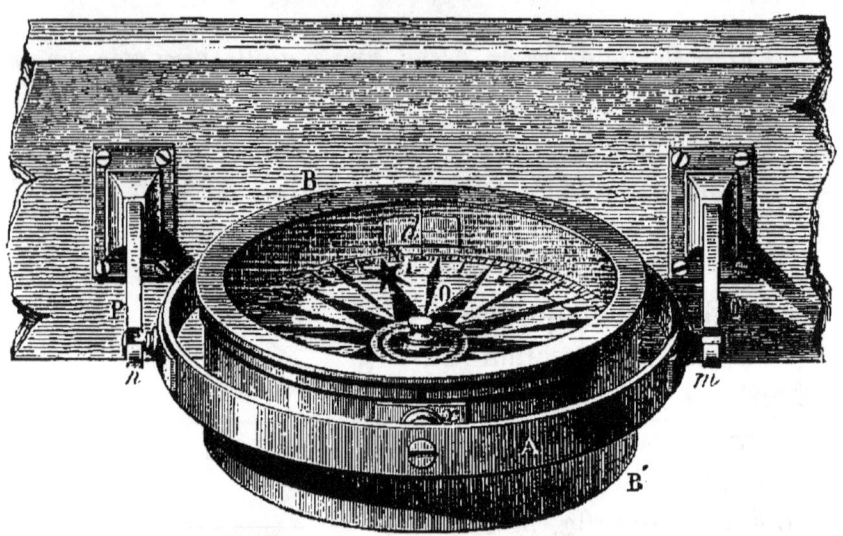

FIG. 99. — COMPAS DE MER

à sa partie supérieure par une glace transparente (fig. 99).

**434.** — *Où place-t-on le compas ?*

On le place sur le pont, en avant de la roue du gouvernail sous les yeux du timonier.

**435.** — *Qu'appelle-t-on déclinaison ?*

L'aiguille aimantée ne se dirigeant pas tout à fait exactement vers le Nord, on donne le nom de **déclinaison** au **petit angle aigu** que sa direction fait avec la direction du Nord vrai du monde.

**436.** — *Comment peut-on s'orienter avec la boussole ?*

Dans la figure 100 qui représente une boussole, la déclinaison étant indiquée par la flèche, *f*, il faudra pour s'orienter faire tourner le cadran jusqu'à ce que la pointe P de l'aiguille soit au point voulu. La ligne de l'aiguille donne alors exactement la direction **Nord-Sud**.

*437.— Quelle désignation donne-t-on à la déclinaison suivant la direction de l'aiguille aimantée ?*

Lorsque la pointe nord de l'aiguille tombe à gauche du

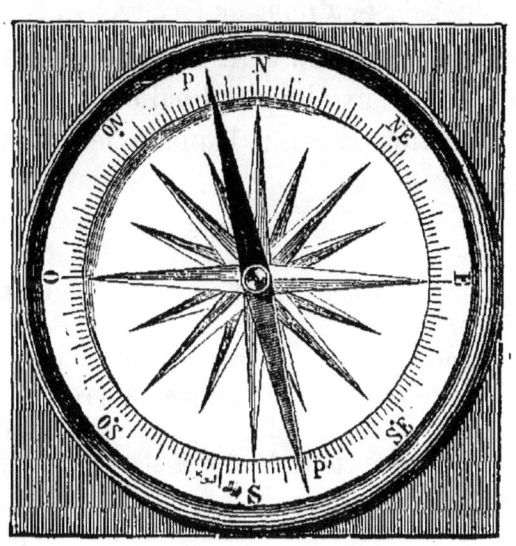

FIG. 100. — BOUSSOLE
La déclinaison est Nord-Ouest.

Nord vrai on dit que la déclinaison est **Nord-Ouest** (fig. 100), quand elle tombe à droite on dit qu'elle est **Nord-Est**.

*438.— La déclinaison est-elle variable ?*

Oui. Elle est variable d'un point à un autre et elle varie aussi chaque année pour le même point; cela est dû à l'action directrice de la Terre, à la distribution géographique des lieux et à plusieurs autres causes.

*439.— Que remarque-t-on dans la boîte de la boussole au-dessus de l'aiguille ?*

On remarque un disque de mica sur lequel est collée une feuille de papier représentant une **Rose des vents** qui donne la direction des quatre points cardinaux et des points intermédiaires. Cette rose est graduée en degrés. En dedans du cercle gradué, elle présente aussi des rayons correspondant aux *aires* ou *rhumbs de vent* ou quarts de compas qui sont au nombre de trente-deux (fig. 99 et 100).

**440.** — *Qu'appelle-t-on ligne de foi?*

La *ligne de foi* est un trait marqué sur la cuvette de la boussole, dans l'axe longitudinal du navire. Cette ligne donne la direction suivant laquelle le bateau doit être gouverné.

### RÉSUMÉ

1. — L'aimant *naturel* est une pierre noire qui a la propriété d'attirer le fer.

L'aimant *artificiel* est un barreau ou une aiguille d'acier trempé auxquels on a communiqué la propriété d'attirer le fer.

Un aimant attire surtout le fer à ses extrémités qu'on appelle *pôles*.

Une aiguille d'acier aimantée mobile sur un point se dirige à peu près du Sud au Nord.

2. — La *boussole* est une aiguille aimantée mobile autour d'un cadran dont l'une des extrémités teintée en *bleu* se dirige vers le Nord. On l'appelle *Compas de route* ou *Compas de mer* lorsqu'elle est destinée à la conduite d'un navire. On l'enferme dans un *habitacle*, sorte de petite armoire recouverte d'une glace transparente.

On appelle *déclinaison* le petit angle que fait l'aiguille aimantée avec la vraie direction Nord-Sud.

La déclinaison éprouve des variations d'un point à un autre. L'action de la Terre, la situation des localités, leur nature plus ou moins rocheuse, la font varier.

Au-dessus de l'aiguille aimantée de la boussole est disposée une *Rose des Vents* donnant la direction des points cardinaux et les *32 aires* ou *rhumbs* de vent.

La *ligne de foi* est un trait, marqué sur la cuvette de la boussole, dans l'axe longitudinal du navire.

# CHAPITRE X

## DES LOCHS

### LOCHS

**441.** — *Qu'appelle-t-on Lochs?*

On appelle **Lochs** des instruments qui servent à mesurer la vitesse des navires.

**442.** — *Combien y a-t-il de sortes de lochs?*

Il y a plusieurs sortes de lochs : le *loch à ampoulette* et les *lochs enregistreurs*.

**443.** — *Comment est composé le loch à ampoulette?*

Le **loch à ampoulette** le plus ancien, mais qui tend à

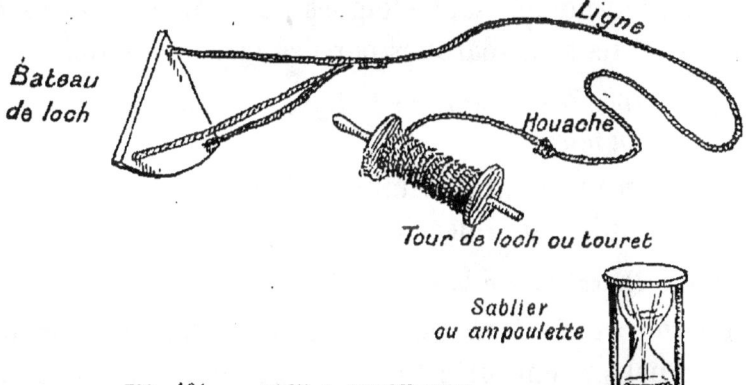

FIG. 101. — LOCH A AMPOULETTE

disparaître, se compose : 1° d'une **ampoulette** ou **sablier**; 2° d'un *bateau de loch*; 3° d'une *ligne de loch*; 4° d'un *touret de loch* (fig. 101).

**444.** — *A quoi sert le sablier ou ampoulette?*

Le **sablier** ou **ampoulette** sert à mesurer le temps. En laissant passer le sable d'une moitié dans l'autre, il s'écoule 30 secondes. Ce petit appareil peut être remplacé par une montre à secondes (fig. 101).

**445.** — *Qu'est-ce que le bateau-loch?*

Le **bateau de loch** est un petit triangle de bois, plombé pour qu'il flotte verticalement, et rattaché à la ligne par une patte d'oie (fig. 101).

**446.** — *Qu'appelle-t-on ligne de loch?*

On appelle **ligne de loch** une corde graduée en nœuds et en demi-nœuds (fig. 101).

**447.** — *A quelle distance les nœuds sont-ils les uns des autres sur la ligne et comment sont-ils marqués?*

Les nœuds sont à une distance de 14 m. 62 les uns des autres et ils sont marqués ainsi : le premier par un nœud, le deuxième par deux nœuds, le troisième par trois nœuds et ainsi de suite.

**448.** — *A quelle distance sont les demi-nœuds?*

Les demi-nœuds sont éloignés de 7 m. 31 les uns des autres, et ils sont marqués par des lacets de cuir.

**449.** — *Qu'y a-t-il enfin sur la ligne à une distance égale à la longueur du navire?*

Il y a un morceau d'étamine qu'on nomme la **Houache** et dont l'utilité sera décrite ci-dessous.

**450.** — *Qu'est-ce que le touret de loch?*

Le **touret de loch** est une sorte de tambour de bois sur lequel est enroulée la ligne. Ce touret se place sur une baille et se déroule sans frottement, en tournant sur son axe.

**451.** — *Donnez le maniement de cet instrument?*

Le maniement de cet instrument exige deux hommes. L'un est chargé de l'ampoulette, l'autre file le bateau et la ligne de loch. Lorsque celle-ci, déroulée, arrive à la **houache**, l'homme qui tient le sablier est immédiatement averti et il retourne l'appareil. Aussitôt que le sable est écoulé le dévidement de la ligne est brusquement arrêté. On compte alors le nombre de nœuds et de demi-nœuds filés, c'est-à-dire le chemin parcouru par le navire, pendant la durée de l'ampoulette.

**452.** — *Comment exprime-t-on cela?*

Si la ligne de loch, en se déroulant, a laissé filer 10, 15, 20 nœuds et demi en 30 secondes, on dit que le navire file 10, 15, 20 nœuds et demi, et, comme il y a une proportion exacte entre la distance des nœuds sur la

FIG. 102. — LOCHS ENREGISTREURS A CADRAN IMMERGÉ

corde et la longueur du mille marin, on en conclut que le navire file 10, 15, 20 milles et demi à l'heure.

**453.** — *Qu'appelle-t-on lochs enregistreurs?*

Ce sont des lochs mécaniques à **cadran** et à **hélice**

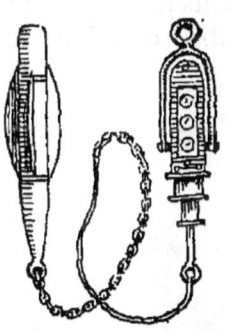

FIG. 103. — LOCHS ENREGISTREURS A CADRAN ÉMERGÉ

(fig. 102 et 103) sur lesquels on lit le nombre de milles parcourus par le bâtiment depuis le départ.

**454.** — *Comment sont composés ces lochs?*

Les uns se composent d'une hélice tournant autour

d'un cylindre en cuivre, d'une ligne et d'un cadran, le tout mis à la traîne à l'arrière du bateau (fig. 102) ; les autres ont une hélice fixée à un bout de ligne filée à l'arrière ; mais le cadran est établi sur le pont (fig. 103). Dans les premiers il faut haler l'appareil à bord pour consulter le cadran ; pour les seconds l'homme de quart, ayant le cadran sous les yeux, peut contrôler le fonctionnement de l'appareil.

### RÉSUMÉ

Les lochs sont des instruments qui servent à mesurer la vitesse des navires.

Il y a plusieurs sortes de lochs : les *lochs à ampoulette* et les *lochs enregistreurs*.

Le *loch à ampoulette* ou *loch à bateau* est le loch primitif. Il se compose d'une *ampoulette* ou *sablier*, d'un *bateau loch*, d'une *ligne de loch* et d'un *touret de loch*.

La ligne est graduée en *nœuds* et en *demi-nœuds*. C'est elle qui donne le chemin parcouru par le navire pendant la durée de l'ampoulette ou sablier (30 secondes ou une demi-minute).

Les *lochs enregistreurs* sont des lochs mécaniques à *cadran et à hélice* sur lesquels on lit le nombre de milles parcourus par le bâtiment depuis le départ.

# CHAPITRE XI

## BAROMÈTRES — CONNAISSANCE ET PRÉVISION DU TEMPS

**455.** — *Qu'appelle-t-on Baromètres ?*

On appelle **Baromètres** des instruments destinés à mesurer la pression atmosphérique, c'est-à-dire la force avec laquelle les corps sont comprimés par la couche d'air qui nous environne.

**456.** — *Y a-t-il plusieurs sortes de baromètres ?*

Oui. Ce sont : les **baromètres ordinaires** et les **baromètres métalliques** ou **anéroïdes**, particulièrement employés par les marins.

**457.** — *Quels sont les baromètres ordinaires ?*

Les baromètres ordinaires sont des baromètres qui fonctionnent par le mercure. On distingue : le **baromètre à cuvette**, le **baromètre à siphon** et le **baromètre à cadran**. A l'aide de ces instruments la pression atmosphérique est mesurée par la hauteur de la colonne de mercure dans un tube de verre.

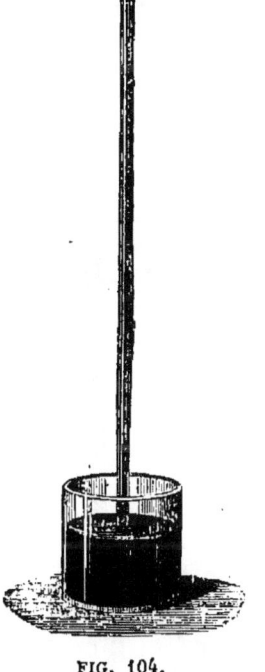

FIG. 104.
BAROMÈTRE A CUVETTE

On prend un tube d'environ 80 centimètres fermé à une extrémité pour le remplir de mercure. On le renverse en bouchant l'extrémité ouverte et on le plonge dans une cuvette contenant du mercure. Le mercure descend dans le tube et finit par se maintenir à une hauteur verticale au-dessus du niveau qu'il a dans la cuvette, d'environ 76 centimètres de hauteur variable suivant la pression atmosphérique. On mesure la hauteur de la colonne par la distance verticale des deux niveaux. Cette hauteur indique la pression de l'air.

**458.** — *Comment est composé le baromètre à cuvette?*

Le **baromètre à cuvette** est composé d'un tube en verre fermé à son sommet, ayant 80 centimètres environ de longueur, plein de mercure et plongeant dans une cuvette remplie de ce même métal (fig. 104). Le baromètre de Fortin est un baromètre à cuvette.

**459.** — *Qu'est-ce que l'on adapte le long du tube?*

On adapte une échelle graduée en millimètres de 0 à 800. Le zéro doit correspondre au niveau du mercure dans la cuvette.

**460.** — *Comment est composé le baromètre à siphon?*

Le **baromètre à siphon** est composé d'un tube recourbé, à branches inégales, dont la plus petite fait fonction de cuvette. La grande branche est fermée et la petite ouverte (fig. 105).

Il y a deux échelles ayant un zéro commun.

**461.** — *Par où s'exerce la pression atmosphérique dans ce baromètre?*

Elle s'exerce par l'ouverture de la petite branche, et la hauteur barométrique est la distance du niveau supérieur au niveau inférieur.

**462.** — *Qu'est-ce que le baromètre à cadran?*

Le **baromètre à cadran** est un baromètre à siphon dans lequel les

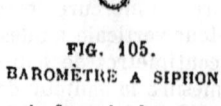

FIG. 105.
BAROMÈTRE A SIPHON

Il est formé de deux branches inégales : la grande est fermée et la petite ouverte : par cette ouverture s'exerce la pression atmosphérique.

BAROMÈTRES.                                                131

mouvements du mercure sont indiqués par le déplacement d'une aiguille qui parcourt le cadran gradué en

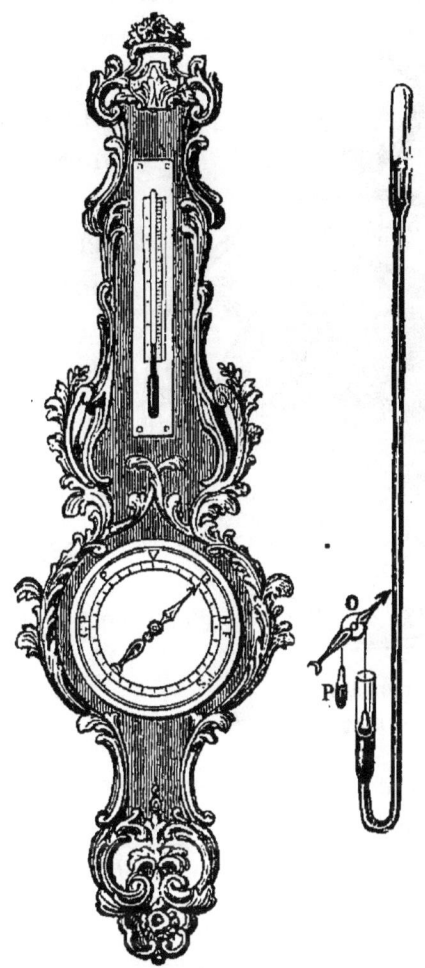

FIG. 106. — BAROMÈTRE A CADRAN

C'est un baromètre dans lequel les mouvements du mercure sont indiqués par le déplacement d'une e aiguille sur un cadran gradué.

millimètres. Sur le cadran sont inscrits les principaux états atmosphériques : **Variable, Pluie, Beau Temps. Beau Fixe**, etc... (fig. 106).

463. — *Décrivez le baromètre métallique et anéroïde ?*

Le **baromètre métallique** ou **anéroïde** se compose

d'une aiguille mise en mouvement par un tube mince formé d'un alliage flexible de zinc et de cuivre. Sous l'influence de la pression atmosphérique, le tube s'ouvre ou se ferme et le mouvement est transmis à l'aiguille au moyen de leviers et de barres d'assemblages, disposés à cet effet. Cet appareil ainsi qu'un cadran gradué sur lequel se meut l'aiguille sont renfermés dans une boîte en cuivre recouverte d'une glace (fig. 107).

FIG. 107.
BAROMÈTRE MÉTALLIQUE OU ANÉROÏDE

**464.** — *Comment obtient-on la hauteur barométrique à l'aide de cet instrument?*

On obtient la hauteur barométrique en notant sur le cadran la division sur laquelle s'arrête l'aiguille. Lorsque l'aiguille se déplace **vers la droite**, le baromètre **monte**, lorsqu'il se déplace **vers la gauche**, il **baisse**.

**465.** — *Quelles sont les indications portées sur le cadran de ce baromètre?*

Elles sont relatives au temps et au vent. A la partie médiane est inscrite la mention **Variable**; à droite **Beau. Beau Fixe, Très Sec**; à gauche : **Pluie** ou **Vent, Grande Pluie**; **Tempête, Grande Tempête**.

**466.** — *De quelle utilité est le baromètre pour le marin?*

Le baromètre avertit le marin des troubles atmosphériques et lui permet ainsi des prévisions plus ou moins probables sur le temps qu'il fera. La hausse barométrique indique un temps très sec et un abaissement brusque fait prévoir une tempête.

**467.** — *Quelle est sous nos latitudes la hauteur à laquelle peut se tenir le baromètre?*

Sous nos latitudes le baromètre, dans les cas extrêmes, peut atteindre 785 millimètres (très sec) au plus haut et 711 millimètres (grande tempête) au plus bas. Les oscillations moyennes ont lieu entre 757 et 774 millimètres.

**468.** — *N'est-il pas des signes particuliers qui complètent la prévision du temps donnée par le baromètre?*

Oui. Les marins se basent sur l'aspect du ciel **clair** ou **nuageux**, l'apparence **arrondie** ou **floconneuse** des nuages de beau temps ou bien sur l'aspect déchiqueté des nuées en queue de vache qui présagent des coups de vent, et sur la direction du vent.

### RÉSUMÉ

Les **Baromètres** sont des instruments destinés à mesurer la pression atmosphérique.

Il y a plusieurs sortes de baromètres : les **baromètres ordinaires** et le **baromètre métallique** ou **anéroïde**.

Les **baromètres ordinaires** sont des baromètres à mercure et comprennent les **baromètres à siphon**, les **baromètres à cuvette** et les **baromètres à cadran**.

Le **baromètre métallique** ou **anéroïde** est surtout employé par les marins. Il se compose d'une aiguille mise en mouvement par un tube flexible autour d'un cadran gradué sur lequel sont portées les indications relatives au temps ou au vent.

Les baromètres avertissent le marin des troubles atmosphériques et lui permettent des prévisions plus ou moins probables sur le temps qu'il fera.

# TROISIÈME PARTIE

## LA PROFESSION
## LÉGISLATION MARITIME — HYGIÈNE DES MARINS

## CHAPITRE I

### LE MARIN

Sommaire. — 1. Avantages divers de la profession des pêcheurs : Intérêt personnel et intérêt national. — 2. Conditions légales des gens de mer. — L'Inscription maritime. — Obligation militaire des inscrits maritimes. — Avantages accordés aux inscrits. — 3. Organisation du service de l'Inscription maritime.

### 1. — AVANTAGES DIVERS DE LA PROFESSION DES PÊCHEURS : INTÉRÊT PERSONNEL, INTÉRÊT NATIONAL

**469.** — *Quels sont les avantages de la profession de pêcheur ?*

Les avantages de la profession des pêcheurs sont *personnels* ou *généraux*.

**470.** — *Quels sont les avantages personnels de cette profession ?*

La profession des pêcheurs procure à ceux qui l'exercent une nourriture saine, abondante, un gain assuré, le bien-être et celui de leur famille.

**471.** — *Est-ce une profession salubre ?*

C'est une des plus salubres : on peut même soutenir que le métier de marin, obligeant à vivre dans un air pur, est plus sain que la plupart des professions industrielles de nos villes. Si dans les usines, dans les mines, un labeur pénible épuise la force et la santé des ouvriers, il n'en est pas de même pour le pêcheur dont les travaux journaliers contribuent à lui donner la vigueur et la santé.

**472.** — *Le métier de pêcheur n'expose-t-il pas à des dangers?*

Le métier des pêcheurs les expose constamment à des dangers; mais le spectacle de la mer en courroux, élève leur âme, fortifie leur courage et leur donne le sang-froid nécessaire pour les affronter. C'est donc un beau et noble métier qui rend l'homme brave et dévoué.

**473.** — *Quels sont, au point de vue général, les avantages de la profession?*

Elle assure l'existence, le bien-être et la richesse du pays entier. C'est grâce à la profession des pêcheurs que prospèrent et trouvent leur raison d'être les constructeurs de bateaux, les voiliers, les cordiers, les fabricants de conserves, etc.

**474.** — *Quels sont, au point de vue national, les avantages de la marine de pêche?*

La marine de pêche est la pépinière féconde où l'État va puiser ses meilleurs marins pour armer ses flottes de guerre, garder ses ports et ses colonies.

### RÉSUMÉ

La profession de pêcheurs procure à ceux qui l'exercent une nourriture saine, un gain assuré, leur donne la vigueur, la santé, et en fait des hommes pleins de courage et de dévoûment dans le péril. C'est une carrière pleine de beauté et de noblesse.

Cette profession assure l'existence, le bien-être et la richesse de la nation entière.

La marine de pêche est la pépinière de l'armée navale.

## 2. — CONDITIONS LÉGALES DES GENS DE MER
### L'INSCRIPTION MARITIME

**475.** — *Tous les marins qui exercent la pêche ou la navigation maritime sont-ils soumis à des obligations envers l'État ?*

Oui ; tous les marins qui exercent la pêche ou la navigation maritime sont soumis à un système de législation qui les oblige à servir dans l'armée navale et leurs noms sont *inscrits* sur des *Registres* spéciaux appelés **Registres Matricules**.

**476.** — *Quel nom donne-t-on à cette inscription particulière aux gens de mer ?*

On l'appelle l'*Inscription Maritime*.

**477.** — *Par qui cette institution a-t-elle été fondée ?*

Elle a été fondée par Colbert, ministre de Louis XIV, en 1660.

**478.** — *Quelles conditions faut-il remplir pour être inscrit ?*

Pour être *inscrit maritime*, il faut remplir les conditions suivantes : 1° être *Français* ou naturalisé Français ; 2° pratiquer la *navigation maritime*, c'est-à-dire naviguer *sur mer* ; 3° naviguer à *titre professionnel*.

**479.** — *Combien y a-t-il de catégories d'inscrits ?*

Il y a trois catégories d'inscrits : les *inscrits provisoires*, les *inscrits définitifs* et les *inscrits hors de service*.

**480.** — *Qu'entend-on par inscrits provisoires ?*

On entend par *inscrits provisoires* tous les enfants ou les jeunes gens de 13 à 18 ans. Ils doivent savoir lire et écrire et produire à l'âge 13 ans un **certificat d'études primaires**.

**481.** — *Quels sont les inscrits définitifs ?*

Sont *inscrits définitifs* les inscrits provisoires qui, à

l'âge de 18 ans, ont accompli 18 mois de navigation ou un an de long cours ou de grandes pêches.

**482.** — *Qu'appelle-t-on inscrits hors de service ?*

On appelle *inscrits hors de service*, les inscrits définitifs qui ont atteint l'âge de 50 ans et les réformés comme impropres à tout service militaire.

### OBLIGATIONS MILITAIRES DES INSCRITS

**483.** — *Pendant combien de temps les inscrits maritimes sont-ils assujettis au service militaire ?*

Ils sont assujettis au service militaire de 18 à 50 ans et ce service comprend *trois périodes* : la *première*, de 18 à 20 ans, la *deuxième* de 20 à 27 ans, et la *troisième* de 27 à 50 ans.

**484.** — *Quelles sont les obligations de l'inscrit pendant la première période ?*

Pendant cette période, l'inscrit ne peut être appelé qu'en temps de guerre et en vertu d'un décret du Chef de l'État. En temps de paix il peut toutefois devancer l'époque de sa levée s'il est reconnu apte à faire un bon service.

**485.** — *Quelles sont les obligations militaires de l'inscrit pendant la deuxième période ?*

A moins d'empêchements, cas d'*exemption* pour infirmités ou de *dispense*, dès que l'inscrit a 20 ans il est *levé* pour le service ; c'est alors que commence pour lui la *deuxième période* ou *période obligatoire* : elle comprend 5 ans *de service actif* et 2 ans de *disponibilité*.

**486.** — *Cette période de cinq ans n'est-elle pas quelquefois réduite ?*

Elle est réduite à 40 et 45 mois par décision du ministre de la marine, suivant les nécessités des armements. Dans ce cas l'inscrit est renvoyé dans ses foyers en congé renouvelable.

**487.** — *Que devient l'inscrit à l'expiration de son service de cinq ans?*

A l'expiration de ces cinq années passées, soit au service, soit en congé renouvelable, l'inscrit reste pendant deux ans à la disposition du ministre de la marine; mais il peut naviguer pour son compte.

**488.** — *Quelles sont les obligations de l'inscrit pendant la troisième période?*

La troisième période est la période dite de **réserve** pendant laquelle l'inscrit ne peut être rappelé au service qu'en vertu d'un décret du Président de la République, appelé *décret de mobilisation*.

**489.** — *N'est-il pas certaines obligations communes à tous les inscrits non présents au service?*

Oui. Tous les inscrits sont convoqués, en temps de paix, pour deux périodes d'exercices, chacune d'une durée de quatre semaines au plus. Les titulaires de dispense sont eux-mêmes tenus de se rendre à ces convocations.

**490.** — *L'inscrit qui se soustrait ou tente de se soustraire aux obligations militaires encourt-il des peines?*

L'inscrit qui se soustrait ou cherche à se soustraire aux obligations militaires encourt des peines plus ou moins graves, selon les cas, et qui peuvent aller depuis quelques mois jusqu'à cinq années d'emprisonnement.

### AVANTAGES ACCORDÉS AUX INSCRITS MARITIMES

**491.** — *Quels sont les avantages accordés aux inscrits?*

Les avantages accordés aux inscrits sont les suivants :

1° L'inscrit maritime exerce gratuitement sa profession et peut *seul* exploiter les richesses de la mer sans impôts, ni fermage;

2° Le département de la marine lui vient en aide et reçoit ses enfants aux **Pupilles de la marine**; lui-même peut suivre les cours dans les *Écoles d'hydrographie* pour obtenir le brevet de capitaine ;

3° L'inscrit est exonéré de tout service public autre que celui de l'armée navale ;

4° Il reçoit une prime dans certains cas, comme par exemple pour la pêche de la morue.

**492.**— *N'en est-il pas d'autres?*

Oui, des pensions de secours, prises sur la caisse des Invalides de la marine, peuvent être accordées aux marins ainsi qu'à leurs veuves, à leurs enfants et quelquefois à leurs ascendants.

**493.**— *Que reçoivent les inscrits à l'âge de 50 ans?*

A l'âge de 50 ans et après 300 mois de navigation, les inscrits reçoivent une pension dite **demi-solde**. Une partie de cette pension est reversible sur la veuve et sur les orphelins de l'inscrit mort en jouissance de sa demi-solde.

**494.**— *L'inscrit touche-t-il une solde au service de l'État? Quelle est-elle?*

Il touche 70 centimes à terre et en réserve, et 80 centimes à la mer ; l'engagé, qui est apprenti-marin, ne touche que 50 centimes à terre et en réserve, et 60 centimes à la mer. L'inscrit est donc plus payé.

**495.**— *L'inscrit peut-il faire profiter sa famille de sa solde?*

Oui. Lorsqu'il le demande à l'administration, celle-ci peut en payer une portion à sa famille. Cette partie de solde se nomme **délégation**. En ce cas le matelot qui touche 80 centimes par jour à la mer, peut déléguer 20 centimes, soit 6 francs par mois. On lui retient 40 centimes pour son sac et il reçoit 20 centimes, plus les décomptes à la fin de l'année. En outre l'habillement lui appartient.

*496.— La solde de l'inscrit ne peut-elle pas être améliorée?*

Oui; elle peut être améliorée par une allocation de supplément de fonctions, de supplément pour aptitudes spéciales constatées par brevets, des hautes payes de maintien, des suppléments de rappel extraordinaire après cinq ans.

*497.— Les marins qui sont dans le besoin ne reçoivent-ils pas aussi des secours de l'État?*

Les marins qui sont dans le besoin reçoivent des secours de l'État ; celui-ci par la **Caisse de prévoyance** en accorde aussi à ceux qui, à la suite d'un accident de mer, ne peuvent plus travailler ; aux pêcheurs qui ont perdu leurs effets et leurs engins de pêche dans un naufrage ; aux veuves et aux parents de marins morts victimes d'accidents de mer.

*498. — Que fait encore l'État pour le marin?*

Il favorise par des subventions la création de **Sociétés de secours mutuels** entre pêcheurs et de **Sociétés d'Assurance** du matériel de pêche.

### RÉSUMÉ

Tous les pêcheurs et tous ceux qui se livrent à la navigation maritime sont inscrits sur des **Registres** spéciaux appelés **Registres Matricules**.

Cet enregistrement se nomme l'*Inscription maritime*.

Pour être inscrit maritime il faut être **Français, naviguer sur mer**, et naviguer à **titre professionnel**.

Il y a trois catégories d'inscrits : les *inscrits provisoires*, les *inscrits définitifs* et les *inscrits hors de service*.

La première catégorie comprend les enfants et les jeunes gens de 13 à 18 ans; la seconde les hommes de 18 à 50 ans ; la troisième les réformés impropres à tout service.

Les inscrits sont assujettis au service militaire de 18 ans à 50 ans, et ce service comprend 3 périodes : la première de 18 à 20 ans, la seconde de 20 à 27 ans, et la troisième de 27 à

50 ans. En temps de paix les inscrits ne font que 3 ans de service.

L'inscrit reçoit de l'État le droit d'exploiter les richesses de la mer; à 50 ans, après 300 mois de navigation, il touche une pension dite *demi-solde*; en cas d'accidents, survenus en mer, il reçoit aussi des secours.

### 3. — ORGANISATION DU SERVICE DE L'INSCRIPTION MARITIME

**499.** — *Comment a-t-on organisé le service de l'Inscription maritime?*

Pour l'organisation des services de l'Inscription maritime, on a divisé le littoral en **cinq arrondissements**, dont les cinq ports militaires : Cherbourg, Brest, Lorient, Rochefort et Toulon sont les chefs-lieux. Ces arrondissements ont été subdivisés en **sous-arrondissements, quartiers et syndicats.**

**500.** — *Par qui sont administrés les arrondissements?*

Ils sont administrés par un officier général portant le titre de **Préfet Maritime**, et par un **administrateur général**, chef du service pour l'inscription maritime.

**501.** — *Par qui sont administrés les sous-arrondissements?*

Ils sont administrés par un **administrateur en chef** ou par un **administrateur principal**.

**502.** — *Par qui sont administrés les quartiers?*

Ils sont administrés par un **administrateur de première ou de deuxième classe** suivant l'importance du quartier.

**503.** — *Quels agents les administrateurs de l'Inscription maritime ont-ils sous leurs ordres?*

Ils ont sous leurs ordres des agents d'exécution qui sont les **syndics** des gens de mer, les gardes-maritimes, les *gendarmes de la marine* et les *inspecteurs des pêches*.

504. — *Qu'est-ce que le syndic des gens de mer?*

C'est un agent civil choisi parmi les anciens sous-officiers mariniers. Il représente l'administrateur dans la fraction de quartier appelé *syndicat*, et exerce à l'égard des marins inscrits et de leur famille le patronage attribué aux administrateurs de l'Inscription maritime.

505. — *Quel est le rôle des gardes maritimes?*

Les gardes maritimes sont chargés de la surveillance des côtes, se tiennent au courant des mouvements des inscrits et renseignent l'administrateur et le syndic.

506. — *De quel service sont chargés les gendarmes de la marine?*

Les gendarmes de la marine sont des agents, à la disposition des administrateurs, chargés de prêter main-forte en cas de besoin.

RÉSUMÉ

Pour l'organisation du service, le littoral maritime a été divisé en **cinq arrondissements** dont Cherbourg, Brest, Lorient, Rochefort et Toulon sont les chefs-lieux ; en sous-arrondissements, quartiers et syndicats.

Les arrondissements sont administrés par un *Préfet maritime* et par un *administrateur général* chef du service pour l'inscription maritime ; les sous-arrondissements par un *administrateur en chef* ou par un *administrateur principal*; les quartiers par un *administrateur de 1re ou de 2e classe*.

Les administrateurs de l'Inscription maritime ont sous leurs ordres les *syndics des gens de mer*, les *gardes maritimes*, les *gendarmes de la marine* et les *inspecteurs des pêches*. Ces agents sont tous assermentés et concourent à la police de la navigation et de la pêche.

# CHAPITRE II

## LA POLICE DES MERS

SOMMAIRE. — 1. Police de la navigation et de la pêche côtière. — 2. Police internationale. — 3. Lois et peines.

### 1. — POLICE DE LA NAVIGATION

**507.** — *Qu'est-ce que l'on entend par police de la navigation?*

On entend par **police de la navigation** l'ensemble des mesures prises pour garantir l'ordre et la sécurité dans les vyoages en mer.

**508.** — *Quels sont les services publics chargés de la police de la navigation?*

Ce sont : l'Administration de la **marine**, celle des **douanes**, le **service** des **ports** et le **service sanitaire**.

**509.** — *Quels sont les représentants de l'Administration de la marine chargés de cette police?*

Ce sont, dans les ports étrangers, les **consuls**; en mer, les **commandants** de bâtiments de l'État; en France, les **administrateurs** de *l'inscription maritime* et leurs auxiliaires, **syndics, gendarmes de la marine** et **inspecteurs des pêches**.

**510.** — *Quel est le service qui incombe à l'administration des douanes?*

L'Administration des douanes sous l'autorité du ministre des Finances, a pour mission de percevoir l'impôt connu sous le nom de **droit de douane**, qui frappe toutes les marchandises étrangères à leur entrée en France.

**511.** — *Cette administration possède-t-elle pour cela des agents d'exécution particuliers?*

Oui : elle dispose pour cela d'un personnel nombreux

composé pour le *service actif* : de capitaines, lieutenants, sous-lieutenants, brigadiers et sous-brigadiers, patrons et sous-patrons, préposés et matelots; pour le service *passif* ou *sédentaire* : d'inspecteurs, sous-inspecteurs, receveurs, contrôleurs, vérificateurs et commis. Tout ce personnel est réparti sur le littoral en seize circonscriptions, sous l'autorité d'un *directeur des douanes.*

512.— *Comment est assuré le service des ports de commerce*

Le **service des ports de commerce**, qui dépend du ministre des Travaux publics et qui est chargé de la conservation et de l'entretien des ports, est assuré par un **ingénieur en chef** et des **ingénieurs des ponts et chaussées** ayant sous leurs ordres des **capitaines**, des **lieutenants** et des **maîtres de port.**

513.— *Quelle est la mission du service sanitaire?*

Le service sanitaire a pour mission de prendre toutes les mesures propres à éviter la propagation des maladies contagieuses par l'entremise des navires.

514.— *De quelle pièce doit être muni tout capitaine de navire avant de quitter un port?*

Il doit, dans les 48 heures précédant son départ, se munir d'une **patente de santé**, document officiel qui constate l'état sanitaire du navire.

515.— *Quels sont les agents chargés du service sanitaire?*

Ce sont des **directeurs**, des **agents principaux, agents** et **sous-agents** de la santé, choisis parmi les docteurs en médecine.

516.— *Qu'est-il exigé de tout bateau de mer?*

Il est exigé : 1° un **acte de francisation** et un **congé**, pièces justificatives de sa nationalité de Français; 2° un **pavillon** signe de sa nationalité et d'autres marques extérieures telles que l'**inscription de son nom** et de son **port d'attache** à la poupe.

**517.** — *Qu'est-il encore exigé?*

Il est encore exigé : 1° qu'il soit *visité* périodiquement afin que l'on sache s'il est en bon état de navigabilité et de salubrité ; 2° qu'il soit muni d'un *permis de navigation* ; 3° qu'il soit muni d'un inventaire du gréement ou du mobilier du bord (ancres, câbles, chaînes, compas, engins de sauvetage, etc.) ; 4° qu'il soit pourvu de *vivres* et de *médicaments* en quantité suffisante pour le voyage à entreprendre et le nombre d'hommes embarqués.

**518.** — *Quelles sont les mesures de police applicables aux équipages?*

Ces mesures concernent le *commandement* des bâtiments de commerce, qui ne peut être accordé qu'à des marins munis d'un brevet de *capitaine au long cours* ou de *maître au cabotage*.

**519.** — *Est-il exigé des brevets pour les patrons au bornage et pour les patrons de bateaux de pêche?*

Non. Ils peuvent commander leur bateau à condition d'être *inscrits définitifs*.

**520.** — *Quelles sont les autres mesures applicables aux équipages?*

Les autres mesures ont trait à la *composition des équipages*, à l'embarquement des *mousses* et des *novices* et à l'*engagement* des hommes. Pour cela les armateurs sont obligés de se conformer à des prescriptions spéciales. Les conventions intervenues entre ces derniers et les équipages doivent même être officiellement constatées.

**521.** — *Comment appelle-t-on le document où ces conditions sont écrites?*

On l'appelle *rôle d'équipage*. Il contient le nom, les prénoms du matelot, son rôle à bord et le chiffre de son salaire. Tout ce qui a rapport à l'embarquement et au débarquement des hommes y est aussi inscrit et apostillé par l'administrateur de l'Inscription maritime. Aucun changement ne peut être fait à ce rôle sans l'intervention de l'autorité maritime.

**522.** — *Les équipages sont-ils assujettis à une discipline?*

Oui. Ils sont assujettis à une discipline spéciale qui n'atteint que les manquements au service et au respect dû aux supérieurs. Tous les autres actes répréhensibles commis par les marins sont soumis aux lois pénales ordinaires.

RÉSUMÉ

La **police de la navigation** est l'ensemble des mesures prises pour garantir l'ordre et la sécurité dans les voyages sur mer.

Les services publics chargés de la police de la navigation sont : la *Marine*, la *Douane*, le *Service des Ports* et le *Service sanitaire*.

Les représentants de la marine sont : les *consuls*, dans les ports étrangers; les *commandants des bâtiments de l'État*, sur mer; les *administrateurs* de l'Inscription maritime et leurs auxiliaires, en France.

La *Douane* perçoit des *droits de douane*. Elle dispose d'agents ayant les uns un *service actif*, les autres un *service sédentaire*.

Le *Service des ports* est confié à des *ingénieurs des ponts et chaussées*, à des *capitaines*, des *lieutenants* et des *maîtres de port*. Ils sont chargés de l'entretien des ports.

Le *Service sanitaire* comprend des agents, pris parmi les docteurs en médecine, qui ont pour mission de prendre les mesures propres à éviter la propagation des maladies contagieuses par l'entremise des navires.

Tout bateau en mer doit avoir un *acte de francisation* et un *congé*, son *pavillon* national. Le *nom* et le *port d'attache* doivent être inscrits à la poupe.

Il est encore exigé d'un bateau un *certificat de visite*, un *permis de navigation*, un *inventaire* du *gréement* et du *mobilier*, des *vivres* et des *médicaments* en suffisante quantité.

Tout marin pour *commander* un bâtiment doit être pourvu

d'un brevet de **capitaine au long cours** ou de **maître au cabotage**.

Les patrons au bornage et les patrons de bateaux de pêche doivent être **inscrits définitifs**.

Tout ce qui a rapport à l'embarquement et au débarquement des hommes est inscrit sur une pièce appelée *rôle d'équipage*.

Les équipages sont assujettis à une discipline spéciale.

## 2. — POLICE DE LA PÊCHE CÔTIÈRE
### CONTRAVENTIONS A LA POLICE DE LA PÊCHE CÔTIÈRE
### PEINES APPLICABLES AUX PÊCHEURS

*523.— Qu'entend-on par police de la pêche côtière?*

On entend par police de la **pêche côtière** l'ensemble des mesures prises : 1° pour maintenir l'ordre parmi les pêcheurs afin qu'ils puissent exercer librement leur industrie; 2° pour sauvegarder la reproduction des poissons et protéger les fonds de pêche.

*524.— Quels sont les agents chargés de la police côtière?*

Ce sont : les **administrateurs** de l'Inscription maritime, les **inspecteurs des pêches**, les **gardes maritimes**, les **syndics** des gens de mer, les **gardes jurés** et les **prud'hommes pêcheurs**, dans certains ports, enfin les **gendarmes de la marine**.

*525.— Quelles sont les principales mesures destinées à assurer le libre exercice de la pêche?*

Ces mesures qui ont pour but d'empêcher tous accidents, dommages, avaries, collisions entre bateaux pêcheurs sont les suivantes : 1° il est interdit à tous pêcheurs de tenir leurs bateaux sur les filets, bouées, attirails de pêche d'un autre; 2° de garder un lieu de pêche d'une marée à l'autre; 3° de soulever, visiter ou crocher les engins qui appartiennent à un autre; 4° de jeter leurs filets de manière à se nuire réciproquement; 5° de couper, à moins de force majeure ou de consentement mutuel, des filets entremêlés avec ceux d'un autre pêcheur.

**526.** — *Quelles sont les mesures propres à assurer la conservation du poisson?*

Ces mesures s'appliquent aux différentes sortes de filets et autres engins de pêche qui sont assujettis à des conditions de forme, de dimension et de poids, à des conditions de distance et d'époque pour pêcher.

**527.** — *A quoi s'appliquent encore ces mesures?*

Elles s'appliquent à certains poissons, crustacés et mollusques qui doivent avoir des dimensions réglementaires pour être pêchés. Ainsi, il est défendu de prendre tout poisson qui n'a pas 10 centimètres de longueur, des homards ou des langoustes de moins de 20 centimètres et des huîtres au-dessous de 5 centimètres.

**528.** — *A quelles peines s'exposent les pêcheurs qui contreviennent à la police de la pêche côtière?*

Ils s'exposent à des amendes plus ou moins fortes, selon les cas, et à un emprisonnement qui varie de six jours à un mois.

**529.** — *Dans quels cas encourent-ils ces peines?*

Dans les cas suivants : 1° s'ils emploient des appâts, des filets ou engins prohibés; 2° s'ils pêchent en temps et en lieux prohibés; 3° s'ils contreviennent aux règlements qui préviennent la destruction du frai ou assurent la reproduction et la conservation du poisson et des coquillages; 4° s'ils refusent à se prêter aux visites et perquisitions des agents chargés de la police de la pêche.

### RÉSUMÉ

La **police** de la **pêche côtière** est l'ensemble des mesures prises pour maintenir l'ordre parmi les pêcheurs, pour sauvegarder la reproduction des poissons et protéger les fonds de pêche.

Les agent chargés de la police côtière sont : les *administrateurs de l'inscription maritime*, les *inspecteurs des pêches*, les *syndics*, les *gardes maritimes*, les *gardes jurés*, les *prud'hommes pêcheurs* et les *gendarmes de la marine*. Les mesures de police sont destinées les unes à assurer le libre exercice de la pêche et s'appliquent aux filets et attirails de pêche; les autres sont relatives aux poissons, homards, langoustes et huîtres, qui doivent avoir des dimensions réglementaires.

Les pêcheurs qui contreviennent à la police de la pêche côtière s'exposent *à des amendes* ou à un emprisonnement, selon la gravité des cas.

### 3. — POLICE DE LA PÊCHE DANS LA MANCHE ET DANS LA MER DU NORD — CONTRAVENTIONS PEINES APPLICABLES AUX PÊCHEURS

*530.— Les sujets français et anglais qui exercent la pêche dans la Manche sont-ils assujettis à un règlement de police?*

Oui. Ce règlement a été arrêté d'un commun accord entre la France et les Iles-Britanniques afin de prévenir les difficultés entre pêcheurs anglais et français.

*531.— Quelles sont les principales dispositions établies par ce règlement?*

Ces dispositions fixent à **3 milles de la laisse de basse mer** les limites en dedans desquelles le droit général de pêche est exclusivement réservé aux sujets respectifs des nations anglaise et française.

*532.— N'y a-t-il pas de restriction à ces dispositions?*

Oui. Pour toute cause indépendante de la volonté du pêcheur, lorsque la nécessité porte ce dernier à chercher un abri, à louvoyer ou à mouiller près des côtes, les bateaux pourront approcher plus près que la limite assignée.

*533.— Que devra faire le pêcheur en ce cas?*

Le patron du bateau arborera immédiatement un pavillon bleu de deux pieds de haut sur trois pieds de longueur, il le conservera en tête du mât tout le temps qu'il restera en dedans des limites, mais il n'exercera pas la pêche.

**534.** — *Les pêcheurs de diverses nationalités qui exercent leur industrie dans la mer du Nord sont-ils assujettis à des règlements de police spéciaux?*

Ils sont assujettis à une convention, signée à la Haye, le 6 mai 1882, par la France, l'Allemagne, la Belgique, le Danemark, l'Angleterre et la Hollande, qui règle la police de la pêche dans la mer du Nord[1].

**535.** — *Quelles ont été les dispositions établies par les parties contractantes?*

Ce sont les mêmes que celles qui ont été établies pour la pêche dans la Manche; elles interdisent la pêche dans les eaux territoriales étrangères où seuls les pêcheurs nationaux ont droit.

**536.** — *Quelles peines sont encourues par les pêcheurs qui contreviennent aux dispositions de la convention établie?*

Les pêcheurs qui contreviennent aux dispositions des conventions établies s'exposent à la saisie, à la destruction de leurs engins, à des amendes et à l'emprisonnement, suivant la gravité des cas.

RÉSUMÉ

La police de la pêche dans la Manche est réglée par une convention anglo-française.

Le droit général de pêche est réservé aux sujets respectifs des nations anglaise et française à *3 milles de la laisse de basse mer*, c'est-à-dire qu'il est défendu aux pêcheurs des deux nations de pêcher en dedans de ces limites assignées à chaque État.

---

1. La Norvège seule laisse à ses pêcheurs leur liberté d'action.

Il n'y a restriction que pour des causes indépendantes de la volonté des pêcheurs.

Les pêcheurs de la **Mer du Nord** sont aussi assujettis à des règlements de police spéciaux arrêtés par la France, l'Allemagne, la Belgique, le Danemark, l'Angleterre et la Hollande.

Les dispositions qui ont été établies sont les mêmes que pour la pêche dans la Manche et les pêcheurs qui y contreviennent s'exposent à des amendes ou à l'emprisonnement.

# CHAPITRE III

## HYGIÈNE

Sommaire. — 1. Notions sur l'hygiène. — L'hygiène du marin. — La propreté corporelle. — Vêtements. — Propreté de la barque. — Alimentation.

### 1. — LA PROPRETÉ CORPORELLE ET LES BAINS

537.— *Qu'est-ce que l'hygiène? Quel est son but?*

L'*hygiène* est l'art de conserver la santé, de l'améliorer et de prévenir les maladies. Son but est d'apprendre à éviter les choses nuisibles et à faire bon usage des choses utiles.

538.— *Quelle est la principale règle de l'hygiène?*

La principale règle de l'hygiène est la **propreté**.

539.— *Que doivent donc recommander à leurs hommes les capitaines ou patrons d'embarcations?*

Ils doivent leur recommander la **propreté de leur corps**, la **propreté de leurs vêtements** et celle de l'embarcation.

540.— *En quoi consiste la propreté corporelle?*

La propreté corporelle consiste en de fréquents lavages de la figure, des mains, de la bouche, des dents pour éviter la carie, et de toutes les parties du corps.

541.— *Quels moyens emploiera le marin pour se laver le corps?*

Il se fera des ablutions et profitera de ce que la mer est à sa portée pour prendre des bains entiers lorsque l'état de la mer elle-même et la saison le permettront.

*542.— De quelles précautions devra-t-il s'entourer pour prendre des bains?*

Il devra prendre les précautions suivantes :

1° Ne se mettre à l'eau que deux heures après avoir mangé ; 2° ne se baigner que lorsqu'il n'aura ni trop chaud ni trop froid ; 3° ne pas attendre pour sortir de l'eau de ressentir un frisson et, si ce frisson se produit, en sortir immédiatement ; 4° s'habiller promptement en sortant de l'eau et se donner du mouvement aussitôt.

*543.— Quels soins le marin devra-t-il donner à la tête, aux cheveux, à la figure, à la barbe, au nez et aux oreilles?*

La tête, la figure et la barbe seront soigneusement lavées au savon, les cheveux coupés ras ainsi que la barbe. Le marin ayant besoin de sens sains entretiendra aussi son nez, ses oreilles, ses yeux dans le plus grand état de propreté. Les ongles seront encore l'objet de soins particuliers, car ils retiennent surtout la crasse.

*544.— Quelles sont les maladies occasionnées par la malpropreté?*

Les maladies occasionnées par la **malpropreté** sont les **abcès**, les **clous**, les **ulcères**, les **maux d'yeux**, les **panaris**, les **phlegmons** des doigts et de la main, les **érysipèles**, les **plaies**; les **écorchures**, auxquelles les pêcheurs sont aussi sujets, guérissent mal ou ne guérissent pas si elles sont envenimées par le microbe de la malpropreté.

*545.— N'en est-il pas d'autres?*

Oui. Les maladies de la peau : les **eczémas**, **dartres**, etc., sont engendrées par la malpropreté qui entretient encore et propage la **vermine**, la **gale** et les **poux**.

## 2. — DES VÊTEMENTS

**546.** — *Quel est le genre de vêtement qui convient au marin ?*

Le marin doit porter des vêtements de laine épais parce qu'ils conservent mieux la chaleur et garantissent de l'humidité.

**547.** — *Que doit-on recommander au sujet des vêtements ?*

On doit recommander de les laver dès qu'ils seront sales afin d'éviter les maladies de la peau, et de les changer dès qu'ils seront mouillés afin d'éviter les rhumatismes ou les fluxions de poitrine.

**548.** — *Le marin pêcheur ne doit-il pas avoir des vêtements spéciaux indispensables ?*

Oui. Ce sont des vêtements *imperméables* pour le garantir des embruns et de la pluie : pantalon, capote cirés dit **cirage** et un chapeau ou couvre-chef dit **suroit** (fig. 108).

FIG. 108. — MARIN REVÊTU DU CIRÉ ET DU SUROIT

## 3. — PROPRETÉ DE LA BARQUE

**549.** — *Quels soins demande l'embarcation ?*

L'embarcation réclame aussi des soins de propreté : elle devra être **lavée, briquée, grattée** et **asséchée** dans toutes ses parties. Il en sera de même des filets et des paniers à poisson que l'on devra de plus **désinfecter**. Les objets de couchage seront aussi souvent **nettoyés** et **aérés**.

## 4. — ALIMENTS ET BOISSONS — ALCOOLISME

**550.** — *L'alimentation joue-t-elle un rôle important au point de vue de la santé?*

Oui. Elle joue un rôle important; aussi est-il nécessaire que les **vivres** soient de qualité irréprochable et variés. Le poisson, base des repas des marins pêcheurs, est un aliment de qualité excellente, mais il n'est pas suffisant : ils devront aussi se procurer, autant que les circonstances de la navigation le leur permettront, de la viande et des légumes frais, afin d'avoir une nourriture plus substantielle et plus variée.

**551.** — *Quelle est la meilleure boisson?*

La meilleure boisson, la plus naturelle et la plus saine est l'***eau très pure***, c'est la seule nécessaire à notre organisme. On ne saurait donc apporter trop de soin à choisir une eau bien potable.

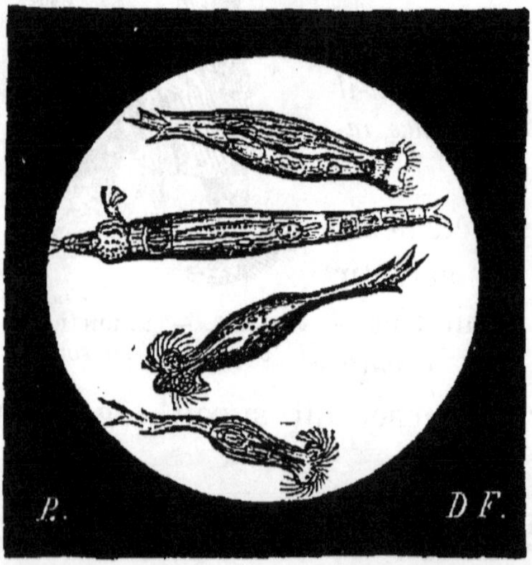

**552.** — *Quels germes dangereux peut contenir l'eau?*

Elle peut contenir des germes de maladies : ***fièvre paludéenne***, ***fièvre typhoïde***, ***choléra*** (fig. 109).

FIG. 109.
EAU CONTENANT DES GERMES DE MALADIES VUS AU MICROSCOPE

**553.** — *Que doit-on faire à une eau que l'on suppose malsaine?*

On doit la faire bouillir, la laisser refroidir, puis l'aérer en la battant, avant de la boire.

**554.** — *Quelles sont les autres boissons dont le marin peut faire usage?*

Les autres boissons dont le marin peut faire usage sont le **cidre**, la **bière**, le **thé**, le **café** et le **vin** pris avec modération.

**555.** — *Le marin peut-il faire usage d'eau-de-vie ou de boissons alcooliques?*

Non. L'eau-de-vie et les boissons alcooliques sont inutiles et doivent être bannies de l'alimentation du marin. Elles sont dangereuses pour celui qui en abuse ou même en use.

**556.** — *Pourquoi cela?*

Parce que les **alcools** que contiennent ces boissons sont des **poisons** qui détruisent peu à peu les organes les plus essentiels à la vie; ils brûlent les parois de l'estomac, nuisent au fonctionnement des poumons, du cœur, du foie, du cerveau et déterminent, à la fin, la **paralysie**, le **gâtisme** et la **folie**.

**557.** — *Quel nom donne-t-on à la maladie causée par cet empoisonnement?*

On l'appelle l'**alcoolisme**.

**558.** — *Cet empoisonnement, l'alcoolisme, ne prédispose-t-il pas l'homme aux autres maladies?*

Oui. Il le prédispose aux maladies de toute espèce, aux maladies épidémiques des pays chauds, à la fièvre jaune, au choléra, à la fièvre typhoïde, etc.

**559.** — *L'ivrogne invétéré ne s'expose-t-il pas à des accidents?*

Il s'expose à des coups dans les rixes et les batailles, aux chutes à l'eau, aux noyades et à la mort subite.

**560.** — *Si l'ivrognerie dégrade l'homme au physique ne le dégrade-t-elle pas aussi au moral?*

L'ivrognerie dégrade aussi l'homme au moral : le marin alcoolique perd tous les bons sentiments; il devient violent, insociable pour ses camarades; il se dégoûte de son métier, se révolte contre son patron ou ses chefs auxquels il n'obéit plus, manque, en un mot, à la discipline, au devoir et à l'honneur. Ce vice peut conduire au crime.

**561.**— *Que faut-il recommander au marin?*

Il faut recommander au marin d'être sobre, de fuir les entraînements de mauvaise nature, d'éviter les excitations de l'alcool qui font courir des dangers à sa raison et à sa santé, et lui conseiller des plaisirs plus nobles; il les trouvera dans le *goût des jeux honnêtes*, dans les *exercices du corps* et dans la *lecture*.

### RÉSUMÉ

L'*hygiène* est l'art de conserver la santé.

La *propreté* est la principale règle d'hygiène.

On doit recommander au marin la *propreté du corps*, la *propreté des vêtements* et *celle de l'embarcation*.

Le marin doit porter des *vêtements de laine*; il doit les changer dès qu'ils sont mouillés.

L'*embarcation* exige les soins suivants : *lavage, briquage, asséchement* et *désinfection*.

Les *aliments* doivent être de bonne qualité, variés et frais.

La meilleure boisson est l'*eau très pure*.

Les autres boissons dont le marin peut user sont : le *cidre*, la *bière*, le *thé*, le *café* et le *vin*, pris avec modération.

L'eau-de-vie et les autres boissons alcooliques doivent être bannies de l'alimentation du marin.

L'abus des boissons fortes conduit à l'*alcoolisme*.

L'alcoolisme ruine la santé, fait perdre la raison. Le marin intempérant perd tous les bons sentiments, manque au devoir et à l'honneur.

L'homme de mer doit rester sobre et chercher dans le goût des *jeux*, dans les *exercices du corps* et la *lecture*, des plaisirs plus nobles.

# CHAPITRE IV

## MALADES ET BLESSÉS

Sommaire. — 1. Premiers soins à donner aux malades et aux blessés. — Usages de principaux médicaments à embarquer sur les navires de pêche, procédés de conservation à bord. — 2. Secours aux noyés.

## 1. — PREMIERS SOINS A DONNER AUX MALADES ET AUX BLESSÉS
## PRINCIPAUX MÉDICAMENTS A EMBARQUER

**562.**— *Un patron d'embarcation ne doit-il pas veiller à la santé de ses hommes?*

Il est du devoir du patron, devoir humanitaire, de veiller à la santé de ses hommes, de les soigner en cas de maladies et de panser leurs blessures.

**563.**— *Que doit-il connaître pour cela?*

Il lui est nécessaire d'avoir quelques notions sur les premiers secours à donner et de connaître l'emploi des médicaments les plus urgents.

### I. — MÉDICAMENTS — PROCÉDÉS DE CONSERVATION

**564.**— *Quels sont les principaux médicaments que les patrons de navires doivent avoir à bord?*

Ces médicaments sont de **deux sortes** :
1° Les médicaments pour l'*usage interne*;
2° Les médicaments pour l'*usage externe*.
Ils doivent être étiquetés et dosés en flacons ou en paquets.

**565.**— *Quels sont les médicaments pour l'usage interne?*
Ce sont :

1° L'*huile de ricin* et le *sulfate de soude* que l'on emploie comme purgatifs;

2° L'*ipéca*, comme vomitif;

3° L'*éther* et le *laudanum* comme calmants;

4° Le *chlorate de potasse*, que l'on utilise en gargarisme;

5° Le *bismuth*; le *sulfate de quinine*, le *salicylate de soude*, que l'on emploie le premier dans la diarrhée, le second dans la fièvre intermittente et le troisième dans le rhumatisme;

6° Enfin la *teinture de quinquina* qui est un fortifiant et l'*alcoolé de cochléaria*, un antiscorbutique.

566. — *Énumérez les médicaments pour l'usage externe ?*

Nous trouvons :

1° L'*iodoforme*, la *solution phéniquée*, l'*acide borique* qui sont des médicaments appelés *antiseptiques*;

2° La *vaseline boriquée* que l'on emploie pour les plaies;

3° La *pommade d'Helmerich* que l'on emploie contre la gale;

4° L'*onguent mercuriel* contre la vermine, les poux et certaines maladies infectieuses.

5° La *teinture d'iode* que l'on emploie en badigeonnages contre les points de côté ou les douleurs;

6° Le *diachylum* pour réunir les plaies, le *sparadrap vésicant* pour les points de côté et l'*alcool camphré* pour faire des frictions sur des parties du corps gonflées et douloureuses.

567. — *N'est-il pas nécessaire d'avoir aussi à bord des objets de pansement ?*

Oui. Il est aussi nécessaire d'avoir à bord des navires des objets de pansement, tels que : *compresses de gaze, ouate hydrophile, toile caoutchoutée, bandes, bandages* et *appareils à fractures*.

# MALADES ET BLESSÉS.

**568.** — *Où faut-il placer les médicaments et les objets de pansement pour les conserver, à bord des navires?*

Il faut les placer dans des coffres spéciaux et dans un endroit où ils soient à l'abri de l'air, de la lumière et de l'humidité.

## 2. — MALADIES DES MARINS PÊCHEURS. — PREMIERS SOINS A DONNER AUX MALADES

**569.** — *Quelles sont les maladies les plus communes chez le marin pêcheur?*

Elles sont de deux sortes : les **maladies externes**, c'est-à-dire celles que la vue peut constater et les **maladies internes**, c'est-à-dire celles qui ne montrent aucun signe apparent.

**570.** — *Énumérez les maladies externes et donnez leur traitement.*

1° Les **abcès, phlegmons, furoncles, clous** seront traités par des cataplasmes d'ouate hydrophile, imbibés d'eau phéniquée ou d'eau boriquée (cataplasmes antiseptiques). Lorsque le pus se sera fait jour on les pansera comme des plaies simples en appliquant par-dessus de la vaseline boriquée, des compresses de gaze et du coton hydrophile.

2° Les **panaris** ou abcès des doigts, dus généralement à des piqûres de poisson (vive, thère[1]) ou à une coupure, se pansent comme les abcès eux-mêmes. Il en sera ainsi des **ulcères des pêcheurs**, sortes de petits boutons blancs, longs à guérir, qui viennent aux mains et aux poignets.

3° Les **engelures**, les **crevasses** seront pansées avec de la vaseline boriquée.

La **congélation** réclame d'abord des frictions douces

---

1. La *thère* est une espèce de raie.

avec de l'eau froide ou de la neige, mais lorsque la rougeur est revenue, on la soigne comme les engelures.

4° Les **maux** d'**yeux** et d'**oreilles** demandent des lavages ou des injections d'eau boriquée chaude avec application de tampons d'ouate.

**571.** — *Énumérez les maladies internes et indiquez leur traitement.*

1° Le **rhume**, et la **bronchite** qui est un rhume très prononcé, exigent quelquefois un vomitif (1 ou 2 paquets d'ipéca de 0,50 centigrammes chacun), des badigeonnages à la teinture d'iode, une tisane calmante, le repos et la chaleur.

2° La **fluxion de poitrine** demandera le même traitement et l'application de sinapismes sur le côté, s'il existe un point douloureux.

3° Les **angines** et les **maux de gorge** seront soignés au moyen de gargarismes au chlorate de potasse et s'il y a des **points** blancs ou des **plaques blanches** au fond de la gorge, on fera vomir le malade et on touchera ces points blancs avec un pinceau d'ouate imbibée de teinture d'iode.

4° Les **indigestions**, les **empoisonnements** dus à l'ingestion de moules ou d'aliments avariés réclament l'emploi d'un vomitif et de la diète ; s'il survient des douleurs de ventre, on appliquera des cataplasmes laudanisés.

5° L'**embarras gastrique** exige l'emploi d'un purgatif, le sulfate de soude par exemple (1 paquet de 20 grammes) pour débarrasser la langue, qui est blanche et pâteuse, et nettoyer le tube digestif.

6° La **fièvre intermittente** sera traitée par l'emploi du sulfate de quinine.

7° Les **coliques** seront calmées au moyen de quelques gouttes d'éther et de laudanum prises ensemble dans un peu d'eau. Si elles sont accompagnées de constipation, on fera prendre 2 cuillerées d'huile de ricin à jeun.

8° La *diarrhée* et la *dysenterie* réclament un purgatif au sulfate de soude le premier jour, puis quelques paquets de bismuth les jours suivants, et des cataplasmes laudanisés sur le ventre.

9° Le *rhumatisme* et les *douleurs rhumatismales* exigent l'enveloppement des articulations malades dans de la ouate chaude et l'administration d'un à quatre paquets de salicylate de soude d'un à deux grammes chacun.

10° Le *scorbut* frappe les équipages surmenés, mal nourris, et s'annonce par la douleur des gencives qui deviennent saignantes, puis par des taches bleues aux jambes : on traitera cette maladie par l'emploi de vivres frais de bonne qualité et le lavage de la bouche avec une cuillerée d'alcoolé de cochléaria et un paquet de chlorate de potasse dans de l'eau

### 3. — PREMIERS SOINS A DONNER AUX BLESSÉS.

**572.** — *Quelles sont les blessures que l'on constate le plus souvent à bord des bateaux de pêche?*

Les blessures que l'on constate le plus souvent chez les marins pêcheurs sont : des *brûlures*, des *plaies*, des *contusions*, des *entorses*, des *foulures*, des *luxations* et des *fractures*.

**573.** — *Comment faut-il panser une brûlure?*

Si la *brûlure* est légère, c'est-à-dire si la peau est seulement rouge et gonflée, on appliquera simplement des linges mouillés; mais si elle est profonde, on coupera les cloches, sans enlever la peau, de façon à faire sortir l'eau, et on lavera la partie blessée avec la solution phéniquée. On pansera ensuite la brûlure avec de la vaseline et de la ouate.

**574.** — *Quels soins faut-il donner aux plaies*

Si la plaie est simple (piqûre, écorchure, coupure), on

la lavera à l'eau phéniquée, on la saupoudrera d'iodoforme, puis on maintiendra le tout au moyen d'un bandage approprié à la région blessée.

**575.** — *Quel traitement appliquera-t-on si les bords de la plaie sont écartés?*

On rapprochera les bords de la plaie avec les doigts, préalablement lavés dans un liquide antiseptique, et on les maintiendra rapprochés à l'aide de bandelettes de diachylum que l'on chauffera pour les faire mieux coller. Par-dessus les bandelettes on mettra de la ouate maintenue à l'aide d'une bande.

**576.** — *Que doit-on faire si la plaie est compliquée d'hémorragie?*

1° Si le sang coule seulement **goutte à goutte**, on l'arrêtera en appliquant sur la plaie un tampon d'ouate et un bandage suffisamment serré ; 2° si le sang **coule en jet** d'un rouge vif c'est qu'un canal sanguin artériel a été coupé. Comme la perte de sang, dans ce cas, pourrait entraîner la mort, il faut mettre immédiatement le doigt dans le fond de la plaie ; puis on remplace le doigt par une boulette de coton sec. On applique ensuite par-dessus un bandage compressif solidement fixé.

**577.** — *Quel traitement faut-il employer contre les contusions, les entorses, les foulures, les luxations?*

Contre les **contusions** (meurtrissures, bosses), **entorses**, **foulures** ou **luxations**, on plongera la partie malade dans de l'eau de mer froide et on appliquera par-dessus des compresses serrées au moyen d'une bande. Si la **jointure** est **déboîtée** (luxation), on débarquera le malade aussitôt que possible pour le faire soigner par un médecin.

**578.** — *Donnez le traitement des fractures (**os brisés**).*

On commencera par déshabiller le blessé en déchirant

et en coupant les vêtements et on immobilisera les fragments d'os au moyen d'appareils. Si la fracture siège aux bras, on entourera le membre de coton et on appliquera deux ou trois planchettes; si c'est à l'*avant-bras*, on en mettra deux, l'une au-dessus, l'autre au-dessous (fig. 110); pour la *jambe* (fig. 111) et la *cuisse*, une de chaque côté. Le tout sera maintenu au moyen de bandes. Une fracture de la *clavicule* sera

FIG. 110.
APPAREIL POUR FRACTURE DE L'AVANT-BRAS

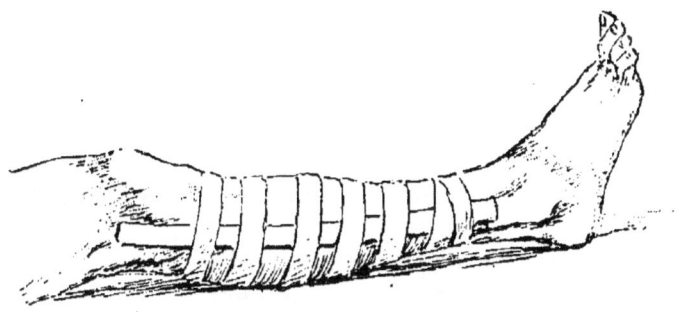

FIG. 111. — APPAREIL POUR FRACTURE DE LA JAMBE

immobilisée au moyen d'une grande écharpe et une fracture de *côtes* à l'aide d'une serviette ou d'un bandage autour du corps[1].

579. — *Comment faut-il s'y prendre pour transporter un blessé atteint de fracture de jambe ou de cuisse?*

Pour transporter un blessé atteint de fracture de jambe ou de cuisse, quatre hommes sont nécessaires, et voici comment ils doivent procéder : un homme prend le blessé par-dessous les aisselles, le second passe ses mains sous

---

1. Les maîtres feront bien de consulter quelqu'un de compétent qui leur indiquera la manière d'appliquer les bandages et les appareils qu'ils montreront ensuite pratiquement aux élèves.

les reins, le troisième porte le membre sain et le dernier le membre brisé en plaçant une main en dessus de la fracture, l'autre en dessous et avec précaution.

**580.** — *Ne peut-on pas transporter un blessé à deux ?*

Oui. Pour cela on utilise les mains que l'on dispose en **forme de siège**, ou bien on emploie un bout de filin formé en anse par un nœud plat sur lequel on place le patient.

**581.** — *N'est-il pas certains objets que l'on peut utiliser comme brancards ?*

Oui. On peut utiliser pour confectionner des brancards : les gaffes, avirons, sacs, vareuses de matelot, etc.

### RÉSUMÉ

Il est du devoir d'un patron d'embarcation de veiller à la santé de ses hommes, de les soigner en cas de maladies et de panser leurs blessures.

Il doit avoir à sa disposition à bord les **principaux médicaments** et des **objets de pansement** : 1° huile de ricin, sulfate de soude, ipéca, éther et laudanum, chlorate de potasse, bismuth, quinine, salicylate de soude, teinture de quinquina, alcoolé de cochléaria ; 2° iodoforme, solution phéniquée, acide borique, pommade d'Helmerich, onguent mercuriel, teinture d'iode, diachylum, sparadrap vésicant et alcool camphré ; 3° compresses de gaze, ouate hydrophile, toile caoutchoutée, bandes, bandages et appareils à fractures. — Les médicaments seront soigneusement étiquetés et dosés en flacons et en paquets.

Les maladies que l'on constate le plus souvent chez les pêcheurs sont : 1° des **maladies externes** : abcès, phlegmons, furoncles, clous, panaris, ulcères des pêcheurs, engelures, crevasses, congélation, maux d'yeux et maux d'oreilles ; 2° des **maladies internes** : rhume, bronchite, fluxion de poitrine, angines et maux de gorge, indigestions, empoisonnements, embarras gastrique, fièvre intermittente, coliques, diarrhée, dysenterie, rhumatisme et douleurs rhumastimales, scorbut.

Les **blessures** que l'on constate le plus souvent chez les pêcheurs sont : les brûlures, les plaies, les contusions, les entorses, les foulures, les luxations et les fractures.

Le patron pêcheur doit avoir des connaissances simples sur les appareils à employer dans les fractures et savoir la manière de s'en servir.

Il doit aussi connaître le moyen de s'y prendre pour **transporter un blessé**.

Les **brancards** improvisés au moyen de gaffes, avirons, filins, sacs, vareuses, peuvent être utilisés pour transporter un blessé.

## 2. — SECOURS AUX NOYÉS

*582.— Quels sont les premiers soins que l'on doit donner à un noyé dès qu'il est sorti de l'eau?*

On lui ôte rapidement ses vêtements, on les coupe même, on l'enveloppe dans des couvertures de laine et on le couche sur le dos, la tête et les épaules légèrement relevées.

*583.— Que fait-on ensuite?*

On dégage la bouche et les narines de l'écume et des mucosités, puis on saisit la langue avec les doigts revêtus d'un mouchoir pour éviter le glissement, et l'on exerce sur cet organe des tractions suivies de relâchements en imitant les mouvements de la respiration (**Tractions rythmées** de la langue, procédé du D$^r$ Laborde); 15 à 20 par minute, en ayant soin de continuer pendant longtemps, car on a vu des noyés revenir au bout de deux à trois heures de tractions rythmées.

*584.— Ce moyen est-il suffisant?*

Ce moyen peut suffire, mais néanmoins il est bon de pratiquer en même temps ce que l'on nomme la **respiration artificielle**.

*585.— Comment s'y prend-on?*

Pendant qu'une personne pratique les tractions cadencées de la langue, une autre se place à la tête du noyé, saisit les avant-bras au-dessus du coude et les élève du côté de la tête.

**586.** — *Que constitue ce mouvement?*

Il constitue un **premier temps** et il a pour but de dilater

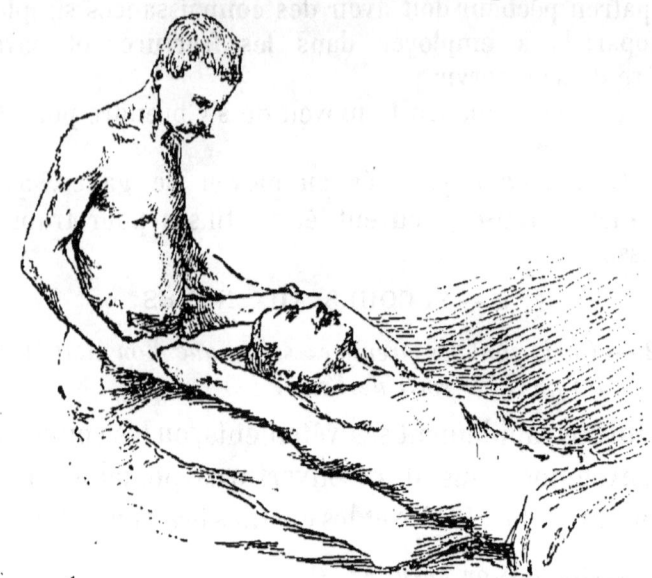

FIG. 112. — RESPIRATION ARTIFICIELLE
Premier temps : on élève les bras du côté de la tête.

la poitrine pour que l'air pénètre dans les poumons (*inspiration*) (fig. 112).

**587.** — *Que faut-il faire immédiatement après?*

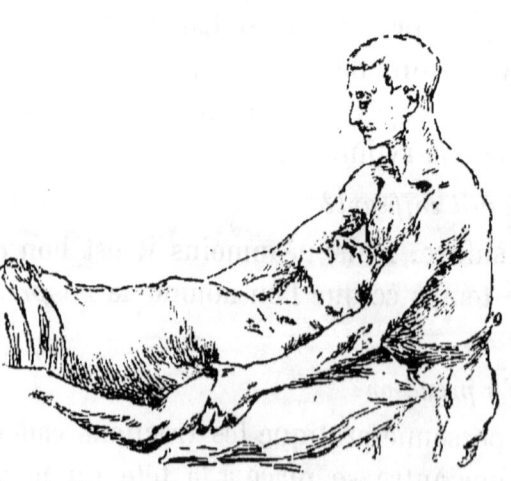

FIG. 113. — RESPIRATION ARTIFICIELLE
Deuxième temps : on presse les coudes contre la poitrine.

On abaisse lentement les bras en les repliant et en pressant les coudes contre la poitrine. C'est le **deuxième temps**, temps de l'*expiration* (fig. 113).

**588.** — *Doit-on pratiquer longtemps ces manœuvres?*

Il faut recommencer alternativement ces deux temps, en suivant les mouvements de la respiration naturelle et continuer ces manœuvres jusqu'à ce que le noyé ait fait des efforts pour respirer.

**589.**— *Y a-t-il d'autres soins à donner au noyé?*

Oui ; il faut lui faire des frictions et le **réchauffer** au moyen de bouteilles d'eau chaude ; puis, dès qu'il a repris connaissance, lui donner une boisson chaude : thé, café ou vin chaud.

### RÉSUMÉ

Les soins à donner à un noyé consistent en des **tractions rythmées** de la langue, d'après le procédé du D$^r$ Laborde; en imitant les mouvements de la respiration.

On peut pratiquer en même temps la **respiration artificielle** qui se fait en *deux temps* : *1$^{er}$ temps* : relever les bras du côté de la tête (*inspiration*); *2$^e$ temps* : abaisser les bras en les pressant contre la poitrine (*expiration*). **Frictionner** ensuite et **réchauffer** le malade.

# QUATRIÈME PARTIE
## ENSEIGNEMENT PRATIQUE LOCAL

## CHAPITRE I
### ÉTUDE GÉOGRAPHIQUE DES CÔTES VISITÉES PAR LA PÊCHE CÔTIÈRE

**590.** — *Quelles sont les mers qui baignent les côtes de France?*

Les **côtes de France**, dont l'étendue est d'environ 3100 kilomètres, sont baignées par quatre mers : la **mer du Nord** au nord, la **Manche** au nord-ouest, l'**océan Atlantique** à l'ouest et la **Méditerranée** au sud (fig. 114).

### 1. — CÔTES DE LA MER DU NORD.

**591.** — *Quelle est l'étendue des côtes baignées par la mer du Nord? Quelle est la nature de ces côtes?*

La mer du Nord, qui s'étend de la frontière belge à Calais, ne baigne les côtes de France que sur une étendue de 72 kilomètres. Elle est peu profonde et présente des bancs de sable nombreux presque à fleur d'eau. La côte est basse et marécageuse, peu favorable à la navigation.

**592.** — *Quels sont les principaux ports de cette région?*

Les principaux ports de cette région sont : **Gravelines**, **Mardick**, jadis port important qui n'admet plus aujourd'hui que des barques de pêche, et **Dunkerque**, grand port creusé par les mains des hommes et dont l'entretien est fort coûteux.

*593. — Qu'est-ce que le Pas de Calais ?*

Le **Pas de Calais** est un détroit, large de 31 kilomètres au plus étroit, profond de 54 mètres au maximum, qui fait communiquer la mer du Nord avec la

FIG. 114. — LES CÔTES DE FRANCE

Manche et sépare l'Angleterre de la France. Il ne contient aucun banc de sable.

*594. — Quels sont les caps importants du rivage français ?*

Ce sont : le cap **Blanc-Nez**, situé non loin de Calais, qui a 134 mètres de hauteur, et le cap **Gris-Nez**, qui est un peu plus au Sud-Ouest.

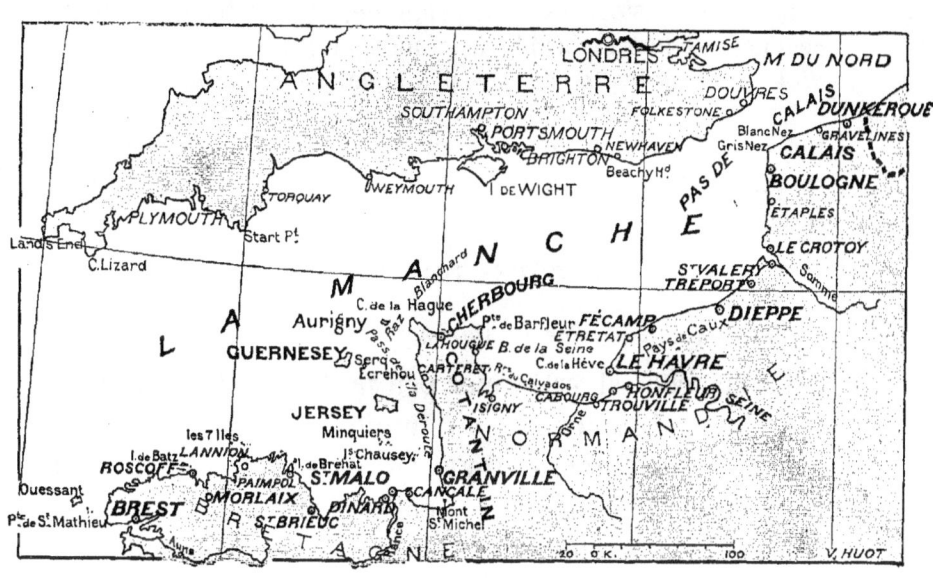

FIG. 115. — CÔTES DE LA MER DU NORD ET DE LA MANCHE.

**595.** — *Quel est le principal port de cette côte?*

C'est **Calais**, situé sur la côte de France qui fait face au port de Douvres, en Angleterre. C'est entre ces deux ports que l'on a projeté, depuis le milieu du xviii$^e$ siècle, de construire un viaduc très élevé ou un tunnel sous-marin.

### RÉSUMÉ

Quatre mers baignent les côtes de France, ce sont : la **mer du Nord**, la **Manche**, l'**océan Atlantique** et la **mer Méditerranée**.

La **mer du Nord** est peu profonde, la côte basse et marécageuse est peu favorable à la navigation. **Gravelines, Mardick** et **Dunkerque** sont les principaux ports de cette région.

Le **Pas de Calais**, détroit qui sépare la France de l'Angleterre, ne contient aucun banc de sable. Sur ce rivage on remarque les caps **Blanc-Nez** et **Gris-Nez** et le port de **Calais**.

### 2. — CÔTES DE LA MANCHE

**596.** — *Qu'est-ce que la Manche?*

La Manche est cette mer peu profonde (240 mètres au maximum, 154 mètres au minimum) que les Anglais appellent **the Channel** (le canal) séparant l'Angleterre de la France et qui baigne nos côtes depuis le Pas de Calais jusqu'à l'extrémité de la Bretagne, sur une longueur de 500 kilomètres (fig. 115).

**597.** — *Quelles particularités offre cette mer?*

C'est une sorte d'entonnoir souvent battu par les tempêtes et par conséquent dangereux pour la navigation. Le flot de marée monte dans les baies du littoral à des hauteurs très considérables.

**598.** — *Quel est l'aspect de la côte?*

A l'est du cap Gris-Nez, au cap d'Alprech, on remarque les falaises du Boulonnais qui dominent la Manche d'une centaine de mètres, l'embouchure de la Liane où se trouve le port de Boulogne, puis la côte présente des plages basses bordées de dunes inhospitalières et les marécages du **Marquenterre**.

**599.** — *Quels ports remarque-t-on dans cette région maritime ?*

On y remarque les ports d'*Étaples*, du *Crotoy* et de *Saint-Valery-sur-Somme*, havres s'envasant de jour en jour davantage.

**600.** — *Que trouve-t-on de l'embouchure de la Somme à celle de la Seine ?*

De la Somme à la Seine, on trouve les **falaises crayeuses du pays de Caux**, formant comme un mur d'une centaine de mètres de hauteur qui s'ouvre de distance en distance pour laisser couler des rivières telles que la Bresle, la Dieppette ou Arques. Les ports que l'on y remarque sont ceux du *Tréport*, *Dieppe*, *Fécamp*, *Yport*, *Étretat* et *le Havre*, à l'embouchure de la Seine, sans cesse menacés par les galets et les sables.

**601.** — *Décrivez la côte du Calvados.*

La **côte du Calvados** est plate et sablonneuse. On y voit les plages de *Trouville*, de *Deauville*, de *Villers*, d'*Houlgate*, *Cabourg* et plus loin celles de *Saint-Aubin* et d'*Arromanches*. Entre Port-en-Bessin et la baie d'Isigny les falaises sont continues; mais minées par les flots, comme celles du reste du pays de Caux, elles reculent. Seuls les rochers les plus durs résistent et deviennent des écueils, tel le rocher, haut de 30 mètres, appelé la **Demoiselle de Fontenailles**.

**602.** — *Qu'aperçoit-on de la côte à quelque distance en mer ?*

On aperçoit, se profilant au large, les **rochers du Calvados**. Ils forment des têtes d'écueils dont les plus hauts points s'élèvent à un mètre environ au-dessus du niveau des plus basses mers. A l'angle sud-est du Cotentin, signalons aussi, creusées par la mer, les baies d'*Isigny* et de *Carentan*.

*603.— Que devient le littoral de la Manche occidentale?*

Là commencent les falaises granitiques et schisteuses du Cotentin, découpées de rades, de ports et bordées d'îles. On y trouve la **rade la Hougue**, la **pointe de Barfleur** et le cap de **la Hague**, le port de **Cherbourg** avec sa digue de 15 à 20 mètres de hauteur, large de 60 et longue de 3780 mètres. Du cap de la Hougue à la baie de Saint-Michel, la côte, subissant la violence des courants et des flots, est déchiquetée.

*604.— Citez les points les plus remarquables et les ports de pêche.*

On y voit le **nez de Jobourg**, de 128 mètres de haut, l'**anse de Vauville**, le **cap de Flamanville** et des havres presque ensablés : Carteret, Portbail, Règneville et le port de **Granville**.

*605.— N'existe-t-il pas dans cette région des îles importantes?*

Oui ; ce sont les îles anglo-normandes : **Aurigny, Guernesey, Jersey**, qui forment un archipel d'écueils. Citons encore les **Ecrehou**, les **Chausey**, vaste plateau sous-marin qui émerge, et le plateau des **Minquiers**.

*606.— N'est-il pas des passages dangereux entre les îles anglo-normandes et la côte?*

Oui. Il y a au nord le **raz de Blanchard**, entre Aurigny et le cap de la Hague, et plus au sud le **passage de la Déroute**, entre Jersey et le Cotentin. Ces passages sont semés d'écueils et sillonnés de courants d'une rapidité de 16 kilomètres à l'heure.

*607.— Que savez-vous sur la baie du Mont-Saint-Michel?*

Cette baie, formée par une irruption récente de la mer, sépare le Cotentin de la Bretagne et elle a 24 kilomètres d'ouverture. C'est une immense étendue plate, formée de sable fin où se dressent deux ilots granitiques, dont l'un est la fameuse abbaye du Mont-Saint-Michel, d'une hauteur de 122 mètres. Il n'y a qu'un port, celui de Cancale.

**608.** — *Le phénomène de la marée n'est-il pas remarquable à cet endroit ?*

Oui ; la mer se retire fort loin et monte sur les plages avec une rapidité extraordinaire; la marée y atteint 15 mètres de hauteur. C'est le point de nos côtes où elle se fait le plus sentir.

**609.** — *Décrivez le littoral de la Bretagne jusqu'à Ouessant.*

Le littoral breton, formé de granit et de schistes frangés, est riche en baies et en presqu'îles : la **presqu'île de Saint-Malo**, la **baie de Saint-Brieuc**, la **presqu'île de Tréguier**, les **îles de Bréhat**, les **Sept-Iles**, la **baie de Morlaix**, l'**île de Batz**, la presqu'île de Pontusal, l'île Vierge et les roches de Porsal à l'extrémité desquelles se trouve le **Rocher du Four** où finit la Manche et commence l'Atlantique.

**610.** — *Énumérez les principaux ports de cette côte nord de la Bretagne.*

Ce sont : Paramé, Saint-Malo, Dinard, Saint-Lunaire, Saint-Brieuc, Paimpol, Lannion, Morlaix, Roscoff et le Conquet.

**611.** — *Les côtes anglaises sur la Manche diffèrent-elles des côtes françaises ?*

Non. Les côtes anglaises du comté de Sussex et de Kent, qui font face aux côtes françaises de Normandie et de Picardie, se terminent comme celles-ci, par des falaises calcaires, également entamées par la mer, et la Manche présente aussi un fond uni et sablonneux. A l'ouest, au contraire, du côté de la Cornouaille anglaise, comme le long de notre Bretagne, le littoral est bordé de rochers de granit que le flot entame difficilement et le fond de la mer est aussi granitique et accidenté.

## RÉSUMÉ

La *Manche*, sorte d'entonnoir peu profond battu par les tempêtes, baigne les côtes de France depuis le Pas de Calais jusqu'à l'extrémité de la Bretagne.

A l'est la côte est formée de baies, de falaises comme celles du *Boulonnais*, puis présente des plages basses et des dunes inhospitalières. Viennent ensuite les *falaises crayeuses du pays de Caux* que les vagues attaquent sans cesse.

Les principaux ports de cette région maritime sont : *Boulogne, le Tréport, Dieppe, Fécamp, le Havre*.

Le littoral du Calvados est plat et sablonneux. On y voit des falaises jurassiques minées par les flots et certains rochers qui résistent formant des écueils, tel celui que l'on a appelé la Demoiselle de Fontenaille. Plus loin apparaissent les *rochers du Calvados* qui se profilent en mer.

Sur la Manche occidentale commencent les falaises granitiques et schisteuses du Cotentin découpées de rades, de ports, de baies et d'îles : la *rade de la Hougue*, la *pointe de Barfleur, Cherbourg*, le *cap de la Hague, Granville* et les *îles anglo-normandes* semées d'écueils et de passages dangereux.

La *baie du Mont-Saint-Michel*, immense étendue sablonneuse, offre deux îlots granitiques dont l'un est l'abbaye renommée du Mont-Saint-Michel. Sur ce point du littoral la marée monte avec une rapidité extraordinaire.

Le littoral breton formé de granit et de schistes est riche en baies, îles et presqu'îles : la *presqu'île de Saint-Malo*, la *baie de Saint-Brieuc*, la *presqu'île de Tréguier*, l'*île de Bréhat*, la *baie de Morlaix* et l'*île de Batz*.

### 3. — CÔTES DE L'ATLANTIQUE

**612.** — *Comment s'appelle la mer qui baigne les côtes de France à l'ouest?*

On l'appelle l'*Océan Atlantique*; il s'étend du rocher du Four aux Pyrénées, ou, si l'on préfère, du cap Saint-Mathieu, extrémité de la presqu'île de Bretagne, au cap Ortégal, sur la côte espagnole. Il baigne 1025 kilomètres

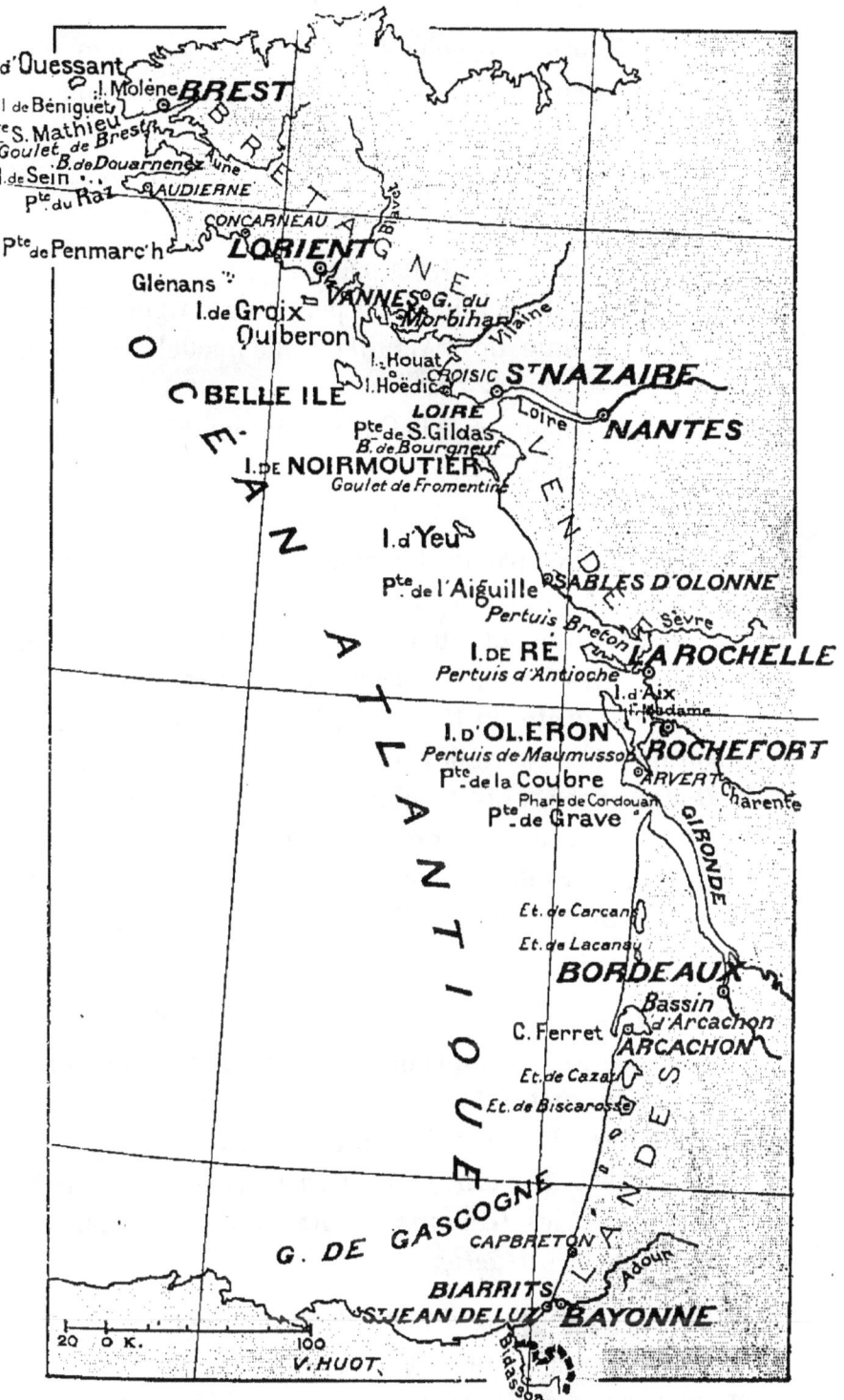

FIG. 116. — CÔTES DE L'OCÉAN ATLANTIQUE.

de côtes et forme le golfe de Gascogne. C'est une mer rude, aux marées fortes et aux tempêtes fréquentes (fig. 119).

**613.** — *En combien de parties peut-on diviser le littoral de l'Atlantique pour en faciliter l'étude?*

On peut le diviser en trois parties :
1° Du cap Saint-Mathieu à la pointe de l'Aiguille ;
2° De la pointe de l'Aiguille à l'embouchure de la Gironde ;
3° De l'embouchure de la Gironde à celle de la Bidassoa.

**614.** — *Décrivez la côte du cap Saint-Mathieu à la pointe de l'Aiguille?*

Elle est formée par les terrains granitiques et schisteux du massif armoricain. Déchiquetée dans les parties schisteuses qui n'ont pu résister à la vague, elle forme des anses, des baies, des caps et des îles; ainsi nous trouvons la **pointe du Corsen** et le **cap Saint-Mathieu**, au sud duquel s'ouvre la **rade de Brest**; au delà la **baie de Douarnenez**, puis la **pointe de Raz**, la **baie d'Audierne**, la **pointe de Penmarc'h** ; ensuite des rades plus petites, les anses de Bénodet, de Concarneau, de Lorient; la **presqu'île de Quiberon**, le **golfe du Morbihan** enfin la **presqu'île de Sarzeau** ou de **Rhuis**.

**615.** — *Quelles sont les îles situées en face de cette côte?*

Ces îles, vestiges d'un continent disparu sont, au nord : les îles **Béniguet, Molène, Ouessant**; en avant de la pointe de Raz : l'île de Sein, où l'on aborde difficilement, et la **Chaussée de Sein**, plateau rocheux plein d'écueils. Plus au sud : les **Glénans, Groix, Belle-Ile**, enfin les îles d'**Houat** et d'**Hœdic**.

**616.** — *Que devient la côte au delà de la Vilaine?*

Au delà de la Vilaine, la côte offre des dunes sablonneuses et des marais. Ici la terre s'étend aux dépens des flots. On trouve : la *baie de Bourgneuf* qui diminue et dont les bancs de sable obstruent de plus en plus les passages; en face de cette baie : l'*île de Noirmoutier*, séparée du continent par le *goulet de Fromentine*; l'*île d'Yeu* et, plus au sud, les *Sables-d'Olonne*.

617. — *Décrivez le littoral de la pointe de l'Aiguille à l'embouchure de la Gironde.*

De la pointe de l'Aiguille à la Gironde les terrains qui bordent la mer sont des roches crayeuses tendres. Elles ont subi des érosions et le littoral a reculé depuis les temps anciens; le *banc de Rochebonne* en est un débris. En même temps que ce travail d'érosion se continue il se produit aussi un travail de comblement déterminé par les rivières, la Vendée, la Charente, la Seudre qui jettent à la mer des dépôts envasant les grèves et les transformant en marais. De là s'ensuit que le littoral de cette partie de notre pays offre deux aspects différents : d'une part, des lignes de falaises, de l'autre, des étendues vaseuses représentant d'anciens golfes comblés.

618. — *Que trouve-t-on du nord au sud?*

On trouve l'*anse de l'Aiguillon*, reste de l'ancien golfe du Poitou, les *falaises d'Esnandes* et de *La Rochelle*, prolongées au large par l'*île de Ré*; la pointe de Fouras avec l'*île d'Aix*; la pointe de Piédemont avec l'*île Madame*; la pointe du Chapus et enfin la péninsule d'Arvert que prolonge l'*île d'Oléron*.

619. — *Où s'ouvre la Gironde?*

La Gironde s'ouvre entre les pointes de Coubre et de Graves. On remarque à son embouchure le rocher et le phare de *Cordouan*.

620. — *Comment se poursuit le littoral de la Gironde à l'Adour?*

De la Gironde à l'Adour le littoral est formé de lignes de dunes qui, sur une étendue de 228 kilomètres et une largeur de 5 à 8 kilomètres, bordent les Landes, depuis la pointe de Graves jusqu'à l'Adour et atteignent quelquefois 90 mètres de hauteur.

**621.** — *Ces dunes ne sont-elles pas un obstacle pour l'écoulement des eaux à la mer?*

Oui. Elles s'opposent à l'écoulement des eaux du continent à la mer. C'est ainsi qu'elles ont formé des marécages et des étangs parmi lesquels nous citerons ceux des **Hourtins**, de **Carcans**, de **la Canau**, d'**Arcachon**, de **Cazas**, de **Biscarosse**.

**622.** — *Quelle est la forme de la côte?*

La côte est rectiligne et ne possède aucun port, aucune baie, aucun abri pour la navigation, dangereuse en ces parages. Seul, le **bassin d'Arcachon** offre un lieu de refuge.

**623.** — *Que devient le littoral de l'Adour à la Bidassoa?*

Le littoral devient rocheux de l'Adour à la Bidassoa. C'est le fond du golfe de Gascogne, où se jette l'Adour; la mer y roule des lames énormes. On y trouve les plages de **Biarritz**, de **Saint-Jean-de-Luz**, les ports de **Bayonne** et de **Cap Breton** en face duquel est un gouffre de 380 mètres de profondeur. La **Bidassoa** marque la limite entre la France et l'Espagne.

### RÉSUMÉ

L'*Océan Atlantique* s'étend du cap Saint-Mathieu au cap Ortegal sur la côte espagnole.

On peut diviser le littoral baigné par cette mer en trois parties : 1° du cap Saint-Mathieu à la pointe de l'Aiguille; 2° de la pointe de l'Aiguille à l'embouchure de la Gironde; 3° de l'embouchure de la Gironde à la Bidassoa, limite entre la France et l'Espagne.

La *première partie* offre des côtes granitiques et schisteuses avec des anses, des baies, des caps, des îles : cap

Saint-Mathieu, rade de Brest, baie de Douarnenez, pointe du Raz, baie d'Audierne, presqu'île de Quiberon, golfe du Morbihan, presqu'île de Sarzeau ou de Rhuis, les îles d'Ouessant, de Sein, de Groix, Belle-Ile, d'Houat, d'Hœdic.

Au delà de la Vilaine, la côte présente des dunes sablonneuses et des marais et l'on trouve la baie de Bourneuf, les îles de Noirmoutier, d'Yeu et les Sables-d'Olonne.

Dans la **deuxième partie**, de la pointe de l'Aiguille à l'embouchure de la Gironde, les côtes sont jurassiques et crayeuses. On y remarque d'une part des falaises, de l'autre des golfes envasés : l'anse de l'Aiguillon, les îles de Ré, d'Aix, l'île Madame, la pointe du Chapus, la péninsule d'Arvert et l'île d'Oléron.

Enfin, dans la **troisième partie**, de la Gironde à l'Adour, la côte rectiligne présente des dunes sablonneuses. Ce littoral n'offre comme abri aux navires que le seul bassin d'Arcachon et quelques baies vers la frontière espagnole.

### 4. — CÔTES DE LA MÉDITERRANÉE

**624.** — *Quelle mer baigne la France au Sud-Est?*

Du cap Cerbère à l'embouchure de la Roya, c'est la Méditerranée qui baigne la France sur une longueur de 615 à 620 kilomètres. C'est une mer sans marée où les tempêtes sont aussi dangereuses que dans l'Atlantique, mais moins fréquentes (fig. 120).

**625.** — *Quelles sont les profondeurs de la Méditerranée?*

Les profondeurs de la Méditerranée varient : à l'ouest, le long du littoral français, les profondeurs ne sont guère que d'une vingtaine de mètres, tandis qu'à l'est, au large des côtes de Provence, on trouve des fonds de 2000 à 2500 mètres.

**626.** — *Quelle est la forme de la côte méditerranéenne française?*

Elle a la forme d'un S couché et présente une courbe concave du côté du Roussillon et du Languedoc puis une courbe convexe vers la Provence.

**627.** — *Quel est l'aspect de la côte à l'ouest?*

A l'ouest, sur le golfe du Lion, après quelques kilomètres d'un littoral rocheux et qui offre quelques ports, comme **Banyuls, Port-Vendres** et **Collioure**, la côte devient basse, marécageuse, parsemée d'étangs, tels que ceux de **St-Nazaire**, entre le Tech et la Têt; de **Leucate**, de la Palme et de Sigean, entre l'Agly et l'Aude; de **Thau**, de Vic, de Maguelonne, de Mauguio et d'Aigues-Mortes, entre l'Hérault et le Rhône; de **Vaccarès**, dans la Camargue.

**628.** — *Quels sont les abris que les navires trouvent dans cette région maritime?*

On y trouve les ports de **La Nouvelle**, d'**Agde** et de **Cette**, création de Riquet qui choisit ce lieu pour le débouché de son canal du Midi.

**629.** — *Décrivez la côte orientale de la Méditerranée?*

Cette côte, qui est celle de Provence, est rocheuse, découpée et riche en abris de toutes sortes. Elle commence à l'étang de Berre et se termine à la Roya.

**630.** — *Quels sont les rades, baies, presqu'îles, îles que l'on rencontre sur ce littoral?*

Ce sont : 1º la **rade de Marseille**, entre les caps Couronne et Croisette, avec ses îlots d'If, Ratonneau, Pomègues; puis des baies avec les havres de Cassis, La Ciotat, Bandol; 2º la **rade de Toulon** fermée au Sud-Ouest par le cap Sicié; 3º La **presqu'île de Giens**; 4º La **rade d'Hyères**, avec les îles de Porquerolles, Port-Gros, île du Levant; 5º les **caps Blanc**, Nègre, Lardier et Camarat; 6º les golfes de **St-Tropez, Fréjus**, de la **Napoule** avec Cannes et Lérins; 7º le **golfe Jouan**; 8º **Antibes, Nice**, la rade de Villefranche, le rocher de **Monaco**, le cap **Martin** et **Menton**.

**631.** — *Quels types de côtes offre la Corse?*

La Corse, située à 180 kilomètres de la France et dont

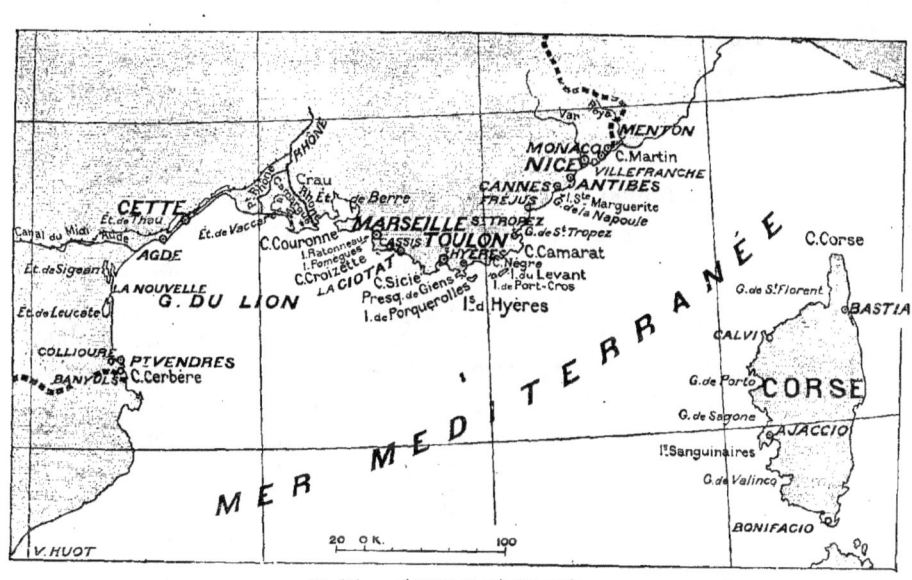

FIG. 121. — CÔTES DE LA MÉDITERRANÉE

le développement côtier est de 500 kilomètres offre à la fois des côtes basses et des côtes rocheuses.

**632.** — *De quel côté sont les côtes basses?*

Les côtes basses et marécageuses sont à l'est. On y trouve le port de **Bastia**.

**633.** — *De quel côté sont les côtes rocheuses?*

Les côtes rocheuses sont à l'ouest et l'on y rencontre les golfes de **St-Florent**, de **Calvi**, de **Sagone**, d'**Ajaccio** avec les îles Sanguinaires, celui de **Valinca**, le *port de* **Bonifacio**.

### RÉSUMÉ

La **Méditerranée** qui baigne les côtes de France au sud-est s'étend du cap Cerbère à la Roya et a la forme d'un S couché; elle n'a pas de marée et ses profondeurs vont jusqu'à 2500 mètres, en face de la Provence.
Les côtes sont de deux sortes : 1° à l'ouest, d'abord rocheuse du côté des Pyrénées, la côte devient marécageuse vers le Roussillon et le Languedoc. **Cette** est le seul port de cette région et l'on trouve les étangs de Leucate, de Sigean, de Thau, d'Aigues-Mortes et de Vaccarès; 2° à l'est, c'est la côte de Provence, elle est rocheuse, découpée et offre de nombreux ports. On y remarque : l'étang de Berre, les rades de Marseille et de Toulon, la presqu'île de Giens, la rade d'Hyères, les golfes de Saint-Tropez, Fréjus, de la Napoule, Jouan; enfin, Nice, la rade de Villefranche, Monaco et Menton.
La Corse est marécageuse à l'est, découpée et rocheuse à l'ouest. On y voit les golfes de Saint-Florent, de Calvi, de Sagone, d'Ajaccio et le port de Bonifacio.

# CHAPITRE II

## LES POISSONS ET LES LIEUX DE PÊCHE

### 1. — LES POISSONS

**634.** — *Qu'appelle-t-on poissons?*

On appelle **poissons**, des animaux spécialement organisés pour vivre dans l'eau et appartenant à la classe que les naturalistes ont appelé les **vertébrés**.

**635.** — *Comment sont constitués les poissons?*

Les uns ont un squelette dur et résistant; on les appelle **poissons osseux** (rouget, sole); les autres ont le squelette presque mou, on les nomme **poissons cartilagineux** (raies).

**636.** — *Comment se reproduisent les poissons?*

Ils se reproduisent par des **œufs**.

**637.** — *Comment respirent-ils?*

Ils ont une circulation double et leur respiration ne s'opère que par l'intermédiaire de l'eau à l'aide d'organes spéciaux, nommés **branchies**, espèces de cribles, situés de chaque côté du cou.

**638.** — *Comment se meuvent les poissons?*

Les poissons se meuvent au moyen de **nageoires**, celle de la queue joue le rôle de gouvernail et de godille; il en est aussi qui sont aidés dans leur mouvement de translation par un organe appelé **vessie natatoire**, sorte de poche placée dans leur ventre et contenant de l'air.

**639.** — *Quelles formes ont les poissons?*

Les poissons ont des formes variées: il en est de **plats**, de **ronds**, de **carrés**, de **pointus**; on en trouve qui ont la forme de serpent, d'autres qui sont plus ou moins ronds; les uns ont la peau lisse, les autres l'ont couverte d'écailles.

**640.** — *Nommez les principaux poissons plats que vous connaissez.*

Ce sont d'abord les **raies** assez nombreuses en espèces

FIG. 122. — RAIE
Longueur : 0<sup>m</sup>,60 à 1 et 2 mètres

et que l'on reconnaît à leur corps large, aplati en forme de disque, à leurs nageoires excessivement larges et à leur queue longue et grêle. Il y en a de plusieurs sortes : la **raie bouclée** (fig. 122), la **raie batis**, la **raie torpille**, pourvue d'un appareil électrique, la **raie pastenague**, appelée vulgairement thère, qui produit des piqûres dangereuses pour les pêcheurs.

**641.** — *Quels sont les autres poissons plats?*

Ce sont : la **sole** dont le corps est aplati et oblong et qui a les deux yeux placés du même côté de la tête (fig. 123);

la *limande* remarquable par la disposition de ses yeux à droite et sa couleur brun jaunâtre (fig. 123); les *plies*

LIMANDES     FIG. 123     SOLES
Longueur max.: 0$^m$,25 à 0$^m$,35.     Longueur max. : 0$^m$,50 à 0$^m$,70.

au corps ovale et aplati (fig. 124); le *turbot*, le roi des poissons au point de vue alimentaire, qui a le corps en

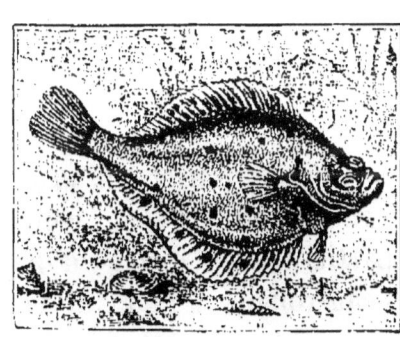 

PLIE OU CARRELET     FIG. 124     TURBOT
Longueur max. : 0$^m$,60.     Longueur max. : 0$^m$,70.

forme de losange (fig. 124); enfin, la *barbue* qui diffère peu du turbot, mais dont le corps plus ovale, est moucheté de points couleur marron.

**642.** — *Citez les principaux poissons ronds qui entrent dans l'alimentation.*

Il y a le **bar** dont la chair est très estimée (fig. 126); la

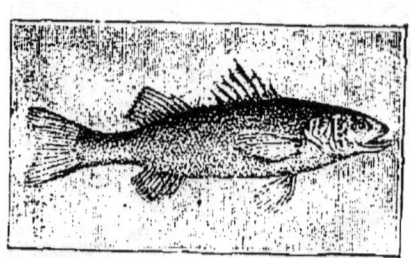

FIG. 126. — BAR OU LOUP
Longueur max. : 0<sup>m</sup>,80 à 1 mètre.

**loubine** très voisine du bar que l'on confond avec lui; le **mœuil** ou **mulet**, poisson très rusé qui habite près des rivages et qui remonte les fleuves; le **rouget-grondin** qui a six appendices en forme de pattes lui permettant de marcher au fond de la mer (fig. 127).

FIG. 127. — ROUGET-GRONDIN
Longueur : 0<sup>m</sup>,40 à 0<sup>m</sup>60.

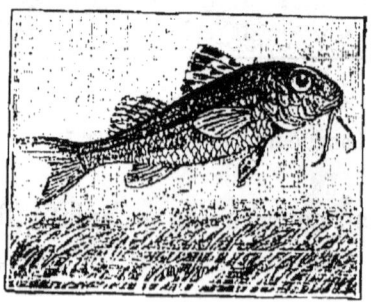

FIG. 128. — ROUGET-MULET
Longueur : 0<sup>m</sup>,35.

**643.** — *N'en est-il pas d'autres?*

Oui. Nous citerons encore le **rouget-mulet** ou **vrai rouget**, qui présente cette particularité d'être d'un beau rouge sur le dos après sa mort (fig. 128); le **merlu**, au corps très allongé, arrondi en avant, comprimé vers la queue; le **merlan**, de la même famille que le précédent; la

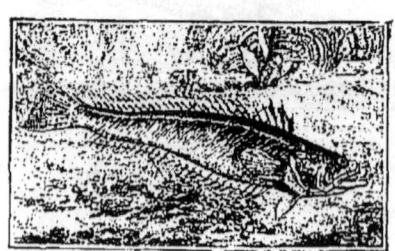

FIG. 129. — VIVE
Longueur max. : 0<sup>m</sup>,35 à 0<sup>m</sup>,40

daurade ou dorade dont le nom vient de ce que d'un œil à l'autre, ce poisson possède une bande couleur dorée en forme de croissant ; les **sargues** au corps ovale et comprimé, recouvert de grandes écailles ; la **vive**, ainsi nommée parce qu'elle a la vie dure, dont le corps est recouvert d'écailles, et qui possède vers la tête une épine produisant des piqûres dangereuses (fig. 129).

*644.— Quels sont les poissons longs ?*

Parmi les poissons longs, nous citerons les **congres**

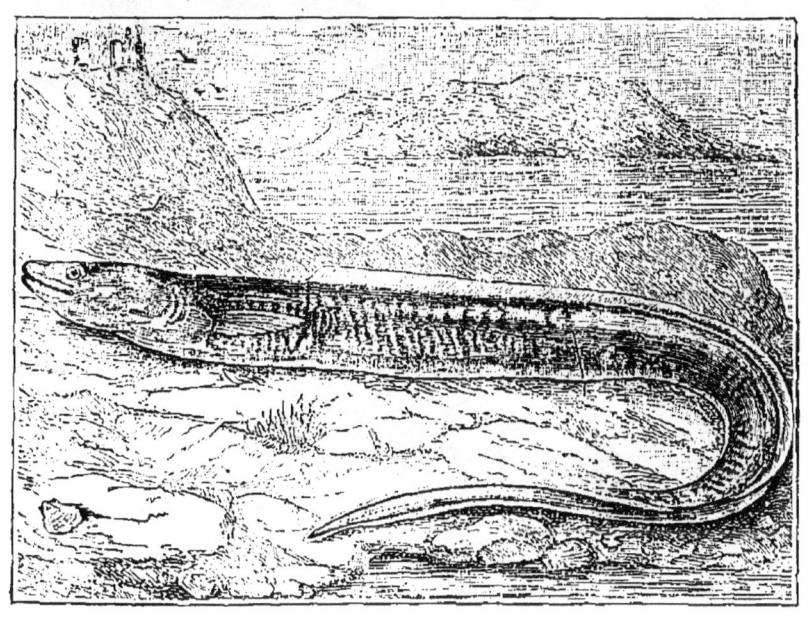

FIG. 130. — CONGRE
Longueur max. : 2 mètres.

ou **anguilles de mer**. Ils ont le ventre blanchâtre et le dos gris noir cendré ou noir. Ces poissons atteignent jusqu'à un mètre et deux mètres de longueur (fig. 130).

*645.— N'est-il pas des poissons curieux par leur forme que l'on pêche dans nos mers ?*

Oui. Nous connaissons l'**esturgeon** dont le corps est garni de plaques osseuses pyramidales (fig. 131); la **baudroie**, poisson hideux qui a une bouche énorme et dont la voracité est prodigieuse. Ce poisson se cache dans le sable et

FIG. 131. — ESTURGEON
Longueur max. : 5 à 8 mètres.

FIG. 132. — BAUDROIE
Longueur max. : 1m,50.

fait jouer ses barbillons au-dessus pour attirer les petits poissons qu'il dévore aussitôt (fig. 152). Enfin, il y a la *scor-*

FIG. 133. — RASCASSE
Longueur 0m,25 à 0m,50.

pène (*rascasse*, *diable de mer* ou *porc de mer*), dont le corps est garni de piquants et couvert de lambeaux cutanés d'un vilain aspect (fig. 133).

646. — *Quels sont les poissons qui font l'objet de pêches spéciales?*

Ce sont : la **morue** dont la tête est très grosse, dont le corps est couvert d'écailles grises sur le dos et blanches sous le ventre (fig. 134); le *hareng* au corps comprimé

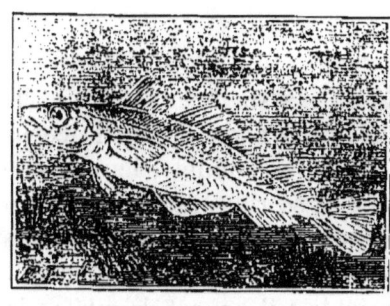

FIG. 134. — MORUE
Longueur max. : 1ᵐ,20.

FIG. 135. — HARENG
Longueur max. : 0ᵐ,27.

et arrondi d'un vert glauque (fig. 135); le *maquereau*, poisson à dos bleu marqué de raies ombrées noires (fig. 136);

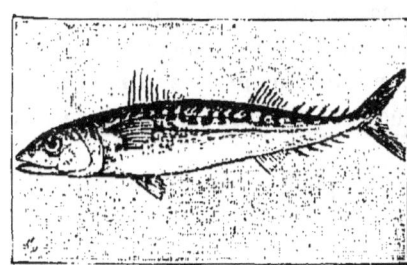

FIG. 136. — MAQUEREAU
Longueur max. : 0ᵐ,45 à 0ᵐ,50.

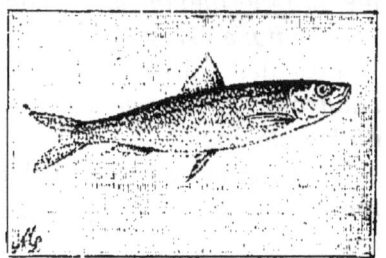

FIG. 137. — SARDINE
Longueur max. : 0ᵐ,15.

la *sardine* plus petite que le hareng, mais qui lui res-

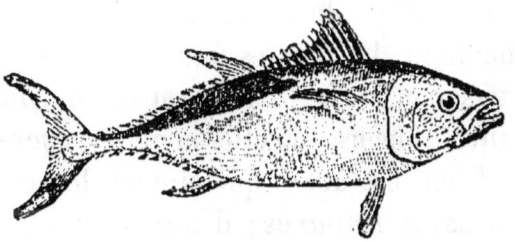

FIG. 138. — THON
Longueur max. : 2ᵐ,50.

semble beaucoup; le *thon* qui atteint quelquefoi 2 mètres de long et dont le corps est d'un noir bleuâtre (fig. 138);

enfin l'*anchois* qui a une grande ressemblance avec la sardine, mais dont les mâchoires sont fendues jusque derrière les yeux.

### RÉSUMÉ

Les *poissons* appartiennent à la classe des vertébrés. Ils ont un squelette *osseux* ou *cartilagineux* ou ils ont le corps complètement *mou*. Leur circulation est double, leur respiration se fait par des *branchies* et ils se reproduisent par des œufs. C'est au moyen de *nageoires* qu'ils se meuvent dans l'eau; celle de la queue tient lieu de gouvernail et de godille.

La *forme* des poissons est variable : il en est de plats, de ronds, de carrés, de pointus, etc.

Les poissons *plats* sont les *raies*, la *sole*, la *limande*, les *plies*, le *turbot*, la *barbue*, etc.

Parmi les poissons *ronds*, il y a le *bar*, la *loubine*, le *mœuil* ou *mulet*, le *rouget-grondin*, le *rouget-mulet*, le *merlan*, le *merlu*, la *dorade*, les *sargues* et la *vive*.

Le *congre* est un poisson long en forme de serpent.

Il est des poissons curieux par leur forme : l'*esturgeon*, la *baudroie*, la *scorpène*, appelée vulgairement *rascasse* ou *diable de mer*.

Les poissons qui font l'objet de pêches spéciales sont : la *morue*, le *hareng*, le *maquereau*, la *sardine*, le *thon* et l'*anchois*.

## 2. — LIEUX DE PÊCHE VOISINS ET LOINTAINS

**647.**— *Où habitent les poissons?*

Les poissons, selon le genre de nourriture qui leur convient, habitent, les uns les fonds de *sable*, les autres les fonds *vaseux*, d'autres les prairies de *plantes marines*, d'autres encore affectionnent les *rochers* ou les *graviers*. Il en est aussi qui aiment les *eaux vives*, d'autres les *eaux impures*; d'autres, enfin, séjournent toujours au *fond de la mer*.

**648.**— *Quels sont les poissons qui habitent les fonds de sable?*

Les poissons qui habitent les fonds de sable sont la sole, le turbot, la barbue.

**649.** — *Quels sont ceux qui vivent dans les fonds vaseux?*

Ceux qui vivent dans les fonds vaseux sont : les raies, la baudroie, le merlan.

**650.** — *Quels sont les poissons qui affectionnent les prairies d'algues et ceux qui préfèrent les rochers?*

Nous citerons parmi les premiers, les scorpènes ou rascasses, et parmi les seconds, les girelles et les pagels.

**651.** — *Quels sont ceux qui aiment les eaux vives, les eaux impures et ceux qui sont continuellement au fond de la mer?*

Les grondins aiment les eaux vives ; les mœuils, muges ou mulets, les eaux impures, et ce sont les congres et les murènes qui séjournent toujours au fond de la mer.

**652.** — *Que désigne-t-on sous les noms de poissons sédentaires et de poissons voyageurs?*

Les poissons **sédentaires** sont ceux qui, bien que susceptibles de déplacements, sont cantonnés dans une région et ne montent à la surface que par moments. Quant aux poissons **voyageurs** ce sont ceux qui ne restent pas dans un point déterminé, qui ne font que passer.

**653.** — *Citez des poissons sédentaires et des poissons voyageurs.*

Nous citerons parmi les poissons sédentaires, les poissons plats, tels que la sole et le turbot ; les poissons rouges, tels que les grondins, les scorpènes ; les poissons blancs, comme les sargues et les pagres ; et parmi les poissons voyageurs : la morue, le maquereau, le thon, le hareng, la sardine, l'anchois et le germon.

**654.** — *La mer est-elle partout également habitée?*

Non. C'est particulièrement près des côtes que les **lieux de pêche** se rencontrent, depuis le littoral jusqu'à une profondeur de 200 brasses (324 mètres). C'est là la limite du terrain maritime exploité par les pêcheurs français dans la mer du Nord, la Manche, l'Atlantique et la Méditerranée; au delà par des fonds plus considérables les poissons manquent ou sont très rares.

*655.— La mer du Nord et la Manche fournissent-elles d'abondantes ressources aux pêcheurs?*

Oui; et le poisson qu'on y pêche le plus est le hareng. Entre la Pointe du Touquet-Étaples et Fécamp en France d'une part, entre Dungeness et Selsea-Bill-Owers en Angleterre, d'autre part, se trouvent les lieux de pêche les plus fréquentés par les pêcheurs de poisson frais. La région la plus poissonneuse est par 60 brasses environ de Beachy-Head en Angleterre jusqu'aux environs de Torbay. Les fonds sablonneux et rocheux sont habités par des turbots, soles, vives, grondins, rougets, morues, etc.

*656.— Par qui sont exploités les fonds du Golfe de Gascogne? Quels sont les poissons voyageurs que l'on y pêche?*

Les richesses du golfe de Gascogne sont exploitées par les Bretons, les Vendéens, les Charentais et les Basques. La sardine y est de tous les poissons voyageurs le plus abondant. On y pêche encore le thon, le maquereau et l'anchois.

*657.— Quels sont les principaux bancs connus dans le golfe de Gascogne pour la pêche du poisson frais?*

Ce sont: les bancs des **Birvidaux**, situés entre Groix et Belle-Ile, le banc des **Cardinaux**, à l'est de Belle-Ile, le banc de la **Chardonnière**, à l'ouest-sud-ouest de Chassiron, le banc de la **Cuivrée**, à l'ouest-nord-ouest de la Coubre, les **Graviers de Cordouan**, à l'ouest du phare de ce nom, et les **Graviers des Hourtins**, sur la côte d'Arcachon.

*658.— De quelle nature sont ces fonds et quelles espèces de poissons y pêche-t-on?*

Ces fonds, vers le nord, sont constitués par du sable gris piqué de noir; dans le Pertuis de Maumusson c'est du sable vaseux piqué de rouge et l'on y prend le turbot, la sole, le grondin, le merlan, le merlu, le pironneau ou tacaud, etc. Les raies sont particulièrement abondantes vers la balise de la Grille, entre les Hourtins et le cap Ferret. La côte d'Arcachon est aussi très poissonneuse.

**659.**— *Indiquez la nature de quelques fonds dans la mer Méditerranée.*

Au large du cap Sicié, par des fonds de 50 à 70 mètres, on trouve d'abord des prairies d'algues, puis des graviers et du sable coquillier. De Marseille, vers la haute mer, ce sont également des algues, des graviers coralligènes, de la vase et du sable vaseux, et les fonds varient de 50, 45 à 100 mètres.

**660.**— *Quels sont les poissons que l'on y pêche?*

On y pêche toutes sortes de poissons, et cette région est une des mieux partagées au point de vue des ressources pour la pêche.

**661.**— *Sur quels rivages les poissons acquièrent-ils le plus de développement?*

C'est surtout sur les rivages de la Corse. Dans cette région maritime les turbots, les grondins, les rougets prennent un développement considérable.

**662.**— *Ne pêche-t-on pas de poissons voyageurs dans la Méditerranée?*

Oui. On y pêche la sardine, le maquereau, mais surtout le thon et l'anchois.

**663.**— *Où pratique-t-on surtout la pêche de la morue?*

La pêche de la morue se pratique surtout sur les hauts plateaux sous-marins de Terre-Neuve qui s'appellent le **Grand Banc**, le **banc Vert** et le **banc de St-Pierre** (fig. 139)

**664.** — *N'existe-t-il pas d'autres bancs ailleurs ?*

Oui ; il en existe d'autres dans un vaste espace compris entre le Groenland et l'Islande d'un côté, la Norvège de

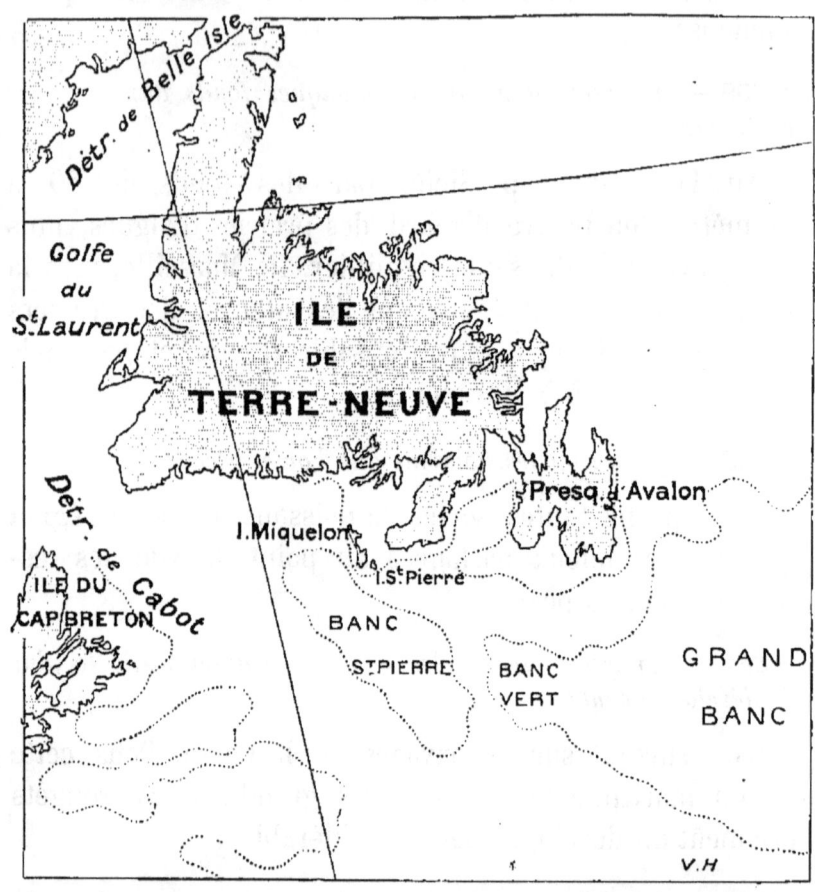

FIG. 139. — TERRE-NEUVE

l'autre ; enfin, la morue est encore prise par les pêcheurs boulonnais dans la mer du Nord sur le **Dogger-Bank**, vaste banc de sable, situé entre l'Angleterre et le Danemark.

RÉSUMÉ

Les poissons habitent les uns les sables, les autres les fonds vaseux, d'autres les prairies de plantes marines, d'autres encore les graviers ou les rochers, ceux-ci les eaux vives, ceux-là les eaux impures; enfin, il en est qui séjournent continuellement au fond de la mer.

Il est des poissons qui sont sédentaires comme le turbot, la sole, les grondins, les scorpènes, les sargues, d'autres qui voyagent tels que la morue, le maquereau, le thon, le hareng, la sardine et l'anchois.

Les principaux lieux de pêche de la Manche sont situés entre la pointe de Touquet-Étaples et Fécamp, en France, et entre Dungeness et Selsea-Bill-Owers, en Angleterre.

Sur ce littoral et sur celui de la mer du Nord on pêche aussi particulièrement le hareng.

Les fonds poissonneux du golfe de Gascogne sont les bancs des Birvidaux, des Cardinaux, de la Chardonnière, de la Cuivrée, les graviers de Cordouan, les graviers des Hourtins où l'on pêche : soles, turbots, grondins, merlans, merlus, raies, etc., selon la nature des fonds.

On pêche encore dans le Golfe, la sardine, le thon, le maquereau et l'anchois.

Dans la Méditerranée, on pêche toutes sortes de poissons; ils atteignent même dans ses eaux, sur les rivages de la Corse, des dimensions considérables. Les fonds y sont constitués par des prairies d'algues, du sable vaseux et des graviers coralligènes. Le thon et l'anchois y sont aussi très abondants.

La pêche de la morue se pratique sur les bancs de Terre-Neuve, en Islande, et sur le Dogger-Bank entre l'Angleterre et le Danemark.

# CHAPITRE III

## LES FILETS ET LES ENGINS DE PÊCHE
## LES DIFFÉRENTES PÊCHES

### 1. — DES FILETS — LA PÊCHE AU *CHALUT* ET AU *GANGUI*

**665.** — *Comment prend-on le poisson?*

Pour prendre le poisson, on se sert d'engins nombreux et variés que l'on peut diviser en trois groupes : 1° les **filets**, 2° les **lignes**, 3° les **engins divers**.

#### DES FILETS A MAIN — FILETS TRAINANTS
#### FILETS FIXES ET FILETS FLOTTANTS

**666.** — *Quels sont les principaux filets employés sur nos côtes?*

Ce sont : 1° les **filets à main**; 2° les **filets traînants**; 3° les **filets fixes**; 4° les **filets flottants**.

**667.** — *Qu'appelle-t-on filets à main?*

On appelle ainsi des filets qui, pour être mis en fonction, ont besoin de la présence et de l'action directe du pêcheur. Ils sont surtout employés pour la pêche à pied; cependant, il en est qui sont aussi appliqués à la pêche en bateau.

**668.** — *Quels sont les principaux filets à main?*

Les principaux filets à main sont : l'**épervier**, lourd filet plombé que l'on lance à pied ou d'une barque pour cerner le poisson ; le **carrelet**, la **trouble**, le **haveneau**, l'**épuisette**, etc.

**669.** — *Que nomme-t-on filets traînants?*

Les **filets traînants** sont de vastes poches qu'on remorque, soit à pied, soit en bateau, en les maintenant au fond de l'eau au moyen d'un poids. Les plus importants sont les **chaluts**, les *ganguis* et les *sennes*.

### PÊCHE AU CHALUT

**670.** — *Qu'est-ce qu'un chalut?*

Le **chalut** est un grand filet rectangulaire, deux fois plus long que large, dont l'ouverture a 12 ou 15 mètres, et que l'on coule dans la mer (fig. 140).

**671.** — *Comment ce filet est-il retenu à bord du bateau?*

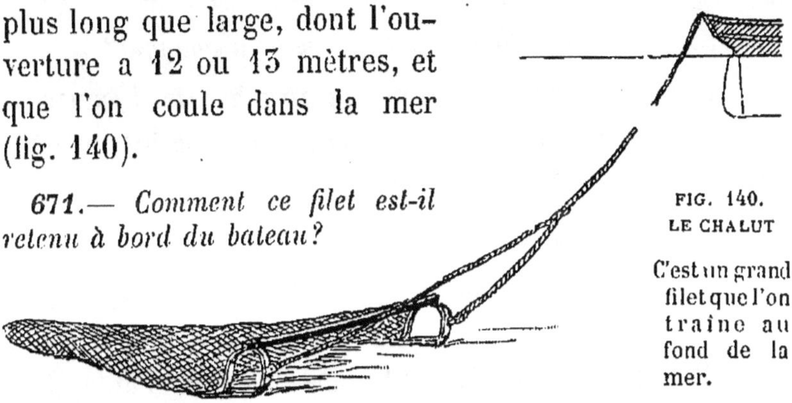

FIG. 140.
LE CHALUT

C'est un grand filet que l'on traine au fond de la mer.

Ce filet est retenu à bord du bateau par une corde appelée **fune** ou *halin*, dont la longueur est de deux ou trois fois la profondeur à laquelle on pêche.

**672.** — *De quelle manière agit le chalut?*

Le bateau se déplaçant traine le chalut sur le fond et capture les poissons sur son passage. La vitesse ne doit pas dépasser deux ou trois nœuds; autrement, il y aurait des soubresauts violents.

**673.** — *Dans quelles mers pratique-t-on la pêche au chalut?*

La pêche au chalut se pratique dans la Manche, mais surtout dans l'Océan Atlantique à l'aide de dundee ou de chaloupes appartenant aux quartiers Groix, l'île d'Yeu, Noirmoutier, les Sables-d'Olonne, La Rochelle, Royan et Arcachon. Elle se fait toute l'année et les produits de la pêche sont des soles, des turbots, des plies, etc.

### PÊCHE AU GANGUI OU PÊCHE AUX BŒUFS

**674.** — *Qu'appelle-t-on gangui?*

On appelle **gangui** un chalut de forme conique employé sur les côtes de la Méditerranée et qui, de chaque côté de son ouverture, possède deux larges ailes en filet de 50 mètres de longueur.

**675.** — *Quel nom donne-t-on à la pêche au gangui?*

On lui donne le nom de **pêche aux bœufs**, à cause des deux embarcations qu'elle nécessite et que les pêcheurs nomment **bœufs**.

**676.** — *Qu'est-ce qu'une senne?*

La **senne**, filet très ancien, dont les Grecs et les Romains faisaient usage, est une nappe simple allongée que l'on tient verticalement dans l'eau. A l'aide de ce filet on entoure le poisson et on le capture en l'emprisonnant dans la poche.

**677.** — *Que faut-il entendre par filets fixes?*

Il faut entendre par **filets fixes** des filets qui, tendus verticalement dans l'eau et retenus au fond par des poids ou des piquets, ne nécessitent pas l'intervention directe de l'homme. Ce sont de véritables pièges.

**678.** — *Connaissez-vous des filets fixes?*

Oui, il y a le **tramail** qui est formé de trois nappes superposées que l'on maintient verticalement, les **rissoles**, les **mugières** qui sont du même genre et le **thonare** ou **thonaire**, employé pour la pêche du thon.

**679.** — *Existe-t-il d'autres filets fixes?*

Oui, il y a encore les **nasses** et les engins de fond comme les **verveux**, les **louves**, les **garbelles**.

**680.** — *Qu'appelle-t-on nasses?*

On appelle **nasses** de grands paniers d'osier en cône allongé ou en forme de bouteille pourvus d'une ouverture à la base qui constitue l'entrée du piège, et d'une ouverture, très étroite à la pointe, que l'on couvre avec un bouchon de paille ou avec un couvercle à claire-voie. On les maintient au fond de l'eau au moyen de pierres.

**681.** — *Qu'est-ce qu'un verveux?*

Le **verveux** est un filet conique, en forme d'entonnoir, soutenu par des cercles et à l'intérieur duquel on place un filet disposé de façon que le poisson une fois rentré n'en puisse sortir.

**682.** — *Que désigne-t-on sous le nom de garbelle?*

La **garbelle** est une sorte de nasse, munie d'un cercle, qui est attachée à une bouée. Cet engin est employé pour la pêche des congres, des rougets et des langoustes (fig. 141).

**683.** — *Qu'appelle-t-on filets flottants?*

On appelle **filets flottants** ou **dérivants**, les filets dont la **ralingue**, c'est-à-dire le cordage inférieur est distante du fond d'un intervalle d'environ 20 centimètres. Ces filets vont au gré du vent ou bien sont entraînés par le courant, remorqués par une embarcation.

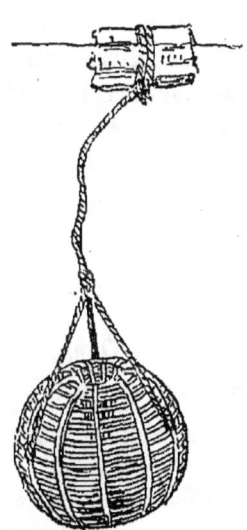

FIG. 141. — GARBELLE

On coule cet engin au fond de l'eau et le poisson une fois rentré n'en peut plus sortir.

**684.** — *A quelle pêche emploie-t-on ces filets?*

On emploie ces filets pour la pêche des poissons de passage. Celui dont on se sert pour la pêche de la sardine, dans la Méditerranée, porte le nom de **sardinal**.

## RÉSUMÉ

Pour prendre le poisson, on se sert de filets, de lignes et d'engins divers.

Les principaux filets employés sur nos côtes sont les *filets à main*, les *filets traînants*, les *filets fixes* et les *filets flottants*.

Les *filets à main* sont : l'*épervier*, le *carrelet*, le *trouble*, l'*haveneau* et l'*épuisette*.

Les *filets traînants* sont de vastes poches que l'on remorque, soit à pied, soit en bateau, en les maintenant au fond de l'eau. Les plus importants sont les *chaluts*, les *ganguis* et les *sennes*.

Les *filets fixes* sont ceux que l'on tend au fond de l'eau au moyen de poids ou de piquets : il y a le *tramail*, les *rissoles*, les *mugières* et le *thonaire*.

Les *nasses*, les *verveux*, les *louves* et les *garbelles* sont aussi des engins de fond fixes.

Les *filets flottants* ou *dérivants* sont ceux dont le cordage inférieur est distant du fond d'environ 20 centimètres; ils vont au gré du vent ou sont entraînés par le courant, remorqués par une embarcation. Le *sardinal* est un filet flottant employé pour la pêche de la sardine.

### 2. — LES LIGNES ET ENGINS DIVERS

**685.** — *Quels sont les engins nécessaires à la pêche à la ligne en mer?*

Ce sont les **cannes**, les **lignes** et les **hameçons**.

**686.** — *A quoi servent les cannes?*

Les **cannes** (roseaux, bambous ou bois flexibles) servent à recevoir la corde ou *ligne* à laquelle est retenu l'*hameçon*. Elles ne sont pas indispensables pour la pêche en mer, la ligne suffit.

**687.** — *Qu'est-ce qu'un hameçon?*

L'*hameçon* est un crochet de métal destiné à retenir

le poisson; il se compose de la *hampe* qui est la plus grande branche, du *coude*, la partie couchée et de

FIG. 142. — HAMEÇONS
Ces instruments qui servent à retenir le poisson sont de diverses formes.

la *pointe*, la plus petite branche, qui a la forme d'un dard (fig. 142).

688. — *Par quoi dissimule-t-on le dard de l'hameçon?*

On le dissimule au moyen de l'**appât** ou **amorce**, c'est-à-dire d'une substance destinée à attirer et tromper le poisson et qui consiste en vers, crabes, crevettes, poissons frais ou salés, entiers ou coupés et en mouches artificielles

689. — *Qu'appelle-t-on ligne de fond?*

On appelle **ligne de fond**, une ligne à main à laquelle sont suspendus plusieurs hameçons. On la désigne aussi sous le nom de **palangrotte**.

690. — *Que nomme-t-on ligne dormante?*

On nomme **ligne dormante**, une ligne très longue ou *ligne mère* (maîtresse corde) à laquelle sont suspendues d'autres lignes secondaires, d'une brasse environ, et à chacune desquelles est fixé un hameçon. Cette ligne est tenue horizontalement au fond de l'eau par deux poids placés aux deux extrémités.

691. — *Quel nom donne-t-on à cette ligne lorsqu'on y met des hameçons de divers numéros? Dans quel moment s'en sert-on?*

On l'appelle **palangre**. On mouille le palangre la nuit pour le relever le lendemain matin.

*692. — Où se pratique la pêche au palangre?*

Elle se pratique dans la Méditerranée et demande une grande connaissance de la nature du fond. On capture au moyen de cet engin des raies, des turbots, des carrelets, des soles, des plies, des rougets, etc.

*693. — Qu'appelle-t-on lignes flottantes?*

Les **lignes flottantes** sont des lignes dont les **avancées**[1] sont maintenues à une certaine distance du fond, soit par des flottes, soit par la vitesse des bateaux qui les remorquent.

*694. — A quoi servent ces lignes?*

Ces lignes servent particulièrement à prendre le poisson de surface, les sardes, le thon, etc.

*695. — Qu'est-ce que la pêche à la belée?*

La pêche **à la belée** se fait en bateau. On capture ainsi des grondins, bars, merlans et mulets. C'est une forte ligne munie de deux en deux brasses de flotteurs de liège qui la maintiennent à la surface de l'eau. Les hameçons qui les garnissent entrent dans l'eau.

*696. — Existe-t-il d'autres engins de pêche?*

Oui. Il y a les **harpons** qu'on appelle aussi **foënes** ou **tridents**. Ce sont des instruments en fer ou en acier armés de dents terminées par un dard et dont le manche est en bois (fig. 143).

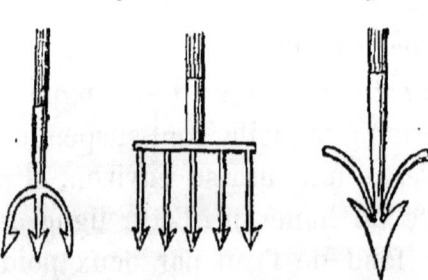

FIG. 143. — HARPONS
On s'en sert pour transpercer les poissons.

*697. — A quoi servent ces instruments?*

Ils servent à transpercer les poissons, soit le jour, soit la nuit; dans ce

---

1. Bas de la ligne.

dernier cas, on les attire à la surface de l'eau au moyen de torches ou de bois allumés dans un récipient.

### RÉSUMÉ

Les engins nécessaires à la pêche à la ligne en mer sont les *cannes*, les *lignes* et les *hameçons*.

La *ligne de fond* est une ligne à main à laquelle sont suspendus plusieurs hameçons.

La *ligne dormante* est une très longue ligne à laquelle sont suspendues d'autres lignes à chacune desquelles est fixé un hameçon. En y mettant des hameçons de divers numéros on a *le palangre* très employé dans la Méditerranée.

Les *lignes flottantes* sont celles que l'on maintient à une certaine distance du fond et qui servent à prendre le poisson de surface.

Les *harpons* sont des engins de pêche destinés à transpercer les poissons. Ces instruments sont armés de dents terminées par un dard.

## 5. — PÊCHES SPÉCIALES DU HARENG, DE LA SARDINE, DE L'ANCHOIS, DU MAQUEREAU, DU THON ET DE LA MORUE

#### PÊCHE DU HARENG

**698.** — *Où habite le hareng ?*

Le **hareng** habite surtout les mers septentrionales, l'Océan Atlantique, les baies du Groenland, les côtes d'Irlande et d'Angleterre, de la Suède, de la Norvège, du Danemark et de la Hollande, et le littoral de la Manche jusqu'à l'embouchure de la Loire qu'il ne dépasse guère.

**699.** — *A quelle époque se montre-t-il ?*

Le hareng se montre à des époques à peu près fixes. Ainsi à Boulogne on le pêche au mois de juin ; en septembre, on le prend dans la mer du Nord et, vers la fin d'octobre, il se montre à l'embouchure de la Tamise.

**700.** — *Comment pêche-t-on ce poisson?*

On peut le pêcher avec des lignes ou des hameçons appâtés au moyen de morceaux de hareng et des vers, sur les rochers de la côte; mais cette pêche se fait surtout au large au moyen de grands filets formés d'un grand nombre de nappes, dont l'ensemble constitue une *tessure*.

**701.** — *Quel genre d'embarcations emploie-t-on?*

On emploie de grands bateaux que l'on laisse dériver et on ne retire le filet que lorsque les harengs sont bien pris.

**702.** — *Quelles sont les différentes préparations du hareng?*

Il y a: le **hareng blanc**, c'est le poisson ouvert et jeté dans une saumure très chargée de sel; le **hareng nouveau** ou **vert**, c'est celui qui est pêché au printemps et simplement salé à bord; le **hareng pec**, celui qui est pêché en automne, et enfin le **hareng saur**, ce poisson séché et salé, qui est exposé ensuite à la fumée d'un feu de bois, pendant plusieurs jours.

### PÊCHE DE LA SARDINE

**703.** — *La pêche de la sardine est-elle importante?*

La pêche de la sardine est une des plus importantes du littoral océanique de la Bretagne et du golfe de Gascogne; elle donne lieu à un commerce très étendu et emploie plus de 1500 embarcations depuis Douarnenez jusqu'au delà des Sables d'Olonne.

**704.** — *Où habite la sardine et vers quelle époque vient-elle sur nos côtes?*

La sardine habite, en temps ordinaire, au large des côtes, dans les grandes profondeurs de la mer et c'est en avril et juin qu'elle arrive en bandes immenses sur les côtes de l'Océan. On trouve aussi la sardine dans la Méditerranée particulièrement sur les côtes de Sardaigne.

**705.** — *Comment pêche-t-on la sardine?*

On emploie, pour prendre la sardine, un filet à petites mailles, long de 20 à 30 mètres, large de 10 mètres, que l'on dispose dans un plan vertical à la traîne du bateau. Pour procéder à la pêche, les marins amènent les voiles, abattent les mâts et rament doucement de façon que l'embarcation ne puisse dériver sur le filet.

**706.** — *De quel genre de filet se sert-on aussi sur les côtes de Provence?*

Sur les côtes de Provence, à La Ciotat particulièrement, on se sert du filet appelé **sardinal**; il a 80 mètres de long sur 16 à 18 de hauteur et les mailles ont 6 lignes[1] au carré.

**707.** — *Quels appâts emploie-t-on et avec quoi sont-ils fabriqués?*

L'appât, que l'on emploie pour la pêche de la sardine, se nomme **rogue**; il est fait avec des œufs de morue et de maquereau. Il y a aussi la **gueldre**, fabriquée avec des crevettes pilées, et dont l'odeur est épouvantable. Pour attirer la sardine, on jette l'appât à l'eau de chaque côté du filet.

**708.** — *Comment consomme-t-on la sardine?*

On la consomme **fraîche, salée** ou **conservée** à l'huile, dans des boîtes.

### PÊCHE DE L'ANCHOIS

**709.** — *Qu'est-ce que l'anchois? D'où nous vient*

L'anchois est un petit poisson long de 10 à 12 centimètres, proche parent de la sardine, au dos verdâtre et

---

[1] *Ligne* : ancienne unité de longueur valant un peu plus de 2 millimètres.

au ventre blanc, qui devient bleu noirâtre après sa mort. Il nous vient du golfe de Gascogne et du littoral Méditerranéen.

**710.** — *Comment pêche-t-on l'anchois ?*

La pêche de l'anchois, qui se pratique surtout dans la Méditerranée, à Antibes, Fréjus, Cannes, est très pittoresque. Elle se fait la nuit, par une mer calme et tranquille, au moyen de nombreuses barques portant à la poupe des brasiers allumés qui se reflètent dans la mer. Attirés par la lumière, les anchois viennent se prendre dans les filets.

**711.** — *Comment consomme-t-on l'anchois ?*

On le consomme frais en le faisant frire, mais ce n'est pas un mets délicat. On le sale également et on en fait aussi des conserves à l'huile, dans des flacons en verre.

### LA PÊCHE DU MAQUEREAU

**712.** — *Qu'est-ce que le maquereau ?*

Le maquereau est un poisson à dos bleu marqué de raies ondées noires qui, au printemps, arrive sur nos côtes. Il vient en bande dans l'Océan Atlantique où la troupe se disperse ; une partie passe dans la Méditerranée.

**713.** — *Comment pêche-t-on le maquereau ?*

On le pêche en bateau au moyen de lignes amorcées avec des vers, des crevettes ou de la chair de poisson. Cette ligne porte un plomb pour la faire caler, mais de façon que le bateau, dans sa marche, ne la laisse pas traîner au fond.

**714.** — *N'existe-t-il pas d'autres moyens pour prendre ce poisson ?*

Oui ; dans la Manche on se sert de longues lignes flottantes. Chaque bateau en porte 6 ou 8 à la traîne et elles sont maintenues écartées du bord à l'aide de perches, situées contre le bordage de l'embarcation.

**715.** — *Quel moyen emploient les pêcheurs de la Méditerranée ?*

Ils mettent à la traîne derrière leur bateau une ligne de 15 brasses de longueur. Lorsqu'un poisson est pris on l'amène doucement vers le bord et tout le banc de maquereau suit. Alors on jette à la mer un appât, on prend de chaque main une canne en roseau portant une ligne avec un hameçon et le poisson se laisse immédiatement enferrer.

**716.** — *Comment consomme-t-on le maquereau ?*

On consomme le maquereau frais ou salé. A Dieppe et à Fécamp, on en prépare des conserves dans l'huile.

## LA PÊCHE DU THON

**717.** — *Qu'est-ce que le thon ?*

Le **thon** est un gros poisson pesant ordinairement de 25 à 100 kilog.; il a le dos bleu noir, le ventre argenté, les nageoires dorées sur le dos et irisées sur les côtés. Il voyage sans cesse en bandes formant triangle.

**718.** — *A quelle époque fait-on la pêche du thon ?*

On fait la pêche du thon de la fin juin à la fin de septembre.

**719.** — *Au moyen de quel engin le capture-t-on ?*

On le capture à l'aide de lignes fixées à deux longues perches faisant avec les mâts un angle de 40 degrés environ. Ces lignes, armées d'hameçons doubles avec des appâts de feuilles de maïs et de soies de porc, traînent parallèlement à la quille du navire. La vitesse du bateau doit être de 4 à 5 milles à l'heure. L'appât sautille et le thon se précipite dessus.

**720.** — *Comment prend-on le thon dans la Méditerranée?*

Dans la Méditerranée, on prend le thon au moyen d'un engin appelé **thonaire**. C'est un filet, formé généralement de trois pièces, dont la longueur atteint 400 ou 500 mètres ; il est garni de flottes à la partie supérieure et lesté par le bas.

**721.** — *Comment emploie-t-on ce filet?*

On fixe un des bouts du filet sur un point favorable de la côte et l'on porte l'autre à la mer, d'abord en ligne droite, puis formant une courbe en revenant sur lui-même. Les thons, suivant la côte, sont d'abord arrêtés par la partie du filet posée en ligne droite, ils l'évitent, remontent en gagnant le large, mais tombent dans la courbe. On tire alors le filet vers la côte avec tous les poissons qu'il renferme.

**722.** — *Comment consomme-t-on le thon?*

On consomme le thon frais ; mais il est aussi acheté par les fabriques de conserves alimentaires qui préparent annuellement des quantités considérables de boites de ce poisson.

### LA PÊCHE DE LA MORUE

**723.** — *Qu'appelle-t-on morue?*

On appelle **morue** un poisson dont le corps est allongé, la tête grosse et comprimée, la bouche énorme et les yeux très gros voilés par une membrane transparente. Sa couleur est d'un gris cendré tachetée de jaunâtre sur le dos, blanc-jaunâtre en dessous.

**724.** — *Où habite la morue?*

La morue habite les mers de l'hémisphère nord, entre le 40ᵉ et le 65ᵉ degré de latitude. Elle se tient dans les grandes profondeurs et n'approche des côtes que pour frayer.

**725.** — *Les morues ne viennent-elles pas sur nos côtes?*

Oui. Dans les premiers temps de leur vie, les morues restent dans les eaux peu profondes et c'est pour ce motif que l'on en voit sur les côtes de l'Océan et de la Manche. Lorsqu'elles ont atteint 40 à 50 centimètres, elles gagnent les grands fonds.

**726.** — *Quels genres de bâtiments arme-t-on pour la pêche de la morue et quels sont les principaux ports d'embarquement?*

Les bâtiments que l'on arme pour la pêche de la morue sont, en France, des lougres, quelques sloops, et surtout des goëlettes. Les principaux ports d'armement sont Granville, Saint-Malo, Saint-Servan, puis Paimpol, Binic, Saint-Brieuc, Fécamp, Le Havre, etc. Quelques goëlettes sont armées aussi à Saint-Pierre.

**727.** — *Quels sont les procédés de capture employés pour ce poisson?*

Ils sont les mêmes en Islande, sur le Dogger-Bank et à Terre-Neuve ; nos pêcheurs font usage de lignes : **lignes à main** et **lignes de fond**, partout où les fonds rocailleux ne permettent pas l'usage d'une senne.

**728.** — *Comment emploie-t-on les lignes à main?*

Ces lignes s'emploient de deux façons ; tantôt elles sont jetées du bord et filées le long du bastingage du bâtiment lui-même, tantôt les pêcheurs sont placés dans de petites embarcations appelées **waries** ou **doris** et, pourvus chacun de deux lignes, lancent celles-ci à droite et à gauche du bateau. Une fois le poisson enferré on le jette à bord.

**729.** — *Parlez du mode de pêche aux lignes de fond ou harouelles?*

Les lignes de fonds ou **harouelles** sont des cordes sur lesquelles on fixe des lignes de pêche ordinaires, armées chacune d'un hameçon ; il y en a quelquefois 2 à 3 milles. On les file et on les fixe aux deux extrémités à l'aide de grappins. L'un de ces grappins est munie d'une bouée, surmontée d'un mât et d'un pavillon destiné à faciliter la découverte de l'engin.

*730.— Quelles sont les époques de la pêche de la morue?*

Les appareillages pour Terre-Neuve et l'Islande se font dans les premiers jours de mars et la pêche a lieu d'avril au mois d'août.

*731.— Que fait-on des morues pêchées?*

On les transporte à terre où elles subissent une manipulation complète dans des bâtiments en bois appelés *chaffauds*, ou bien, salées légèrement et entassées dans les navires, on les amène en France. Là on les prépare définitivement dans des établissements particuliers à Saint-Nazaire, La Rochelle, Bordeaux et Marseille.

### RÉSUMÉ

Le *hareng* habite les mers septentrionales, mais il se montre en juin dans la mer du Nord. On le pêche à la ligne avec des hameçons et au moyen de filets sur des grands bateaux montés par 10 ou 15 hommes.

On distingue le *hareng blanc*, le *hareng vert*, le *hareng pec* et le *hareng saur*.

La pêche de la *sardine* est très importante. C'est d'avril à juin que ce poisson arrive sur le littoral de l'Océan en bandes immenses. On le prend au moyen de filets à petites mailles mais longs de 20 à 50 mètres. En Provence, on emploie un filet appelé *sardinal* qui a 80 mètres de longueur.

Les appâts usités sont particulièrement la *rogue* et la *gueldre*.

La pêche de l'*anchois* se pratique dans le golfe de Gascogne, mais surtout dans la Méditerranée. A Antibes, Fréjus, Cannes, elle se fait la nuit au moyen de barques portant des brasiers allumés.

Le *maquereau* qui, au printemps, vient en bandes sur nos côtes, se pêche au moyen de lignes amorcées avec des vers, ou de longues lignes flottantes mises à la traîne de bateaux.

Ce poisson se consomme frais ou salé. On en fait aussi des conserves à l'huile.

La pêche du *thon* a lieu de la fin de juin à la fin de septembre. On le capture à l'aide de lignes fixées à des perches sur le bateau. Dans la Méditerranée, on emploie aussi un filet appelé *thonaire* qui a 400 ou 500 mètres de longueur.

Le thon se consomme frais ou conservé dans l'huile.

La *morue* qui habite l'hémisphère nord, entre le 40° et le 65° degré de latitude, dans les eaux profondes, se pêche à la ligne à main et à la ligne de fond ou *harouelles*.

Les bâtiments que l'on arme pour cette pêche partent des ports de la Normandie et de la Bretagne dans les premiers jours de mars pour Terre-Neuve et l'Islande. La pêche qui commence en avril se termine en août.

La morue est **séchée sans salaison** ou bien **salée** et **séchée** et expédiée ensuite en France où elle subit une préparation définitive dans des établissements particuliers du littoral.

# CHAPITRE IV

## PROMENADES ET PÊCHES A PIED

Sommaire. — 1. Promenades sur le rivage : Les plantes marines, les mollusques et les crustacés. — 2. Pêche des huîtres, moules et autres coquillages. — 3. Pêche des crabes, homards, langoustes et crevettes.

### 1. — PROMENADES SUR LE RIVAGE

**732.**— *Quelle utilité peuvent avoir les promenades sur le rivage?*

Les **promenades sur le rivage** ont d'autant plus d'utilité que les personnes, avides de s'instruire, trouveront là des sujets d'études nombreux et variés dont les élèves de nos écoles primaires du littoral feront bien aussi de profiter.

**733.**— *Que remarque-t-on sur la côte à marée basse?*

Entre les dernières vagues et la côte, on remarque ici du sable, là des rochers, entourés de mares d'eau, sur les bords et au fond desquels croissent des **plantes marines**: vivent des mollusques, des crevettes, des crabes et d'autres **animaux marins**. Ces derniers, sur le littoral et à marée basse, font l'objet des pêches à pied.

### LES PLANTES MARINES OU ALGUES

**734.**— *Qu'appelle-t-on plantes marines?*

On appelle **plantes marines** ou **algues** des plantes aux formes et aux couleurs les plus variées qui croissent sur les bords et au fond de la mer; elles appartiennent à la famille des **cryptogames**. Ces plantes n'ont ni racines, ni fleurs. On leur donne aussi les noms de **goëmon**, **varech**, **sart**, **cholet** ou **mousse de mer**.

**735.** — *Peut-on classer les algues?*

On peut les classer d'après leur couleur en trois groupes : 1° les algues **vertes**; 2° les algues **roses** ou **violacées**; 3° les algues **brunes** ou **olivâtres**.

**736.** — *Citez les principales algues.*

Les principales algues sont : parmi les algues vertes, les **ulves** ou **laitues de mer**; parmi les violacées, la **chondrée crispée** et les **céramées**; parmi les brunes, les **fucus** et les **laminaires**[1].

**737.** — *A quoi servent les algues?*

Les algues servent à l'emballage du poisson ; dans l'agriculture on les emploie pour fumer les terres, tel le **fucus vésiculeux**. L'industrie en retire la soude et l'iode. Il en est, comme l'**ulve comestible**, que les Écossais et les Irlandais emploient comme aliment. La **chondrée** est employée en médecine et la **laminaire** fournit du sucre.

### LES ANIMAUX MARINS : MOLLUSQUES ET CRUSTACÉS

**738.** — *Que trouve-t-on à mesure que l'on s'avance dans la mer, pendant le reflux?*

A mesure que l'on s'avance dans la mer pendant le reflux, on trouve des **mollusques**, des **crustacés** et des **poissons**, dont nous avons déjà parlé.

**739.** — *Qu'appelle-t-on mollusques?*

On appelle **mollusques** des animaux marins dont le corps mou est protégé par une **coquille**. Les uns ont deux coquilles (bivalves), comme les **huîtres**, les **moules**, les **peignes**, les **palourdes**, les **clovisses** et les **manches de couteau** ; les autres n'en ont qu'une (univalves) comme les **bigornaux**, les **buccins**, les **haliotides** ou

---

1. La *Zostère marine* ou *Herbet* n'est pas une algue.

*oreilles de mer* et les *patelles* ou *jambles*; d'autres enfin n'en ont pas du tout, ce sont les *sèches* ou *seiches*, les *calmars* ou *encornets*, et les *poulpes* ou *pieuvres*.

**740.**— *Qu'appelle-t-on crustacés?*

On appelle *crustacés* des animaux marins pourvus d'une carapace dure comme les *crabes*, les *crevettes*, le *homard* et la *langouste*.

### RÉSUMÉ

Les promenades sur le rivage sont d'autant plus utiles qu'elles fournissent une mine inépuisable de richesses scientifiques.

Les maîtres des écoles du littoral devront en faire profiter leurs élèves et leur donner *de visu* des notions sur les *plantes* et les *animaux* que la mer nourrit.

Les *plantes marines* sont désignées sous le nom général d'*algues*, de *goëmon, varech, sart, cholet* et *mousse de mer*. Les principales sont : les *ulves* ou *laitues de mer*, la *chondrée crispée*, les *céramées*, les *fucus* et les *laminaires*.

Les animaux marins sont les *mollusques*, les *crustacés* et les *poissons*. Parmi les mollusques nous trouvons : les *huîtres*, les *moules*, les *peignes*, les *palourdes*, les *clovisses*, les *manches de couteau*, les *bigorneaux*, les *buccins*, les *haliotides* et les *patelles*. Il y a aussi les *seiches*, les *calmars* et les *poulpes*. Les crustacés sont : les *crabes*, les *crevettes*, le *homard* et la *langouste*.

### 2. — PÊCHE DES HUITRES, DES MOULES ET AUTRES COQUILLAGES

LES HUITRES; PÊCHE ET OSTRÉICULTURE

**741.**— *Où vivent les huîtres*

Les huîtres vivent non loin des rivages à des profondeurs variables, mais généralement peu considérables; elles sont fixées au rocher et forment des *bancs* très étendus.

**742.**— *Y a-t-il plusieurs espèces d'huîtres?*

Il y a plusieurs espèces d'huîtres : l'***huître commune*** qui comprend deux variétés : l'*huître de Cancale* et l'*huître d'Ostende* qui vivent dans l'Océan et la Manche ; l'*huître pied de cheval* qui vit dans la Méditerranée (L'huître *verte* de Marennes est une huître qui a acquis sa couleur verte et sa saveur délicate dans des parcs ou viviers spéciaux). Mentionnons aussi l'*huître de Portugal* très répandue aujourd'hui, mais d'un goût bien inférieur aux précédentes.

**743.** — *A quelle époque pêche-t-on les huîtres ?*

La pêche des huîtres a lieu depuis septembre jusqu'en avril pendant les mois qui ont des *r* ; c'est précisément à ce moment qu'elles ont meilleur goût.

**744.** — *Comment se fait cette pêche ?*

Elle se fait de deux façons : 1° à **pied** sur les rochers

FIG. 144. — LA DRAGUE

La partie inférieure de cet instrument qui est tranchante
racle le fond de la mer et en arrache les huîtres.

qui découvrent à marée basse, à l'aide d'instruments qui les décollent ; 2° au moyen d'un engin appelé **drague**, remorqué par un bateau (fig. 144).

**745.** — *Comment est composée la drague?*

C'est une sorte de cadre de fer très lourd, auquel est attachée une poche en filet. La partie inférieure de cet instrument tranchant racle le fond de la mer et en arrache les huîtres (fig. 144).

**746.** — *La pêche des huîtres n'est-elle pas surveillée?*

Cette pêche, qui est faite par une flottille d'embarcations sur un même banc, est surveillée par une **péniche garde-côte** qui donne à heure fixe le signal de la pêche.

**747.** — *Toutes les huîtres pêchées à pied sur les rochers et celles qu'on ramène à la drague ont-elles les qualités requises pour être livrées à la consommation?*

Non. Elles sont conduites dans des **parcs**, sortes de bassins creusés sur le rivage, alimentés par l'eau de mer, où elles deviennent plus grasses, plus tendres et plus savoureuses. Cela s'appelle l'**ostréiculture**.

**748.** — *Quels sont, parmi tous les parcs de France, ceux qui donnent lieu à l'industrie la plus considérable?*

Ce sont ceux de **Marennes**. Pendant son séjour dans ces bassins l'huître devient **verte**. Ils diffèrent des autres bassins en ce sens que leur eau n'est renouvelée qu'aux grandes marées des nouvelles et pleines lunes. Ils prennent le nom de **claires**.

### LES MOULES; PÊCHE ET MYTILICULTURE

**749.** — *Où vivent les moules?*

Les **moules** vivent en société nombreuse, sur les rochers où elles sont fixées, au moyen de fils appelés **byssus**, formant des bancs comparables aux bancs d'huîtres (fig. 145).

**750.** — *Comment pêche-t-on les moules?*

Sur les rochers que la marée découvre on pêche les moules à la main; ailleurs c'est à l'aide de la drague.

**751.** — *Les moules ainsi pêchées sont-elles de bonne qualité?*

Il en est de bonne qualité, mais la plupart sont maigres,

FIG. 145.
Les moules vivent fixées sur les rochers.

petites, souvent âcres et malsaines. On leur préfère les moules *cultivées* ou plutôt améliorées.

**752.** — *Comment cultive-t-on les moules?*

On cultive les moules au moyen de *bouchots*. Ce sont

FIG. 146. — LES BOUCHOTS
Pêcheur visitant ses bouchots avec son âcon.

des pieux de différente hauteur enfoncés dans la mer et

réunis par des fascines qui retiennent le coquillage. Sur ces bouchots la moule se développe et devient meilleure. La culture des moules porte le nom de *mytiliculture* (fig. 146).

**753.** — *Où cultive-t-on particulièrement la moule?*

On la cultive dans la baie vaseuse de l'Aiguillon où il existe plus de huit kilomètres de bouchots[1].

PÊCHE DES PECTENS, PALOURDES, CLOVISSES, COQUES ET MANCHES DE COUTEAU

**754.** — *Comment pêche-t-on les Pectens?*

Les **Pectens**, dont les coquilles sont l'une concave et l'autre plate, vivent dans le sable et se pêchent à la drague ou à la main à mer basse. On les appelle aussi **peignes** et **Coquilles Saint-Jacques**, quand ils sont gros; les **vannes** et les **pétoncles** sont les plus petits.

**755.** — *Quels sont les autres coquillages qui font l'objet de pêches à pied et à la main sur les côtes de la Manche et de l'Océan?*

Les autres coquillages que l'on pêche à mer basse sur les côtes de la Manche et de l'océan Atlantique sont les **palourdes**, les **clovisses**, les **coques** et les **manches de couteau**. Ces mollusques vivent sur le sable ou enfoncés dans le sable, et, au moyen d'un instrument quelconque, un pic, un simple couteau ou une bêche, on les découvre et on les prend.

**756.** — *N'est-il pas d'autres mollusques que l'on pêche à marée basse?*

Oui. Ce sont les **bigornaux**, les **buccins**, les **halio-**

---

[1]. Pour visiter ses bouchots, à marée basse, le pêcheur emploie une sorte de nacelle à fond plat appelée *acon* qui, sur certaines plages vaseuses, sert aussi à aller tendre des filets. On met cet appareil en mouvement avec le pied, d'où encore son nom de *pousse-pied*.

*tides* et les *patelles* ou *jambles.* Ces petits animaux vivent, les uns sur les plantes marines, on n'a qu'à les ramasser; les autres, comme les patelles, se collent aux rochers et il faut un instrument tranchant pour les enlever.

### RÉSUMÉ

Les huîtres vivent à des profondeurs variables et forment des **bancs** très étendus.

Il y a plusieurs espèces d'huîtres : l'***huître commune***, qui comprend l'***huître d'Ostende*** et l'***huître de Cancale***, l'***huître pied de cheval*** et l'***huître portugaise.***

La pêche des huîtres se fait à pied sur les rochers qui découvrent à marée basse et, à marée haute, au moyen d'un engin appelé **drague**, remorqué par un bateau. Cette pêche est surveillée par un **garde-côte**. Une fois pêchées les huîtres sont mises dans des **parcs**. Les huîtres **vertes** de Marennes sont élevées dans des parcs que l'on nomme **claires** (ostréiculture).

Les moules vivent sur les rochers; on les pêche *à la main* ou *à la drague*. Les meilleures moules sont celles que l'on élève au moyen de **bouchots** (*mytiliculture*).

Les autres coquillages : ***pectens*** ou ***coquilles Saint-Jacques, palourdes, clovisses, coques, manches de couteaux, bigornaux, buccins, haliotides*** et ***patelles*** se pêchent à la main sur le sable, dans le sable ou sur les rochers.

### 5. — PÊCHE DES CRABES, HOMARDS, LANGOUSTES ET CREVETTES

**757.**— *Qu'appelle-t-on crabes?*

Les **crabes** sont des crustacés qu'on trouve au bord de la mer en très grand nombre. Ces animaux, très craintifs se cachent dans le sable ou dans les fentes de rochers.

**758.**— *Citez les principaux crabes.*

Ce sont : le **crabe commun** ou **crabe enragé**, le **crabe tourteau** ou **poupart**, grosse espèce à carapace ovale (fig. 147), le *crabe araignée*, dont l'aspect est repoussant et le *crabe étrille*. Il y a aussi un crabe appelé le **bernard l'ermite** qui offre cette particularité curieuse de se loger dans une coquille univalve, à sa taille et à sa con-

FIG. 147. — CRABE TOURTEAU OU POUPART

**Les crabes** se cachent dans le sable ou dans la fente des rochers.

venance, après en avoir dévoré le propriétaire, si propriétaire il y a.

759. — *Comment pêche-t-on les crabes ?*

Il est beaucoup de crabes que l'on pêche à la main dans les sables où le flot les laisse en se retirant. Pour ceux qui habitent sous les rochers ou dans les fentes de rochers, on se sert de pics ou de leviers pour les en sortir. Quand la mer est haute on emploie aussi des nasses, des casiers et des balances que l'on amorce avec des morceaux de viande et que l'on coule au fond de l'eau.

760. — *Quelle différence y a-t-il entre le homard et la langouste ?*

Le **homard** ou **écrevisse marine**, qui a la carapace unie et de couleur bleuâtre, tachetée de jaune, porte deux pinces très grosses et inégales ; la **langouste** dont la carapace est épineuse et hérissée de poils courts possède deux antennes très longues. Sa couleur est brun verdâtre foncé, ponctué de blanc sale. Ces animaux vivent au fond de la mer sur les rochers (fig. 148).

**761.** — *Comment se fait la pêche de ces crustacés ?*

La pêche de ces crustacés se fait au moyen de nasses

FIG. 148. — HOMARD ET LANGOUSTE
Longueur max. : 0ᵐ,50.
Le homard en bas à gauche a des pinces très grosses ; la langouste n'en a pas.

ou paniers en osier, construits de telle sorte qu'une fois entrés ces animaux n'en peuvent plus sortir. On place ces engins le soir et on les relève le lendemain matin. La pêche des homards et des langoustes se fait aussi dans la mer à l'aide de filets et de bateaux (Homardiers bretons).

**762.** — *Que nomme-t-on crevettes ?*

On nomme **crevettes** de petits crustacés ressemblant à des langoustes, qui vivent communément au bord de la mer. Ils sont très agiles et très voraces.

**763.** — *Y en a-t-il plusieurs espèces ?*

Oui ; il y a le **crangon** appelé vulgairement **crevette** grise, **salicoque**, **bouc** ou **bouquet** et le **palémon à scie** qui devient rouge par la cuisson. Les pêcheurs l'appellent **chevrette**, c'est la **crevette rose**.

**764.** — *Comment pêche-t-on les crevettes ?*

On pêche les crevettes à l'aide d'un filet en forme de poche, tenu ouvert par un demi-cercle en bois (le **havenau**) dont les deux bouts sont joints par une corde et que l'on pousse à l'aide d'un ou deux manches en entrant dans l'eau jusqu'aux genoux. Le pêcheur laboure ainsi le sol et lève le filet de temps en temps. On pêche aussi les crevettes au moyen de **balances**.

**765.** — *Qu'appelle-t-on balances ?*

On appelle balances des filets ronds tenus ouverts par un cercle en bois ou en fer attaché à trois cordes aboutissant à une corde unique munie de carrés de liège. On lance ces filets dans l'eau et on les retire au moyen d'une perche terminée en fourche.

### RÉSUMÉ

Les **crabes** sont des crustacés très craintifs qui se cachent dans le sable ou dans les fentes des rochers.

Les principaux crabes sont : le **crabe commun**, le **crabe tourteau**, le **crabe araignée**, le **crabe étrille** et le **bernard l'ermite**.

On pêche le crabe dans le sable et dans les fentes des rochers à l'aide de **pics** ou de **leviers**. A marée haute on emploie des **nasses** ou des **balances**.

Le **homard** porte deux grandes pinces, la **langouste** a deux longues antennes. Ces animaux qui vivent sur les rochers au fond de la mer se pêchent au moyen de nasses.

Il y a plusieurs sortes de crevettes : le **crangon** ou **crevette grise** et le **palémon à scie** qui devient rose par la cuisson. On les pêche avec le **havenau** ou les **balances**.

# APPENDICE

## I

### FILETS : CONFECTION ET RAMENDAGE

**766.** — *Qu'est-ce qu'un filet ?*

On nomme **filet** un tissu, composé de mailles de fils nouées, qui sert à prendre le poisson.

**767.** — *Y a-t-il plusieurs sortes de filets ?*

Il y a plusieurs sortes de filets : les uns sont **droits**, les autres sont **coniques**, d'autres tiennent des uns et des autres.

**768.** — *Comment confectionne-t-on les filets ?*

On les confectionne soit à la **main**, soit à la **mécanique**; mais, dans ce dernier cas, c'est la main qui leur donne une forme définitive.

**769.** — *Quels sont les instruments qui servent à la confection d'un filet de pêche à la main ?*

Ces instruments sont : la **navette** et le **moule**.

**770.** — *Qu'est-ce que la navette ?*

La **navette** est une sorte d'aiguille en bois, en fer, en cuivre ou en ivoire, sur laquelle s'enroule le fil (fig. 149 a et b).

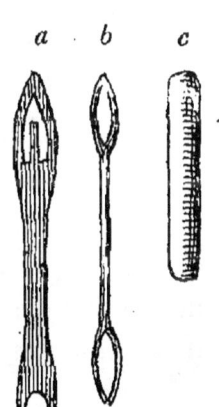

FIG. 149.
NAVETTES — MOULE

**771.** — *Qu'est-ce que le moule ?*

Le **moule** est un morceau de bois arrondi dont le diamètre varie avec l'ouverture que l'on veut donner aux mailles du filet (fig. 149 c).

**772.** — *Dites la manière de confectionner un filet de pêche?*

On étend une corde appelée **têtière** de la longueur du filet, puis sur cette corde on amarre le fil par des nœuds d'écoute, à intervalles égaux, en se servant du moule et en allant vers la droite.

La première rangée, étant ainsi faite, on renverse le filet et on fait la deuxième rangée sur le bord inférieur de la première par un nœud d'écoute qui correspond au milieu entre les deux nœuds au-dessous, et en faisant les mailles égales au moyen du moule.

On continue ainsi pour les autres rangées.

Quand le filet a la longueur voulue, on fait la dernière rangée comme la première sur une deuxième têtière.

**773.** — *Qu'appelle-t-on accrues?*

On appelle **accrues** des boucles ou fausses mailles ou mailles volantes destinées à donner au filet plus d'étendue dans un sens ou dans l'autre.

**774.** — *En quoi consiste le ramendage d'un filet?*

Le ramendage d'un filet est le travail qui consiste à le raccommoder.

**775.** — *Comment ramende-t-on un filet?*

Pour ramender ou raccommoder un filet, on agrandit d'abord le trou en coupant tout ce qui est endommagé de façon que toute la circonférence de ce trou soit terminée par des angles de mailles à la pointe desquels on ménage le nœud [1].

### RÉSUMÉ

Un filet est un tissu, composé de mailles de fils nouées, qui sert à prendre le poisson.

---

1. La confection des filets, des accrues et le remendage ne peuvent s'apprendre que par la pratique. Les maîtres trouveront toujours sur le littoral quelque pêcheur pour les mettre au courant de ces travaux manuels.

Il y a des filets droits, des filets coniques et des filets qui tiennent des uns et des autres. On confectionne les filets à la **main** ou à la **mécanique**.

Les instruments dont on se sert pour faire un filet à la main sont la **navette** et le **moule**.

On appelle **tétière** la corde sur laquelle on amarre le fil.

Les **accrues** sont des boucles ou fausses mailles ou mailles volantes destinées à donner plus d'étendue au filet dans un sens ou dans l'autre.

Le *ramendage* d'un filet est le travail qui consiste à le raccommoder.

## II

### DE LA NATATION. — NÉCESSITÉ DE LA NATATION. PRINCIPES.

**776.**— *Qu'est-ce que la natation?*

La **natation**[1] est un exercice qui a pour but de se soutenir et d'avancer sur l'eau par le mouvement de certaines parties du corps.

**777.**— *La natation est-elle nécessaire pour le marin?*

Elle est indispensable pour tous ceux qui se livrent à la navigation.

**778.**— *Pourquoi cela?*

Parce qu'elle peut leur permettre d'échapper au danger de se noyer en cas de naufrage et de sauver la vie à des personnes qui se noient.

**779.**— *N'a-t-elle pas des avantages au point de vue de la santé?*

Oui. La natation est un exercice des plus profitables à la santé : elle développe les forces du corps et entretient la propreté de la peau. Le marin doit donc apprendre à nager.

**780.**— *Quelles sont les différentes manières de nager?*

Ce sont les suivantes : la **brasse**, la **planche**, la **natation sur le dos** et le **procédé de la coupe**.

**781.**— *Quels sont les mouvements qu'il faut exécuter pour nager en brasse?*

Pour nager **en brasse**, l'élève nageur exécute les mouvements suivants : dans un **premier** mouvement, il allonge

---

1. La natation ne s'apprend que dans l'eau et par la pratique. Les maîtres enseigneront les mouvements à l'aide d'exercices à sec sur un chevalet, puis dans l'eau, en tenant l'élève suspendu par une corde à une ceinture.

mollement les bras en avant et donne un coup de jarret bien écarté, comme si un ressort poussait à la fois bras et jambes ; dans un *deuxième*, il rapproche fortement les cuisses, les jarrets tendus, et place les mains à plat en les écartant ; enfin, ces deux mouvements sont répétés simultanément.

782.— *Qu'est-ce que la planche?*

La **planche** est cette manière de nager qui consiste à se mettre sur le dos, les reins bien étendus, la poitrine hors de l'eau, la tête inclinée en arrière, les bras allongés le long du corps et les mains légèrement au-dessus de l'eau. Elle permet au nageur de se reposer quand il est fatigué.

783.— *Qu'est-ce que la natation sur le dos?*

La natation sur le dos n'est autre chose que la planche à laquelle s'ajoutent les mouvements des bras et des jambes ou des jambes seulement. C'est encore un mode de natation qui repose le nageur tout en lui permettant d'avancer.

784.— *Dites les mouvements qu'il faut exécuter dans le procédé de la coupe?*

Dans le procédé de la **coupe**, le nageur se met à plat ventre, il lance le bras droit en avant et hors de l'eau ; il l'étend, puis ramenant la main vers la hanche en retenant l'eau, il pousse du même côté en arrière. Aussitôt ces mouvements opérés le nageur les recommence du côté gauche avec la main d'abord, puis le pied.

785.— *Décrivez les mouvements qu'un nageur doit faire pour plonger?*

Pour **plonger**, le nageur s'élance la tête la première et gagne le fond de l'eau en exécutant les mouvements de la natation en brasse.

*786.— Comment revient-il à la surface de l'eau ?*

Pour revenir à la surface de l'eau, il se place verticalement, la tête en haut, et nage dans cette position.

*787.— N'est-il pas une précaution que le plongeur doit prendre avant de s'élancer dans l'eau ?*

Oui ; il doit avant de s'élancer dans l'eau, s'habituer à remplir sa poitrine d'air et l'y retenir aussi longtemps que possible sans le laisser sortir.

### RESUMÉ

La **natation** est un exercice qui a pour but de se soutenir et d'avancer sur l'eau par le mouvement de certaines parties du corps. Il est indispensable pour le marin de savoir nager.

Les différentes manières de nager sont les suivantes : la **brasse**, la **planche**, la **natation sur le dos** et le procédé de la **coupe**.

Pour **plonger**, il faut remplir sa poitrine d'air et s'élancer au fond de l'eau en exécutant les mouvements de natation en brasse.

# III

## TERMES DE MARINE

### Mots maritimes usuels de la langue anglaise.

| FRANÇAIS | ANGLAIS | PRONONCIATION |
|---|---|---|

**A**
| | | |
|---|---|---|
| Abordage | *Collision* | Colidj'eune |
| Accoster un navire | *to accost a ship* | tou ac-cost é chip |
| Amarrage | *mooring* | mourigne |
| Amarrer | *to make fast* | tou mèke fast |
| Amener | *to lower* | tou laoueur |
| Amure | *tack* | tak |
| Amurer | *to board the tack* | tou bôrde tzi tak |
| Ancre | *anchor* | an'keur |
| Appareillage | *setting sail* | set'igne sél |
| Arborer le pavillon | *to hoïst the ensign* | tou hoist tzi ensäine |
| Arrimage | *stowage* | stô'idje |
| Atterrissage | *land fall* | lan'de fàl |
| Auriques (voiles) | *lug sails* | leug sél |
| Aussière | *hawser* | hâze'eur |
| Aviron | *oar* | ôre |

**B**
| | | |
|---|---|---|
| Babord | *larboard* | lar'bôrde |
| Baleinière | *whale-boat* | houèle bôte |
| Balise | *beacon* | bï'k'n |
| Barre | *helm* | helm |
| Bastingage | *netting* | net'-igne |
| Bateau et bâtiment | *boat, vessel, ship* | bôte, véssel, chipe |
| Bateau à vapeur | *steamer* | stimeur |
| Bateau de pêche | *fishing-boat* | fichigne bôte |
| Beaupré | *bow-sprit* | bô'sprite |
| Bonnette (voile) | *studding-sail* | steudigne séle |
| Bordage | *plank* | plan'k |
| Bouée | *buoy* | bouoï |
| Bout dehors | *boom* | boume |
| Brasse | *fathom* | fatzeume |
| Brasser une vergue | *to brace a yard* | tou bréce é yarde |
| Brick | *brig* | brigue |
| Brigantine | *spanker driver* | span'keur draïveur |

## 234 APPENDICE.

**C**

| | | |
|---|---|---|
| Cabestan | capstan | cap'stane |
| Cabotage | coasting-trade | còs tigne-tréde |
| Cacatois | royal-sail | royal-séle |
| Calmir (se calmer) | to fall calm | tou fàl came |
| Canot | boat | bòte |
| Cap | head | hed |
| Capeler (mettre par dessus) | to put on | tout pout one |
| Carguer | to brail up | tou brèle cup' |
| Carlingue | keelson | kil'seune |
| Carrée (voile) | square sail | skouére séle |
| Cartahu | waip | houip |
| Chaloupe | launch, long-boat | lan'che, lon'gue bòte |
| Chalut | drag-net | drag'-nete |
| Chalutier | trawler | traouleur |
| Chasse-marée | coasting-lugger | còstigne-leugu'eur |
| Clin-foc | flying-jib | flaï-igne djib |
| Coque de navire | the hull of the ship | tzi heul ov tzi chip |
| Coqueron | tronsom | tronseum |
| Cordage | rope | ròpe |
| Corne | gaff | gaf |
| Côtre | cutter | keut'eur |
| Courant | stream | strime |
| Courir largue | to go large | tou gò lardje |
| Culer | to go astern | tou gò a-stern' |

**D**

| | | |
|---|---|---|
| Débarquer | to land | tou lan'de |
| Démâtage | desmasting | diz-mastigne |
| Dérive | lee way, drift | li oué, drifte |
| Dériver | to make lee way | tou méke li oué |
| Désemparer | to disable | tou diz-é-bl' |
| Doubler | to double | tou deub'bl' |
| Draguer | to dredge | tou dred je |
| Drisse | yard-rope | yarde-ròpe |
| Drosse | tiller rope | tiler ròpe |

**E**

| | | |
|---|---|---|
| Echouer | to strand | tou stran'd |
| Ecoute | sheet | chîte |
| Ecoutille | hatchway | hatch'oué |
| Ecubier | hawse hole | hâze-hòle |
| Elingue | sling | sli gne |
| Elonger | to carry out | tou cari aout |
| Embarquer | to embark | tou em'bark |
| Embosser | to bring the broardside | tou brigne tzy brad' (saïde) |
| Enverguer | to bend | tou ben'de |

## APPENDICE. 235

| | | |
|---|---|---|
| Epissure | *splice* | splaïce |
| Etai | *stay* | sté |
| Etambot | *stern-post* | sterne-pôste |
| Etrave | *stem* | stem |
| Eviter | *to swing round* | tou souigne raoun'd |

**F**
| | | |
|---|---|---|
| Fargues | *wash boards* | ouâche bòrd's |
| Faubert | *twab* | touab |
| Filet | *net, netting* | net net'-igne |
| Filin | *rope* | ròpe |
| Flèche en cul | *ring-tail* | rigne téle |
| Flot | *flood* | fleud |
| Flotte | *fleet* | flite |
| Foc | *jib* | djibe |
| Fraichir | *to come fresh* | tou keume fréche |

**G**
| | | |
|---|---|---|
| Gaffe | *boat koop* | bòte koup |
| Gaillard | *maindeck* | mène dék |
| Gaillard d'arrière | *quarterdeck* | kouart'cur-dek |
| Gaillard d'avant | *fore-castle* | fòre kas'tl' |
| Galhaubans | *backstays* | bak'stéze |
| Garant | *rope* | ròpe |
| Garcette | *gasket* | gasket |
| Garde-côtes | *coast guard-cruizer* | kòst gard-krouzeur |
| Godille | *scull* | skeul |
| Goélette | *schooner* | skouneur |
| Gouvernail | *rudder* | reud'deur |
| Gouverner | *to steer* | tou stir |
| Grand-mât | *main mast* | mène mast |
| Grand'voile | *main sail* | mène séle |
| Grappin | *grappling* | grappligne |
| Gréement | *rigging* | rig'igne |
| Grelin | *cablet* | ka-blète |
| Gui | *spanker-boom* | span'keur-boume |
| Guidon | *broad-pendant* | brad pen'dan't |

**H**
| | | |
|---|---|---|
| Hameçon | *hook* | houk |
| Hareng | *herring* | her'rigne |
| Harpon | *grapple* | grap'pl' |
| Haubans (les) | *the rigging's* | tzi rig'ign's |
| Hisser | *to hoist* | tou hoïst |
| Homard | *lobster* | lobs'teur |
| Houle | *sweel, surge* | souel, seurdje |
| Hune | *top* | tope |
| Hunier | *top-sail* | tope-séle |

## APPENDICE.

**I**
| | | |
|---|---|---|
| Ile | *island* | aïsland |
| Inscription maritime | *division of seamen* | divizj'eune ov simen |
| Inscrit | *levy seaman* | levi simane |

**J**
| | | |
|---|---|---|
| Jauge | *measurement* | metzeure-ment |
| Jaugeage | *gouging* | gougïgne |
| Jumelle | *fish* | fiche |
| Jusant | *ebb, tide* | eb, taïde |

**L**
| | | |
|---|---|---|
| Largue (haute-mer) | *open sea* | ôp'n si |
| Larguer | *to let go: to out of* | tou let gò; tou aout of |
| Lisse (la) | *the rail* | tzi rèle |
| Loch | *log* | log |
| Longue-vue | *spyglass* | spaïglace |
| Lougre | *lugger* | lengueur |
| Louvoyer | *to beat against wind* | tou béte éguenstouind |
| Lover (ployer un cordage en rond) | *to coil* | tou koïl |

**M**
| | | |
|---|---|---|
| Maille | *link* | lin'gk |
| Manœuvre | *rope* | ròpe |
| Marée | *tide* | taïde |
| Marée haute | *low-water* | lô-ouateur |
| Marin, matelot | *seaman* | siman |
| Masquer | *to take aback* | tou téke abak |
| Mât | *mast* | mast |
| Mâts d'hune | *top masts* | top mast's |
| Mâts de perroquet | *top gallant masts* | top galan't |
| Mâts de cacatois | *royal-masts* | royal mast's |
| Mer | *sea* | si |
| Misaine | *fore sail* | fòre sèle |
| Misaine (mât de) | *fore mast* | fòre mast |
| Mollir | *to slack* | tou slack |
| Morue | *cod fish* | kod fiche |
| Mousse | *sailor-boy* | séleur boï |

**N**
| | | |
|---|---|---|
| Nager (ramer) | *to row, to pull* | tou rò; tou poul |
| Navigation | *sailing* | séligne |
| Naviguer | *to sail* | tou sèle |
| Nœud | *knot* | note |
| Noir | *black* | blak |
| Nord | *north* | nortsh |
| Nord-Est | *north'east* | nortsh'ist |
| Nord-Ouest | *north-west* | nortsh'ouest |

APPENDICE. 257

|   |   |   |   |
|---|---|---|---|
|   | Novice | *younker* | yeunkeur |
|   | Noyé | *drowned* | draoun'd |
| **O** | Œil | *eye, gap* | aï, gap |
|   | Orage | *storm* | storm |
|   | Orienter (s') | *to find out ones (posi-sition)* | tou faïn'd on's (pôz cheune) |
|   | Ouest | *west* | ouest |
| **P** | Palan | *tackle* | tak'kl' |
|   | Panneau | *hatch* | hatche |
|   | Passe | *channel, strait* | schanel, strète |
|   | Pavillon | *flag, colours, ensign* | flag, keuleurz, ensaïne |
|   | Pêche | *fishing* | fichigne |
|   | Pêcheur | *fisherman* | ficheur man |
|   | Perroquet | *top galant sail* | top gal'an't le |
|   | Phare | *light-house* | laïte haouce |
|   | Plage | *sea-beach* | si-bitche |
|   | Plat-bord | *gunwale* | gueume ouéle |
|   | Pont; ponter | *deck; decked* | deck; dek'd' |
|   | Poulie | *block* | blok |
|   | Poupe | *stern* | stern |
|   | Proue | *prow* | praou |
| **Q** | Quai | *wharf* | houarf |
|   | Quille | *keel* | kile |
| **R** | Rade | *road* | rôde |
|   | Radeau | *raft* | rafte |
|   | Radoub | *refitting* | rifitigne |
|   | Raidir | *to haul taught* | tou hâle tâte |
|   | Ralingue | *bolt-rope* | bôlt-rôpe |
|   | Rame | *oar* | ôre |
|   | Raser | *to raze; to cut down* | tou réze; tou keut daoune |
|   | Refuser le vent | *to draw forward* | tou drà for'ouarde |
|   | Remorquer | *to tow* | tou tô |
|   | Riper | *to slip* | tou slip |
|   | Ris | *reef* | rif |
|   | Rouf | *deck-house* | dek-haouce |
| **S** | Sable | *sand* | san'd |
|   | Sablier | *houre glass* | aour glâce |
|   | Sabord | *gunport* | gueume porte |
|   | Serrer (les voiles) | *to furn* | tou feurn |
|   | Sondage | *sounding* | saou n'd'igne |

## APPENDICE.

| | | | |
|---|---|---|---|
| | Sonder | to sound | tou saound |
| | Souquer | to tighten | tou taït'n' |
| | Stopper | to stop | tou stope |
| | Sud | south | saoutsh |
| | Sud-Est | south-east | saoutsh-ist |
| | Sud-Ouest | south-west | saoutsh-ouest |
| **T** | Taillevent | main sail of a boat | mène séle ov é bôte |
| | Tangage | pitching | pitchekigne |
| | Tanguer | to pitch | tou pitche |
| | Tapecul | ring tail sail, jigger | rigne tèle séle, djigueur |
| | Temps | weather | ouètzh'eur |
| | Timonier | signalman; timoneer | signal'man timonire |
| | Tirant d'eau | draught of water | draft ov ouateur |
| | Tourniquet | friction-roller | frik' cheune-rôleur |
| | Tribord | star board | star bòrd |
| | Trinquette | stormjib | stormdjib |
| **V** | Vague | wave | ouève |
| | Varangue | floor timber | flôre tim'beur |
| | Vase | mud | meud |
| | Vent-de-bout | head-wind | hed-ouin'd |
| | Vergue | yard | ïarde |
| | Virer de bord | to stay to go about | tou stè, tou go abaoute |
| | Voilier | sailor | sèleur |
| **Y** | Yole | gig | guig |
| | Youyou | dingy | diu dji |

# TABLE DES MATIÈRES

## PREMIÈRE PARTIE
### LES MOTS ET LES CHOSES

#### CHAPITRE I
##### LA MER — LA NAVIGATION — LA PÊCHE

| | |
|---|---|
| 1. — La mer. | 1 |
| 2. — La navigation : le long cours, le cabotage et le bornage. | 5 |
| 3. — La pêche maritime : la grande pêche et la pêche côtière. | 7 |

#### CHAPITRE II
##### LES BARQUES ET LES NAVIRES

| | |
|---|---|
| 1. — Description d'une barque de pêche en général : la coque, la mâture, la voilure, les accessoires. | 9 |
| § 1. La coque | 10 |
| § 2. La mâture. | 14 |
| § 3. La voilure. | 16 |
| § 4. Les accessoires : le lest, les ancres, le cabestan | 19 |
| 2. — Les différentes espèces de navires : brick, goélette, sloop. | 25 |
| 3. — Le canot de sauvetage. | 33 |

#### CHAPITRE III
##### EXERCICES PRATIQUES — TRAVAUX MANUELS

| | |
|---|---|
| 1. — Les nœuds marins | 39 |
| 2. — Amarrages. | 39 |
| 3. — Épissures. | 42 |
| 4. — Poulies : palans ; montage et démontage d'un palan. | 44 |
| § 1. Poulies | 44 |
| § 2. Des palans. | 46 |

#### CHAPITRE IV

| | |
|---|---|
| DÉMONSTRATION DES MANŒUVRES COURANTES | 49 |

## CHAPITRE V
### UN PORT — SES DIFFÉRENTES PARTIES

1. — Un port. — Division d'un port. . . . . . . . . . . . . .  55
2. — Différentes parties d'un port : rade, avant-port . . . .  59
3. — Dispositions accessoires d'un port : gril de carénage, bassin de radoub, cales de constructions, magasins.  61

# DEUXIÈME PARTIE
## NOTIONS MARINES PRATIQUES

### CHAPITRE I
#### ASTRONOMIE

1. — Le système solaire. Mouvements des astres. Planètes.  65
2. — Étoiles et constellations, étoile polaire . . . . . . . .  66

### CHAPITRE II
#### LA TERRE

1. — La terre. Mouvements de la terre . . . . . . . . . .  69
2. — Les points cardinaux et la manière de s'orienter : équateur, méridiens, parallèles. . . . . . . . . .  71
3. — Longitude et latitude . . . . . . . . . . . . . . . .  75

### CHAPITRE III
#### LE SOLEIL

1. — Mouvement apparent du soleil. — Écliptique . . . . .  7
2. — Les saisons : inégalité des jours et des nuits, équinoxes . . . . . . . . . . . . . . . . . . . . . . . .  79

### CHAPITRE IV
#### LA LUNE. — SES PHASES. . . . . . . . . . . . . . . . . . 83

### CHAPITRE V
#### MARÉE — FLOT — JUSANT — MARÉES D'ÉQUINOXE — ANNUAIRE DES MARÉES. . . . . . . . . . . . . . . . . . . . . 87

## CHAPITRE VI
### LES CARTES MARINES

1. — Cartes marines : leur usage. Exercices élémentaires . . 90
2. — Indications principales portées sur les cartes marines . 97

## CHAPITRE VII
### PROFONDEURS PRISES ET INDIQUÉES

1. — Profondeurs. Sondes . . . . . . . . . . . . . . . . 102
2. — Les phares et les feux . . . . . . . . . . . . . . . 103
3. — Balises, bouées, sémaphores. . . . . . . . . . . . . 107

## CHAPITRE VIII
### SIGNAUX — PAVILLONS ÉTRANGERS

1. — Code international des signaux. . . . . . . . . . . . 111
2. — Les signaux d'avertissement du temps et les signaux de marée. . . . . . . . . . . . . . . . . . . . . . . . 116
3. — Les pavillons étrangers . . . . . . . . . . . . . . . 118

## CHAPITRE IX
### BOUSSOLE

1. — Des aimants et de leurs propriétés. . . . . . . . . . 120
2. — Boussole : déclinaison, variation . . . . . . . . . . 125

## CHAPITRE X
### DES LOCHS

Lochs . . . . . . . . . . . . . . . . . . . . . . . . . . 124

## CHAPITRE XI

**BAROMÈTRES — CONNAISSANCE ET PRÉVISION DU TEMPS. .** 120

# TROISIÈME PARTIE

## LA PROFESSION
## LÉGISLATION MARITIME — HYGIÈNE DES MARINS

### CHAPITRE I
#### LE MARIN

1. — Avantages divers de la profession des pêcheurs. Intérêt personnel, intérêt national. . . . . . . . . . . . . . 135
2. — Conditions légales des gens de mer : l'inscription maritime. . . . . . . . . . . . . . . . . . . . . . . . . . 137
   § Avantages accordés aux inscrits maritimes. . . . . 139
3. — Organisation du service de l'inscription maritime . . . 142

### CHAPITRE II
#### LA POLICE DES MERS

1. — Police de la navigation . . . . . . . . . . . . . . . . 144
2. — Police de la pêche côtière : contraventions à la police de la pêche côtière, peines applicables aux pêcheurs . . 148
3. — Police de la pêche dans la Manche et dans la mer du Nord : contraventions, peines applicables aux pêcheurs. 150

### CHAPITRE III
#### HYGIÈNE

1. — La propreté corporelle et les bains . . . . . . . . . 153
2. — Des vêtements . . . . . . . . . . . . . . . . . . . . 155
3. — Propreté de la barque. . . . . . . . . . . . . . . . . 155
4. — Aliments et boissons. — Alcoolisme. . . . . . . . . 156

### CHAPITRE IV
#### MALADES ET BLESSÉS

1. — Premiers soins à donner aux malades et aux blessés. — Principaux médicaments à embarquer . . . . . . . 159
   § 1. Médicaments. — Procédés de conservation . . . 159
   § 2. Maladies des marins pêcheurs. Premiers soins à donner aux malades . . . . . . . . . . . . . 161
   § 3. Premiers soins à donner aux blessés. . . . . . 165
2. — Secours aux noyés . . . . . . . . . . . . . . . . . . 167

# QUATRIÈME PARTIE

## ENSEIGNEMENT PRATIQUE LOCAL

### CHAPITRE I

#### ÉTUDE GÉOGRAPHIQUE DES COTES VISITÉES PAR LA PÊCHE COTIÈRE

1. — Côtes de la mer du Nord . . . . . . . . . . . . . 171
2. — Côtes de la Manche. . . . . . . . . . . . . . . 174
3. — Côtes de l'Atlantique . . . . . . . . . . . . . 178
4. — Côtes de la Méditerranée. . . . . . . . . . . . 183

### CHAPITRE II

#### LES POISSONS ET LES LIEUX DE PÊCHE

1. — Les poissons . . . . . . . . . . . . . . . . . 187
2. — Lieux de pêche voisins et lointains . . . . . . 194

### CHAPITRE III

#### LES FILETS ET LES ENGINS DE PÊCHE
#### LES DIFFÉRENTES PÊCHES

1. — Des filets. — La pêche au « Chalut » ou au « Gangui ». 200
2. — Les lignes et engins divers . . . . . . . . . . 204
3. — Pêches spéciales du hareng, de la sardine, de l'anchois, du maquereau, du thon et de la morue. . . . . . 207

### CHAPITRE IV

#### PROMENADES ET PÊCHES A PIED

1. — Promenades sur le rivage . . . . . . . . . . . 216
2. — Pêche des huîtres, des moules et autres coquillages . . 218
3. — Pêche des crabes, homards, langoustes et crevettes. . . 223

## APPENDICE

Filet : confection et ramendage. . . . . . . . . . . . . . . . 227

De la natation : nécessité de la natation. Principes. . . . . . 230

III

Termes de marine . . . . . . . . . . . . . . . . . . . . . . 233

FIN DE LA TABLE DES MATIÈRES

62141. — Imprimerie Lahure, rue de Fleurus, 9, Paris

Librairie **HACHETTE** et C$^{ie}$, 79, boulevard Saint-Germain, Paris.

## E. TOUTEY
Inspecteur primaire
Membre du Conseil supérieur de l'Instruction publique

# LECTURES PRIMAIRES

MORCEAUX CHOISIS D'AUTEURS FRANÇAIS

avec des Explications, des Questions, l'Analyse des idées et des Devoirs (Élocution et Rédaction)

*Cours préparatoire.* Un vol. in-16, cart. . . . . . . 60 c.
Premier degré du *Cours élémentaire.* Un vol. in-16, cart. 75 c.
*Cours élémentaire.* Un vol. in-16, cart. . . . . . . 90 c.
*Cours moyen.* (Certificat d'Études). Un volume in-16, cartonné. . . . . . . . . . . . . . . . . . . . . . . . 1 fr. 50
*Cours supérieur.* (Cours complémentaire et Brevet élémentaire). Morceaux choisis des Classiques français. Un vol. in-16, cart. . . . . . . . . . . 1 fr. 80

## M. GUÉCHOT
Professeur au Lycée Thénard, à Sens

# LECTURE EXPLIQUÉE

VOCABULAIRE ET COMPOSITION

Formation du Raisonnement par l'Observation directe et la Réflexion

*Premier Livre.* Cours élémentaire et moyen. Un vol. in-16, cart. . . . . . . . . . . . . . . . . . . . . 1 fr. »
  LIVRE DU MAITRE. Un vol. in-16, cart. . . . . 2 fr. 50
*Deuxième Livre.* Cours moyen. Un vol. in-16, cart. 1 fr. 25
  LIVRE DU MAITRE. Un vol. in-16, cart. . . . . 3 fr. »
  LA FORMATION DIRECTE DU RAISONNEMENT CHEZ L'ENFANT. Explication de la méthode. Une brochure in-16. . . . . . . . . . . . . . . . 30 c.

Librairie HACHETTE et Cⁱᵉ, boulevard Saint-Germain, 79, à Paris.

## P. QUILICI ET V. BACCUS
Anciens élèves de l'Ecole normale supérieure de Saint-Cloud

# Petit Livre
## de
# Lecture et d'Élocution

PUBLIÉ AVEC

des Maximes, des Vocabulaires, des Exercices oraux, des Devoirs écrits
et 168 gravures dans le texte

A L'USAGE DES ÉCOLES PRIMAIRES

### COURS ÉLÉMENTAIRE ET MOYEN

| LIVRE DE L'ÉLÈVE | LIVRE DU MAITRE |
|---|---|
| Contenant des Maximes, des Vocabulaires, des Exercices oraux, des Devoirs écrits et 168 gravures dans le texte. Un volume in-16 cartonné. . . 90 c. | Lectures et vocabulaires expliqués. Analyse des Idées. Maximes commentées. Exercices oraux avec réponses. Devoirs avec corrigés. Rédactions développées. Un volume in-16, cartonné . . 2 fr. 50 |

## Mˡˡᵉˢ ISELIN ET CŒUR
Institutrices de la Ville de Paris.

# Petit Livre
## de
# Lectures Enfantines

### CONTES MORAUX
à l'usage du Cours Élémentaire

Un volume in-16 de 100 pages avec gravures, cartonné . . 75 cent.

Librairie **HACHETTE ET Cⁱᵉ**, 79, boul. St-Germain, à Paris

## P. LEDOUX
Ancien Instituteur public, Professeur aux Écoles Arago et Turgot
Docteur ès sciences.

# CINQUANTE LEÇONS
## DE
# SCIENCES PHYSIQUES
# ET NATURELLES

Avec des Applications
à l'Hygiène, à l'Agriculture et à l'Industrie

RÉDIGÉES CONFORMÉMENT
AUX PROGRAMMES OFFICIELS DE L'ENSEIGNEMENT PRIMAIRE

**100 Expériences, 308 Figures**
**80 Devoirs du Certificat d'Études, 43 Lectures**

**COURS MOYEN**
Certificat d'Études

1 volume in-16 de 285 pages, avec gravures, cartonné. . . . **1 fr.**

---

| Mlle Ernestine WIRTH | Mme E. BRET |
|---|---|
| Auteur de plusieurs ouvrages d'instruction et d'éducation | Professeur d'ouvrages manuels au lycée de jeunes filles de Lyon |

# PREMIÈRES LEÇONS
# D'ÉCONOMIE DOMESTIQUE

TENUE DU MÉNAGE, DE LA FERME, DU JARDIN
ET DE LA BASSE-COUR

CUISINE, HYGIÈNE, TRAVAUX A L'AIGUILLE, COUPE ET CONFECTION

A l'usage des Écoles et des Pensionnats de Demoiselles

1 volume in-16, avec gravures, cartonné. . . . . . . . . **1 fr. 20**

Librairie HACHETTE et Cie, 79, boul. St-Germain, Paris.

# LA
# RÉDACTION
## A L'EXAMEN DU
## CERTIFICAT D'ÉTUDES PRIMAIRES
### RÉDACTIONS D'UN GENRE SIMPLE
#### SUR
L'INSTRUCTION MORALE ET CIVIQUE, L'HISTOIRE ET LA GÉOGRAPHIE
DES NOTIONS ÉLÉMENTAIRES DE SCIENCES
AVEC APPLICATION A L'AGRICULTURE ET A L'HYGIÈNE

PAR

### Mme KERGOMARD
Inspectrice générale des Écoles Maternelles

ET

### M. RENÉ LEBLANC
Inspecteur général de l'Enseignement primaire

1 volume in-16, cartonné. . . . . . . . . . . . . . 2 fr. 50

## LE LIVRE
### DE
## COMPOSITION FRANÇAISE
## DES JEUNES FILLES
### 190 SUJETS DE RÉDACTION

NARRATIONS ET DESCRIPTIONS. — RÉDACTIONS SUR IMAGES
SUJETS SUR L'HISTOIRE, LA GÉOGRAPHIE
LA MORALE ET L'INSTRUCTION CIVIQUE, L'ÉCONOMIE DOMESTIQUE, L'HYGIÈNE
LES SCIENCES PHYSIQUES ET NATURELLES
PROVERBES ET MAXIMES
COMPTES RENDUS DE LECTURES ET DE LEÇONS DE CHOSES
LETTRES. — TRADUCTIONS DE POÉSIES EN PROSE

200 EXERCICES DE LANGUE, D'INVENTION, D'INTELLIGENCE ET D'ÉLOCUTION
### PRÉPARATION AU CERTIFICAT D'ÉTUDES PRIMAIRES
MODIFIÉ PAR L'ARRÊTÉ DU 29 DÉCEMBRE 1891

PAR

### C. WIRTH
(4e ÉDITION)

PARTIE DE L'ÉLÈVE, 1 vol. in-16, avec 60 gravures, cartonné.   1 fr.
PARTIE DE LA MAITRESSE, 1 vol. in-16 de 397 pages, cartonné.   2 fr. 50

# LIBRAIRIE HACHETTE & Cie, PARIS

## BIBLIOTHÈQUE
## DES ÉCOLES ET DES FAMILLES
### Illustrée de nombreuses gravures

CINQUIÈME SÉRIE, FORMAT IN-8 (22×13)

Chaque volume : cartonnage fort, genre maroquin, plats dorés, tranches jaspées, **1 fr.**

ARMAGNAC : Quinze jours de Campagne. *Étapes d'un franc-tireur de Paris à Sedan.*
AUBIGNÉ : Vie de Kléber.
BAILLY : Une Vengeance.
—— Yves de Kerlatte.
—— Jean Save.
BONNECHOSE (Ch. de) : Montcalm et le Canada Français. Ouvrage couronné par l'Académie française
CIM (Albert) : Mes Amis et moi.
COLOMB (Mme J.) : Contes vrais.
—— Contes pour les Enfants.
—— Petites Nouvelles.
—— L'Ours de Neige.
—— Pieter Vandael.
—— Pour les faire mentir.
—— Maitre Pizzoni.
DEMOULIN (Mme) : Pistache.
DESCHANEL (E.) : Benjamin Franklin.
DICKENS (C.) : Chant de Noël.
DIGUET (Charles) : Autour d'une Roulotte.
DOMBRE (R.) : La Cassette de Nidri.
DURUY (A.) : Hoche et Marceau.
DURUY (G.) : Pour la France.
GIRARDIN (J.) : Contes sans malice.
—— Fillettes et Garçons.
—— Chacun son idée.
—— Têtes sages et Têtes folles.
—— Un peu partout.
—— Récits et Menus Propos.

GONZAGUE-PRIVAT : Mémoires d'un Chien.
GORSSE (H. de) : Une escapade.
GUY (H.) : Biches de Neige.
JACQUIN : Pif-Paf.
—— Vif Argent.
JEANROY (B.) : A la recherche d'un gant.
LAUMANN et BORIE : Jacques le résolu.
LAURENT : La Sonnette du père Rieulle.
LECADET : Les Contrebandiers.
LIGHTONE : La Famille Tamby.
—— Un Bonhomme entêté.
—— Pierrot.
MÉLANDRI : Grain de poudre.
—— Monsieur Scaramouche.
—— Le Capitaine Bigarreau.
MOUANS (A.) : Le Traineau d'argent.
—— Le Fils adoptif.
MOULIN (M.) : En Campagne.
PASSY (F.) : Le Petit Poucet du XIXe siècle.
POTTIER (P.) : Le Bandit malgré lui.
RENARD : Les Etapes d'un petit Algérien.
SOURIAU (P.) : Les Crinières grises.
URGEL (Yvan d') : Contes de tous les temps.
—— La Belle au Bois chantant.

# LIBRAIRIE HACHETTE & C$^{ie}$, PARIS

## BIBLIOTHÈQUE
## DES ÉCOLES ET DES FAMILLES
### Illustrée de nombreuses gravures

SIXIÈME SÉRIE, FORMAT IN-8 (21×12.)
Cartonnage léger, or et couleurs, **70 c.**
Cartonnage fort, genre maroquin, plats dorés, tranches jaspées, **80 c.**

BAILLY : LE CHEVALIER BLANC.
— LA LÉGENDE DU BLÉ.
— UN HÉROS INCONNU.

BORIUS (M$^{me}$ J.) : LE BILLET DE LOTERIE.

COLOMB (M$^{me}$ J.) : UNE NICHÉE DE PINSONS.
— LE PAUVRE FRANÇOIS.
— EN PROVINCE.
— CONTES QUI FINISSENT BIEN.

DEFODON (Ch.) : DE-CI DE-LA.

DEMOULIN (M$^{me}$) : BONS ESPRITS ET BONS CŒURS.
— PROVERBES EN ACTION.
— LE RANCHO DE FRANCK.

DIGUET (Charles) : MÉMOIRES D'UN LIÈVRE.
— RÉCITS DE CHASSE.

DOMBRE : LA PEAU DE L'OURS.
— MASTER GOOD.

DOURLIAC (A.) : UN DE PLUS.

FABRE : LA PIPE DE PHILIBERT.

FLEURIOT (Francis) : GRAINE DE MOUSSES.

GIRARDIN (J.) : TOUT CHEMIN MÈNE-T-IL A ROME ?
— LE FILS DE L'ÉCLUSIER.

GORSSE (H. DE) : PETIT-JEANNOT.

GUY : L'INVENTION DE LA FLUTE.
— LE SABOT D'ANNETTE.

GUYON (J.) : HISTOIRE D'UN ANNEXÉ.

HAMEAU (M$^{me}$) : MARINETTE.

JEANROY (B.) : PETIT-JEAN.

LEFEBVRE (E.) : HISTOIRE D'UNE BOUTEILLE.

LIGHTONE (R.) · AVALANCHE DE CADEAUX.
— LES ENFANTS DE L'EXILÉ.

MARTEL : UNE PLAISANTE AFFAIRE.

MELANDRI : JACQUES SIMPLETON.

MOUANS : LA BRODERIE DE MILITINE.

MUSSAT (M$^{lle}$ L). RISQUE-TOUT.
— GRELETTE.
— FIDÈLE ET MARQUIS.

NANTEUIL (M$^{me}$ DE) : EN DÉTRESSE.

PELTIER : CONTES AMUSANTS.

PETIT (Maxime) : LES AMIS DE L'HUMANITÉ.

SCHIFFER (Ch.) : CONTES DU TEMPS PASSÉ.

SOURIAU (Paul) : LA FAUTE D'ORTHOGRAPHE.

TISSANDIER (G.) : VOYAGES DANS LES AIRS.

URGEL (Yvan D') : AU TEMPS JADIS.

# LIBRAIRIE HACHETTE & C<sup>ie</sup>, PARIS

## BIBLIOTHÈQUE
## DES ÉCOLES ET DES FAMILLES
### Illustrée de nombreuses gravures

**HUITIÈME SÉRIE, FORMAT IN-16 (20×12)**
Chaque volume contient des gravures en noir et 4 planches en couleurs.
Cart. léger, or et coul., **40 c.** ; Cart. fort, genre maroq., tranches jaspées, **45 c.**

---

ANDERSEN : Contes choisis.
BEISSIER : Contes a Simone.
—— Mémoires d'un moineau.
—— La Cigale d'Or.
BRÈS (M<sup>lle</sup> H.-S.) : Musette et Quenouillette.
CIM (Alb.) : Fils unique.
COLOMB (M<sup>me</sup> S.) : Contes de vacances.
—— Histoire de Bêtes.
—— Mirliflor.
DICKENS : Le Grillon du Foyer.
DOMBRE : Un Brave.
FABRE : Les Mouches de Castelnau.
FAYEL (H.) : Tonino.
FOE (Daniel de) : Robinson Crusoé.
GÉRIOLLES (M<sup>me</sup> de) : Le Chien de Cervantès.
GIRARDIN (J.) : Le Brin de fil.
—— Contes à Pierrot.
—— Contes à Jeannot.
—— Les Aventures de Colin Tampon.
—— A qui la faute ?
GONZAGUE-PRIVAT : La Vigne sanglante.
GUY (H.) : Hincmar le Trouvère.
HAMEAU : Le Nain Marcou.
HESSE : Urbain l'Innocent.
LANGLOIS (M<sup>me</sup> H.) : Marchand de balais.
LAUMANN : Au temps où les bêtes parlaient.

LECOMTE DU NOUY (M<sup>me</sup>) : Désobéissance criminelle.
LEFEBVRE : Promenades dans les bois.
LE MOUEL (Eug.) : Guillaume Friquet.
LEVOISIN (J.) : Les Aventures du Baron de Crac.
LIGHTONE (R.) : Le Petit Kroumir.
—— Une Escapade.
MAËL (P.) : Chien et Chat.
MASSON (J.) : Histoires de bêtes qui ne le sont pas.
MOUANS (A.) : Les Amis du Commandant.
PÉRINAUX : Le Bataillon des gros sabots.
POTTIER (P.) : Les Barils de pruneaux.
—— La Souris d'Or.
ROCHER (Marie du) : Poisson d'Avril.
—— La Petite fourmi.
ROUSSEAU (Eug.) : Un Terrible Gendarme.
SOURIAU : L'Auberge du Grand-Écho.
SURVILLE : Les Mémoires d'un Papillon.
SWIFT : Gulliver.
THIVARS : Toinette Brancajour.
VERCONSIN : Fais ce que dois.

# LIBRAIRIE HACHETTE et C$^{ie}$, à PARIS
## Nouveau Cours d'Enseignement Primaire
*Rédigé conformément aux Programmes officiels*

### LECTURE

**TOUTEY (E.). Lectures Primaires.** Cinq vol. in-16 avec gr., cart.
- *Cours préparatoire.* Un vol. ......................................... » 60
- *Premier degré du Cours élémentaire.* Un vol. ......................... » 75
- *Cours élémentaire.* Un vol. .......................................... » 90
- *Cours moyen.* Un vol. ................................................ 1 50
- *Cours supérieur.* Morceaux choisis des Classiques français. Un vol. ... 1 80

**JOST et HUMBERT. Lectures pratiques, Leçons de choses.**
*Cours élémentaire et moyen.* Un vol. in-16, cartonné. ................ 1 »

**JOST et CAHEN. Lectures courantes extraites des Ecrivains français.** Deux vol. in-16, cartonnés :
- PREMIÈRE SÉRIE : *Cours élémentaire et moyen.* Un vol. ............... 1 50
- DEUXIÈME SÉRIE : *Cours supérieur.* Un vol. .......................... 2 »

**ISELIN et CŒUR (M$^{lle}$). Petit livre de lectures enfantines.**
*Cours élémentaire.* Un vol in-16, cartonné. ........................... » 75

**DELAGE (C.). Premier livre de récitation.** *Cours élémentaire.* ..... » 30
— Deuxième livre de récitation. *Cours moyen.* Un vol. .............. » 50

**QUILICI et BACCUS. Petit livre de lecture et d'élocution.**
*Cours élémentaire et moyen :*
- *Partie de l'élève.* Un vol. in-16, cartonné. ........................ » 90
- *Partie du maître.* Un vol. in-16, cartonné .......................... 2 50

**GUECHOT (M.). Lecture expliquée, Vocabulaire et Composition.** Deux vol. grand in-16, avec gravures, cartonnés :
- PREMIER LIVRE : *Cours élémentaire et 1$^{re}$ année du Cours moyen.* Un vol. . 1 »
- Livre du maître. Un vol. ............................................. 2 50
- DEUXIÈME LIVRE : *Cours moyen.* Certificat d'études. Un vol. ......... 1 25
- Livre du maître. Un vol. ............................................. 3 »

### GRAMMAIRE

**DUSSOUCHET (J.). Cours primaire de Grammaire française.**
Huit vol. in-16, cartonnés :

| | | | |
|---|---|---|---|
| *Grammaire enfantine.* Un vol. | » 40 | *Cours moyen.* Un vol. | 1 25 |
| *Cours préparatoire.* Un vol. | » 50 | Livre du maître. Un vol. | 3 50 |
| *Cours élémentaire.* Un vol. | » 75 | *Cours supérieur.* Un vol. | 1 80 |
| Livre du maître. Un vol. | 2 50 | Livre du maître. Un vol. | 5 » |

### HISTOIRE

**GAUTHIER et DESCHAMPS. Cours d'Histoire de France.**
Cinq vol. grand in-16, cartonnés :
- *Petite Histoire de France par l'image.* Un vol. ..................... » 40
- *Cours préparatoire.* Un vol. ........................................ » 50
- *Cours élémentaire.* Un vol. ......................................... » 60
- *Cours moyen.* Certificat d'études. Un vol. .......................... » 90
- *Cours supérieur.* Brevet élémentaire. Un vol. ....................... 1 80

### GÉOGRAPHIE

**LEMONNIER, SCHRADER et Marcel DUBOIS. Cours de Géographie,** nouvelles éditions refondues par M. GALLOUEDEC. Quatre vol. in-4° avec gravures et cartes en couleurs, cartonnés :
- *Cours préparatoire.* Premières notions de Géographie. Un vol. ....... » 75
- *Cours élémentaire.* Premiers éléments de géographie. (Notions générales. La Terre. — La France.) Un vol. ................................ 1 10
- *Cours moyen.* Certificat d'études. Eléments de géographie. (Géographie de la France et Etude sommaire des Cinq parties du Monde.) Un vol. . 1 50
- *Cours supérieur.* Brevet élémentaire. Cours de géographie. (Géographie générale. — Les Cinq parties du Monde. — La France.) Un vol. ....... 3 50
  - On vend séparément :
  - *Notions générales. Les Cinq parties du Monde* .................... 2 »
  - *Notions générales. La France* (Brevet élémentaire) ............... 2 »

### SCIENCES

**LEDOUX (P.). Cinquante leçons de Sciences physiques et naturelles,** avec des applications à l'hygiène, à l'agriculture et à l'industrie (100 expériences, 308 figures, 43 lectures, 80 devoirs du certificat d'études). *Cours moyen,* certificat d'études. 1 vol. in-16 cart. 1 »
— Compendium scientifique permettant d'exécuter les expériences des *Cinquante leçons de sciences physiques et naturelles,* appareils et produits renfermés dans une boîte-meuble façon noyer. 12 »

www.ingramcontent.com/pod-product-compliance
Lightning Source LLC
Chambersburg PA
CBHW070616170426
43200CB00010B/1807